教育部2018年度示范马克思主义学院和优秀教学科研团队建设项目
重点选题“改革开放40年高校思想政治理论课建设经验研究”
（项目编号：18JDSZK019）

中国特色社会主义实践的生成逻辑研究

陈步伟 / 著

燕山大学出版社
· 秦皇岛 ·

图书在版编目（CIP）数据

中国特色社会主义实践的生成逻辑研究 / 陈步伟著．—2 版．—秦皇岛：燕山大学出版社，2022.1

ISBN 978-7-5761-0287-1

Ⅰ．①中… Ⅱ．①陈… Ⅲ．①中国特色社会主义－社会主义建设模式－研究 Ⅳ.①D616

中国版本图书馆 CIP 数据核字（2022）第 000828 号

中国特色社会主义实践的生成逻辑研究

陈步伟　著

出 版 人：陈　玉
责任编辑：孙志强
封面设计：于文华
出版发行：燕山大学出版社 YANSHAN UNIVERSITY PRESS
地　　址：河北省秦皇岛市河北大街西段 438 号
邮政编码：066004
电　　话：0335-8387555
印　　刷：英格拉姆印刷(固安)有限公司
经　　销：全国新华书店

开　　本：700mm×1000mm　1/16　　印　　张：13.75　　字　　数：240 千字
版　　次：2022 年 1 月第 2 版　　印　　次：2022 年 1 月第 1 次印刷
书　　号：ISBN 978-7-5761-0287-1
定　　价：55.00 元

序　言

从 1978 年党的十一届三中全会到现在，中国特色社会主义建设已进行了四十年。在历史长河中，四十年是短暂瞬间，但相对于中国和世界而言，瞬间的质变性成分值得大书特书。回顾当时的中国，十年“文化大革命”造成的负面影响，使人们普遍感受到社会主义建设再也不能这样进行下去了。遥望当时的世界，美苏两强争霸，皆视中国为敌人，我们处于险象环生因而如履薄冰的危境。再看当今的中国，人民生活富足安康，整个社会稳定和谐，其中蕴藏的勃勃生机和标志性创新成果的不断涌现，预示中国在不远的将来就会成为世界首屈一指的强国。环顾当今世界，独享世界霸权不到三十年的美国已显衰势，昔日的发达地区（如西欧）经济疲软，社会矛盾激化，在世界舞台指手画脚的时代已成为历史。与此形成鲜明对比的是“中国模式”在世界的影响力。为数不少的西方学者以“中国模式”为研究对象，说明其客观存在和不容忽视的巨大力量，而广大发展中国家则以实际行动借鉴“中国模式”，西方世界想以各种方式干预甚至破坏，结果是想法难以变为现实，力不从心是其真实写照。

四十年前后两个时间节点对照的结果一目了然，今日之中国非四十年前的中国所可比拟。面对这样的结果人们自然会发问：中国翻天覆地变化的原因何在？从任何角度看，问题的答案都会指向一个目标，即中国特色社会主义实践。中国特色社会主义实践是中国共产党和人民勇于探索、努力前行的概念凝缩，指称对象是改革开放的四十年。按照孔子的说法，“四十而不惑”。“不惑”是状态，也是结果，前提是对世事和人生的反思。一个人如此，一个国家和一个民族亦然。由此说，中国特色社会主义实践的四十年需要理性反思，只有理性反思才能做到民族、国家意义上的“不惑”，进而做到对民族、国家的未来有清醒认识。

如何理性地反思中国特色社会主义实践的四十年？视域不同，结果也就不同：以世界各国四十年的历史变迁为视域看中国特色社会主义实践，其巨大的能量让中国一飞冲天，成为当今世界的引领者；以世界社会主义国家四十年的历史变迁为视域看中国特色社会主义实践，任凭风浪汹涌我自岿然不动，因而一枝独秀；以中华人民共和国历史为视域看中国特色社会主义实践，其取得的巨大发展和贡献的成就让人敬佩。

相对于如何理性反思中国特色社会主义实践问题而言，除上述视域外是否还有其他视域？答案是肯定的。陈步伟博士独辟蹊径，以邓小平社会主义建设思想为指引，以唯物史观的基本原则为视域观照中国特色社会主义实践，结果是《中国特色社会主义实践的生成逻辑研究》一书。“生成”是历史，是中国特色社会主义实践创造的历史，而“逻辑”则是中国特色社会主义实践内在本质的理性概括。历史与逻辑有机统一的结果是艺术性整体的再现，我们所见到者是中国特色社会主义历史演进性的四种形态。四种形态的划分以不同时期中国特色社会主义实践为客观基础和依据，而四种形态的前后相继使中国特色社会主义实践动态地跃然纸上。跃然纸上的中国特色社会主义实践首先是实然描述，同时具有方法论性质。循此看待中国特色社会主义实践，其鲜活的过程性质就会显现。

陈步伟博士是年轻的理论工作者，摆在我们面前的著作表明他具有深厚的理论功力和敏锐的现实洞察力。我期望他以此项研究成果为基础，在今后的岁月中为中国特色社会主义理论研究贡献出更多启人心智的创新性成果。

宫敬才
2018 年 2 月 22 日
于河北大学

改革开放的理论源头——邓小平社会主义建设思想的内在逻辑[1]

（代前言）

任何纪念都需要回溯源头。在纪念改革开放四十周年之际，重新探讨邓小平社会主义建设思想的内在逻辑，不仅是纪念活动的题中之意，也是明晰中国特色社会主义实践内在逻辑的一把钥匙。从某种意义上说，中国特色社会主义实践就是在邓小平社会主义建设思想的基础上生成和展开的。因此，以邓小平社会主义建设思想的系统梳理作为本书的“前言”，也最为合适。

回顾历史长河，历代马克思主义者都在苦苦思索和试图解答“什么是社会主义，怎样建设社会主义”这个关涉人类解放事业的“斯芬克斯之谜”。作为马克思主义的继承者，邓小平运用卓越的智慧和磅礴的气魄为破解这个迷局指明了道路，同时也开启了中国社会主义实践的新篇章。

一、实事求是：邓小平社会主义建设思想的基本原则

实事求是，是马克思主义理论的精髓，也是历史唯物主义的基本原则。马克思、恩格斯曾明确指出“我们的出发点是从事实际活动的人，而且从他们的现实生活过程中还可以描绘出这一生活过程在意识形态上的反射和反响的发展”[2]，而且“只有描绘出这个能动的生活过程，历史就不像那些本身还是抽象的经验主义者所认为的那样，是一些僵死的事实的汇集”[3]。正是确立了从现实生活出发加以考察的基本原则，历史唯物主义才能区别于唯心主义，突显自身

（1）此节内容发表于《理论导刊》2015 年第 1 期，原标题为《邓小平社会主义建设思想的内在逻辑》。收入此书时有所改动。

（2）马克思，恩格斯：《马克思恩格斯文集》第 1 卷，人民出版社 2009 年版，第 525 页。

（3）马克思，恩格斯：《马克思恩格斯文集》第 1 卷，人民出版社 2009 年版，第 525 ~ 526 页。

的独有价值。列宁认为，正是由于马克思“从社会生活的各种领域中划分出经济领域，从一切社会关系中划分出生产关系，即决定其余一切关系的基本的原始的关系”[(1)]，才使得马克思主义没有陷入空想主义。毛泽东则用“实事求是”概念对这一原则进行了中国化的科学阐释，“‘实事’就是客观存在着的一切事物，‘是’就是客观事物的内部联系，即规律性，‘求’就是去研究”[(2)]。换言之，只有从客观实际出发，认清事物生成的历史过程，把握事物发展的内在规律，才能为实践策略提出、制定和执行的科学性与合理性提供保障。正是在实事求是原则的指导下，毛泽东才能制定出新民主主义的总路线和基本纲领，指导我国取得新民主主义革命的胜利，并在《论十大关系》中，初步总结社会主义建设的基本经验，提出探寻适合本国国情的社会主义建设道路的任务。

在继承马克思主义传统的基础上，邓小平对实事求是原则进行再次发展：把“解放思想”与“实事求是”相连接，认为两者相互依赖、相互辅助，澄明了实事求是原则的认识论和方法论意义；认为实事求是原则是马克思主义的精髓，并把其提升为党的思想路线，同时对其加以科学阐释，即“实事求是，一切从实际出发，理论联系实际，坚持实践是检验真理的标准，这就是我们党的思想路线”[(3)]，突显了实事求是原则的实践指导意义。正是遵循了实事求是的基本原则，邓小平才能对社会主义的本质、中国所处的历史方位以及时代赋予的历史任务有着清晰的认识和独到见解，并在此基础上构筑了中国特色社会主义大厦的基本框架，揭开了改革开放的新篇章。

其一，明确本质内涵。虽然马克思、恩格斯对于社会主义制度有着清晰的设想，列宁对社会主义建设进行了初步尝试，但他们都没有明确指出社会主义的本质内涵，这不仅使得长期以来关于社会主义的讨论经久不休，更为重要的是使各国社会主义建设实践缺少牢固的理论根基。作为新中国成立以后社会主义建设探索的领导者之一，邓小平更加清晰地认识到界定社会主义本质的重要性。在改革开放初期，邓小平秉承谨慎的态度，用否定的句式说明社会主义“不是什么”，直到中国特色社会主义道路逐渐彰显出内在活力之时，邓小平才明确提出社会主义的本质，即“解放生产力，发展生产力，消灭剥削，消除两极

（1）列宁：《列宁全集》第1卷，人民出版社1984年版，第108页。

（2）毛泽东：《毛泽东选集》第3卷，人民出版社1991年版，第801页。

（3）邓小平：《邓小平文选》第2卷，人民出版社1994年版，第278页。

分化，最终达到共同富裕”[1]，为以后中国社会主义建设战略的调整奠定充足的理论基础。

其二，确立历史方位。在社会主义建设探索时期，虽然中国确立了社会主义制度，并取得了基础性成果，但正是由于对中国社会主义发展的历史定位没有清晰的认识，使得国家在发展和建设过程中遭遇重大波折。故而，在中国实现重大战略调整之际，邓小平明确提出：“社会主义本身是共产主义的初级阶段，而我们中国又处在社会主义的初级阶段，就是不发达的阶段。一切都要从这个实际出发，根据这个实际来制订规划。”[2] 正是明确了国家发展的历史起点和发展阶段，中国改革开放才能平稳有序地向前推进。

其三，明晰历史任务。在尝尽误把“阶级斗争”作为社会主义建设根本任务所造成的苦果之后，邓小平不仅明确指出，解放生产力和发展生产力是社会主义的根本任务，而且还重点突出了社会主义改革的重要作用。他认为：“社会主义基本制度确立以后，还要从根本上改变束缚生产力发展的经济体制，建立起充满生机和活力的社会主义经济体制，促进生产力的发展，这是改革，所以改革也是解放生产力。”[3] 把改革开放与社会主义根本任务连接起来，不仅突显了邓小平创新社会主义发展道路的信心与决心，而且为国家整体发展指明方向。

二、生成性思维：邓小平社会主义建设思想的运思模式

生成性思维是与既成性思维相对的思维模式，即把事物不是看作本质不变的存在，而是看作不断变动的事物，看作一个不断生成的过程。生成性思维模式能够把握不断变动的事物，能够从纷繁复杂的事物背后找到内在变化的规律，进而正确地把握变动的世界，并在此基础上采取合理的实践活动。而生成性思维在实践层面主要表现为原则性与灵活性的统一，即在实践过程中既能保持目的、方向和立场等基本原则不动摇，并且能够实现方式、方法和手段的多样性。生成性思维模式是邓小平社会主义建设思想的内在运思模式，其主要表现在宏观总体设想和经济建设、政治建设、意识形态建设等具体领域建设之上。

在宏观总体设想层面，邓小平一方面明确提出，要坚持中国特色社会主义

（1）邓小平：《邓小平文选》第3卷，人民出版社1993年版，第373页。

（2）邓小平：《邓小平文选》第3卷，人民出版社1993年版，第252页。

（3）邓小平：《邓小平文选》第3卷，人民出版社1993年版，第370页。

建设的基本原则，即“坚持社会主义道路，坚持人民民主专政，坚持共产党的领导，坚持马列主义、毛泽东思想”[1]，以保证中国发展方向的正确性；另一方面，又把判断改革成败的标准概括为“三个有利于”的评价标准，即“是否有利于发展社会主义社会的生产力，是否有利于增强社会主义国家的综合国力，是否有利于提高人民的生活水平”[2]，从理论上突破了传统对市场经济姓“资”还是姓“社”的争论，为社会主义市场经济体制的确立提供了理论支撑，把社会主义建设的原则性与实践方式的多样性创造性地结合起来，从根本上破除了以往社会主义建设中出现的“唯典籍”（照搬经典）和“唯模式”（照抄苏联模式）的机械化倾向，进而避免了社会主义建设中的严重失误。

在具体领域建设层面，邓小平的生成性思维表现得更为明显。在经济建设方面，邓小平认为，采取一些资本主义的方法进行社会主义建设是十分必要的。他明确提出，“我们发挥社会主义固有的特点，也采用资本主义的一些方法（是当作方法来用的），目的就是要加速发展生产力”[3]，而这种方法就是市场经济。邓小平认为：“社会主义同资本主义比较，它的优越性就在于能做到全国一盘棋，集中力量，保证重点。缺点在于市场运用得不好，经济搞得不活。”[4]因此，引入市场经济体制以完善社会主义制度，就能极大地发挥社会主义优势。同时，邓小平也没有忘记社会主义的基本原则。他指出，改革要始终坚持两条：“一条是公有制经济始终占主体地位，一条是发展经济要走共同富裕的道路，始终避免两极分化。”[5]正是在生成性思维的指引下，中国实现了社会主义与市场经济的创造性结合。在政治建设方面，邓小平在极力强调坚持党的领导重要性的基础上，提出要“明确党的职责和政府的职责，党成为全国的执政党，特别是生产资料私有制的社会主义改造基本完成以后，党的中心任务已经不同于过去，社会主义建设的任务极为繁重复杂，权力过分集中，越来越不能适应社会主义事业的发展”[6]，因此，需要进行以权力下放和精简机构为主要内容的政治体制

(1) 邓小平：《邓小平文选》第3卷，人民出版社1993年版，第137页。

(2) 邓小平：《邓小平文选》第3卷，人民出版社1993年版，第372页。

(3) 邓小平：《邓小平文选》第3卷，人民出版社1993年版，第149页。

(4) 邓小平：《邓小平文选》第3卷，人民出版社1993年版，第17页。

(5) 邓小平：《邓小平文选》第3卷，人民出版社1993年版，第149页。

(6) 邓小平：《邓小平文选》第3卷，人民出版社1993年版，第329页。

改革，即实现领导方式的创新。在意识形态建设方面，邓小平认为，坚持马列主义、毛泽东思想是基本原则不能动摇，但这不意味着要照抄马克思主义的经典话语，抑或是照搬苏联的社会主义建设模式，而是要在实践基础上不断使之发展。邓小平明确指出："什么叫高举毛泽东思想的旗帜呢？就是从现在的实际出发，充分利用各种有利条件，实现毛泽东同志提出、周恩来同志宣布的四个现代化的目标。"(1)

三、系统实践：邓小平社会主义建设思想的核心内容

系统实践，是指采取适当的方式和策略使实践活动得以整体、有序推进。所谓整体，是指实践活动涉及经济、政治、文化等各个领域；所谓有序，是指各领域建设内在具有规律性联系。正是在邓小平系统实践思想的指引下，改革开放的序幕才得以顺利展开。

解放思想，实现思想引领。由于在社会主义探索期的失误，机械主义和教条主义思想严重影响着人们对事物的正确判断，进而面对一些本来对社会主义建设有益的活动，人们却不敢干、不想干、不能干，也不愿干，严重影响了国家的整体发展。故而，解放思想成为改革开放的首要措施。邓小平认为："解放思想，就是要运用马列主义、毛泽东思想的基本原理，研究新情况，解决新问题。"(2)而马列主义和毛泽东思想的内在精髓就是实事求是。因此，解放思想就是"使思想和实际相结合，使主观和客观相符合，就是实事求是"(3)。也只有破除机械主义和教条主义对思想的束缚，我们才能够"正确地以马列主义、毛泽东思想为指导，解决过去遗留的问题，解决新出现的一系列问题，正确地改革同生产力迅速发展不相适应的生产关系和上层建筑，根据我国的实际情况，确立实现四个现代化的具体道路、方针、方法和措施"(4)。概言之，思想解放是研究新情况和解决新问题的内在要求。针对有些人错误认为解放思想是对马列主义、毛泽东思想贬低的情况，邓小平明确指出："马克思主义理论从来不是教条，而是行动的指南。它要求人们根据它的基本原则和基本方法，不断结合

（1）邓小平：《邓小平文选》第 2 卷，人民出版社 1993 年版，第 128 页。

（2）邓小平：《邓小平文选》第 3 卷，人民出版社 1993 年版，第 179 页。

（3）邓小平：《邓小平文选》第 3 卷，人民出版社 1993 年版，第 364 页。

（4）邓小平：《邓小平文选》第 3 卷，人民出版社 1993 年版，第 141 页。

变化着的实际，探索解决新问题的答案，从而也发展马克思主义理论本身。”[1]故而，解放思想是马克思主义的内在要求。

改革政治体制，实现政府主导。在国家实现重大战略调整之际，只有推进政治体制改革，尤其是重新明确和划定党和政府的职责，才能实现“自上而下”地推动中国特色社会主义实践，以保证社会主义事业顺利进行。邓小平认为：“改革，应该包括政治体制的改革，而且应该把它作为改革向前推进的一个标志。”[2]而精兵简政和下放权力成为政治体制改革中的重要内容。只有实行精兵简政才能调高办事效率，才能防止腐败；只有下放权力，才能充分调动人民的积极性，有效地实现社会主义建设。但政治体制改革不等同于要放弃党的领导，而是实现怎么领导的问题。邓小平认为：“现在中央说话，中央行使权力，是在大的问题上，在方向问题上。”[3]即在大的方向和策略上实现党的领导，而不能使党管得太多，如果管得太多反而削弱了党的领导。邓小平认为：“我们要坚持党的领导，问题是党善不善于领导。党要善于领导，不能干预太多，应该从中央开始。这样提不会削弱党的领导，干预太多，搞不好倒会削弱党的领导，恐怕就是这个道理。”[4]而检验政治体制改革成功与否的标准何在？他认为:“按照历史唯物主义的观点讲，正确的政治领导的成果，归根结底要表现在社会生产力的发展上，人民物质文化生活的改善上。”[5]因此，政治体制改革是实现政府主导、发挥政治上层建筑的功能，最终实现社会主义整体发展的必要条件。

引入市场机制，实现市场导向。邓小平认为，社会主义建设要以经济建设为中心，而经济建设的关键在于改革传统的计划经济体制，代之以市场经济体制。市场机制能够有效地调动和利用资源，使资源得到合理分配的作用机制在于：市场能够利用供求机制、价格机制、风险机制和竞争机制使资本要素流向最需要的部门，以获得最为合理的利润。供求关系，是指商品供给与需求之间的动态平衡的规律性（供求机制），而供求关系的变化主要通过价格波动予以表现（价格机制），价格波动会给经济主体以准确信息，进而形成主体之间

(1) 邓小平：《邓小平文选》第3卷，人民出版社1993年版，第146页。

(2) 邓小平：《邓小平文选》第2卷，人民出版社1993年版，第160页。

(3) 邓小平：《邓小平文选》第2卷，人民出版社1993年版，第278页。

(4) 邓小平：《邓小平文选》第2卷，人民出版社1993年版，第164页。

(5) 邓小平：《邓小平文选》第3卷，人民出版社1993年版，第373页。

的竞争（竞争机制），主体之间的竞争必然要伴随着获利或是破产的风险（风险机制）。市场机制作为资源配置的形式，不会影响社会主义制度，正如邓小平所说："计划多一点还是市场多一点，不是社会主义与资本主义的本质区别。计划经济不等于社会主义，资本主义也有计划；市场经济不等于资本主义，社会主义也有市场。计划和市场都是经济手段。"(1)这就从理论上明确了市场机制在社会主义国家中实现的可能性，为改革开放提供了理论支撑。

进行文化建设，实现文化繁荣。邓小平认为，社会主义建设要实现"两个文明"，而"不加强精神文明建设，物质文明的建设也要受到破坏，走弯路"(2)。具体而言，进行文化建设的功能主要在于三个方面：一是提升科学技术水平，为改革开放提供智力支持；二是提升思想政治素质，抵御改革开放所带来的负面思潮影响；三是提升人的素质，实现人的全面发展。概言之，文化建设功能的核心在于实现人的社会主义现代化。中国特色社会主义事业的顺利展开，根本上说依赖于国民素质的全面提升与创新型人才的培养。正如邓小平所说："中国的事情能不能办好，社会主义和改革开放能不能坚持，经济能不能快一点发展起来，国家能不能长治久安，从一定意义上说，关键在人。"(3)因此，文化建设是改革开放的题中之意。

解放思想、改革政治体制、引入市场机制与进行文化建设的实践活动内在构成了邓小平社会主义建设思想的内容逻辑：只有解放思想，以实现思想引领，才能为政治体制改革提供思想前提；只有改革政治体制，以实现政府主导，才能为引入市场机制提供政治保障；只有引入市场机制，以实现市场导向，才能调动人民群众的积极性和创造性；而人民群众的素质提升，又需要社会主义文化建设予以支撑。

四、国强民富：邓小平社会主义建设思想的价值旨归

国强民富的价值旨归一直贯穿于邓小平社会主义建设思想之中，同时规定着社会主义建设的前进方向和基本原则。

国家实力的强盛是近代中国人民不断追寻的梦想。自16世纪世界近代化历程开启以来，中国在世界舞台的影响力不断被西方削弱，甚至在19世纪沦

(1) 邓小平：《邓小平文选》第3卷，人民出版社1993年版，第373页

(2) 邓小平：《邓小平文选》第3卷，人民出版社1993年版，第11页。

(3) 邓小平：《邓小平文选》第3卷，人民出版社1993年版，第380页。

落为西方列强任意宰割的半殖民地。因此，自鸦片战争以来，许多仁人志士都以国家强盛为己任，试图寻找到一条民族复兴之路。直到马克思主义在中国迅速传播以及中国共产党的成立，这条国家强盛和民族振兴之路才得以显现出来——社会主义道路。随着新中国的成立以及“三大改造”的完成，社会主义道路逐渐在中国落地生根。但在社会主义建设早期，由于中国缺乏经验，往往以苏联为师，致使国家发展遭受波折。在此之后，虽然中国共产党人已经意识到照搬之路行不通，但由于当时国内情况的复杂性，党和国家并没有能够寻找到一条适合中国的社会主义发展之路，国家强盛之途也显得异常艰辛。面对国家发展的困境，邓小平把提升国家的综合国力作为评价社会主义建设成败的标准之一，积极创新建设实践的方式和方法，以实现近代中国的复兴之梦。

人民生活的富裕是中国特色社会主义建设的价值归宿。邓小平指出 :“社会主义制度优越性的根本表现，就是能够允许社会生产力以旧社会所没有的速度迅速发展，使人民不断增长的物质文化需要能够逐步得到满足。”[1] 换言之，一切社会主义建设的最终目的都是使人民生活水平得到大幅度提升。其原因在于：人民群众是中国特色社会主义事业的依靠力量、评价主体和价值主体，只有保证人民群众生活富裕，中国特色社会主义实践才能找到归宿。邓小平的富民思想有三个基点 : 一是勤劳致富，即通过诚实劳动实现生活水平的提升 ; 二是有序富裕，即鼓励一部分人先富起来，实现先富带动后富 ; 三是共同富裕，即消灭两极分化，最终实现共富。这意味着，合理富裕是邓小平富民思想的根本特征。在社会主义初级阶段，只有推行“先富带动后富”，调动人民群众的劳动积极性，并遵循按劳分配原则，逐步实现生活水平的提升才是富民的合理途径。

国家强盛和人民富裕，两者相辅相成。在价值层面看，国强是民富的基础，没有国家的整体发展，个人的生活水平也难以提升 ; 同时，民富是国强的归宿，国家的强盛最终还是要体现在人民生活水平的提升上来。而要在实践层面实现两者的良性互动，最为关键的是要处理好发展生产与改善民生之间的关系。邓小平认为，处理此问题的关键在于，要根据具体国情，实现国强和民富的动态统一。在改革开放初期，由于国家需要大量资金进行战略调整，以刺激经济生产，故而需要集中财富确保大局，即国强成为国家发展的首要目标。正如邓小平所说 :“我们只能在发展生产的基础上逐步改善生活。发展生产，而不改善生活，

（1）邓小平 :《邓小平文选》第 2 卷，人民出版社 1993 年版，第 128 页。

是不对的；同样，不发展生产，要改善生活，也是不对的，而且是不可能的。”当国家实力得到大幅度提升之时，切实改善民生以实现人民富裕，必然成为社会主义建设的重要举措。这也是邓小平提出“三步走”战略（从“温饱”“小康”到“中等发达国家水平”）的实践意蕴。

目　录

导　论

一、问题缘起

迄今为止，中国改革开放历经了四十个春秋。这四十年是中国逐步走向国家富强、民族复兴和人民富裕的四十年，同时也是波澜壮阔和惊心动魄的四十年。在这四十年，中国既取得了令世界瞩目的辉煌成就，同时也产生了许多令国人担忧的问题。从学理上适时总结中国特色社会主义实践的经验教训，明确中国特色社会主义实践的逻辑进程，展望中国特色社会主义实践的发展趋向，是中国当代学者不可推卸的责任。

随着中国的崛起，国外学者、媒体及政要纷纷把目光投向中国。综观国外评论，我们会发现这些评论倾向于把“中国模式”总结为政治专制与自由市场的混合，并有意无意地淡化政党制度和社会主义制度对中国崛起的影响，并且只看到中国崛起的辉煌成就，而忽略了存在的问题。概言之，国外对中国改革开放成就的分析缺乏全面性。这就需要中国理论界在此问题上主动迎接挑战，积极掌握话语权，即“中国人要用自己的话语来解读中国”(1)。中国发展模式是在中国特色社会主义实践的基础上不断生成的，故而以中国特色社会主义实践为切入点分析中国发展模式，能够另辟蹊径，提出独到见解。

中国改革开放是一个循序渐进的发展过程，即从表及里、从浅入深和从易到难的发展过程。在过去的四十年中，中国特色社会主义实践取得了辉煌成就，但同时也出现了诸多亟待解决的难题，而且，目前改革已进入攻坚期。在改革攻坚时期，总结中国特色社会主义实践演变规律并展望其发展趋向，具有更为重要的现实意义。

中国特色社会主义实践，是指自十一届三中全会以来，在中国共产党领导下，立足具体的历史情境，将马克思主义理论与中国具体实践相结合，为实现

(1) 邓小平：《邓小平文选》第3卷，人民出版社1993年版，第257～258页。

社会主义现代化而进行的实践活动的总称。中国特色社会主义实践并不是一蹴而就的，而是一个不断生成和演进的过程。中国特色社会主义实践究竟是如何确立和形成的？它的演进规律是什么？为什么中国特色社会主义实践能够使中国取得令人震惊的成就？采用什么样的分析框架才能够分析中国特色社会主义实践的生成规律？在这些问题的指引下，本书的总问题也应运而生：**中国特色社会主义实践从何处来并向何处去？**针对这一总问题，本书的题目定为“中国特色社会主义实践的生成逻辑研究”。它由两个部分组成：一是中国特色社会主义实践的内生逻辑；二是中国特色社会主义实践的未来发展之路。所谓中国特色社会主义实践的内生逻辑，是指其实践的变迁及其演进的内在进程和发展规律。而中国特色社会主义实践的未来发展之路，是指实践的未来走向及其发展形态。明晰内生逻辑是确立未来发展之路的前提，而确立未来发展之路则是明晰内生逻辑的旨归。

二、选题意义

（一）现实意义

历史是由不同事件和不同情况交织而成的，因此，它呈现在人们眼前的是纷繁复杂的历史现象。透过历史现象的背后，寻找到历史发展的内在进程，是诸多历史理论的最终目的。以中国特色社会主义实践的形态变化为基本线索，透析中国特色社会主义实践的历史进程，能够使中国特色社会主义实践的基本脉络清晰地呈现出来，进而可为人们厘清中国特色社会主义实践获得成功之原因与出现之问题提供基础。

从本质上看，中国特色社会主义实践，是党和政府在把握历史发展规律的前提下进行的自上而下的改革开放实践。毋庸置疑，这种改革开放实践在取得成就的同时，也伴随着一些令人担忧的问题，如市场诚信、生态环境、民生保障和党内腐败等。这些问题在一定程度上影响了一些人对中国特色社会主义实践的信心，主要表现在当今社会上出现一些反对或否定改革的声音。这种声音通过放大改革过程中出现的问题，论证中国改革实践是错误的，进而提出要回到改革以前的计划经济体制时期，或是进行民主社会主义改革。因此，明确中国特色社会主义实践的生成规律，有助于客观评价改革开放的得失优劣，总结实践中的经验教训，统一人们的思想，进而坚定中国特色社会主义实践的信心。

中国特色社会主义实践是中国为了实现社会主义现代化而进行的实践活动。从学理上对中国特色社会主义实践的生成逻辑和发展脉络予以分析，能够从宏观和整体角度把握中国实现社会主义现代化的发展之路，为中国构建社会主义发展战略提供理论支撑。

（二）理论意义

研究中国特色社会主义实践可为唯物史观的“出场”提供契机。唯物史观在创立之初曾经引起世界性的震动，各国学者都将自己的注意力放诸其上。随着历史的不断发展，尤其是东欧剧变之后，唯物史观似乎成为一种“过时”的理论。然而，唯物史观恰恰能够成为分析中国特色社会主义实践的理论框架。究其原因在于：一是历史唯物主义具有科学性。历史唯物主义理论之所以具有科学性，可以从它的逻辑起点、运思模式、基本方法、基本立场和理论样态等几个方面找到答案。虽然时代不断变迁，马克思主义的某些具体论断已经过时，但历史唯物主义的基本方法依然是分析时代发展的有力工具。二是历史唯物主义与现代化进程有着内在关联。历史唯物主义诞生于西方 19 世纪中期即西方现代化的发展过程之中，是西方现代化进程中的产物。这就决定着历史唯物主义的内在视野与现代化进程密不可分，这也成为它能够成功分析西方现代化过程中出现诸多问题的重要原因。中国改革开放以来的发展之路从本质上来说正是一种实现社会主义现代化的道路。因此，历史唯物主义的分析框架在中国不仅没有“失语”，而且能够大放异彩。

研究中国特色社会主义实践可为唯物史观的创新式研究路向提供例证。理论研究本质上是一种精神生产的过程。而根据生产材料的不同，理论研究呈现不同的研究路向：一是以文本作为生产材料，即文本解读式研究。这种研究是中国学者对唯物史观进行研究的主要途径。这种途径的重点在于正本清源，实际上是对唯物史观的“澄清”；二是以现实作为生产材料，即创新式研究。这种研究的重点在于遵循唯物史观的内在意蕴和基本分析框架，通过对现实材料的分析，紧跟时代发展步伐，提出时代需要的“声音”，即为时代立言。这实际上是对马克思主义理论的“活用”。本书以唯物史观为理论原型，通过中国本土性转化，形成一种适合分析中国特色社会主义实践的理论框架，进而为唯物史观的创新式研究提供例证。

三、研究现状[1]

（一）国内研究现状

国内学术界关于中国特色社会主义实践的研究成果，可以说颇多，也可以说不多。说它颇多，是因为关于中国特色社会主义实践的研究成果往往隐藏在关于改革开放研究的学术成果之中。而国内关于改革开放研究的学术成果，可谓汗牛充栋。综观国内对改革开放的研究，我们可以根据研究内容的不同把诸多理论成果分为几个主要部分：一是改革开放史料汇编，包括通史、专题史和文献汇编等；二是改革开放的经验总结，包括总体的经验总结以及各部分的经验总结，如经济改革、政治改革和文化改革等；三是改革开放的规律性分析，包括总体进程分析以及各部分改革的分析；四是改革开放发展进程的主线透视。这些学术成果都涉及中国特色社会主义实践的研究。故而，这些学术成果为本书的写作提供了丰富材料。说它不多，是因为在这些学术成果中，以“中国特色社会主义实践”为题的学术成果并不多见。究其原因在于：“中国特色社会主义实践”作为一个整体概念，反映的是中国特色社会主义实践的整体特征、规律、结果及趋向等方面，其核心是要寻找到一条贯穿于实践过程中的线索，并以此为框架分析中国特色社会主义实践的演进过程。故而，此概念的提出，不仅要有充足的史料和经验总结作为基础，同时也需要中国特色社会主义实践格局逐渐形成的现实背景作支撑。因此，“中国特色社会主义实践”作为学术概念，直到近年才得以突显。

虽然概念提出的时间较晚，但从整体视角探索中国特色社会主义实践之生成规律的学术成果却已经较早出现。如 1989 年，有学者探讨马克思主义哲学在中国特色社会主义实践中的作用时，曾认为中国特色社会主义实践的规律遵从于马克思主义哲学的辩证规律。[2] 1990 年，有学者以“有中国特色的社会主义实践”为题，论证了马克思主义哲学与中国特色社会主义实践之间的关系。[3] 这些文章虽然没有明确提出“中国特色社会主义实践”的概念，但却是对中国特色社会主义实践进行整体研究的尝试。1994 年，有学者明确以“中国

（1）此部分发表于《宁夏党校学报》2014 年第 2 期，题名为《国内外关于中国特色社会主义实践的研究综述》，有所改动。

（2）姚传旺：《改革开放与马克思主义哲学》，《学术界》1989 年第 6 期。

（3）杜长明：《试论马克思主义哲学在建设有中国特色的社会主义实践中的作用》，《潍坊教育学院学报》1999 年第 2 期。

特色社会主义实践”概念为题，提出要从“世界历史”的角度看待改革实践的发展。[1] 1995年，“建设有中国特色社会主义实践形态”研讨会在吴江市举办。虽然此次会议的召开主要是探讨各地具体的实践形态，但这次会议为中国特色社会主义实践的逻辑研究提供了学术基础。同时，这也表明中国特色社会主义实践研究已经成为学术界关注的焦点。自此之后，此项研究逐渐成为学术界关注的热点并兴盛起来。尤其是在2008年，即改革开放三十周年，国内学术界掀起了一场声势浩大、以改革开放历程为主题的学术研究热潮。在涌现出来的诸多学术成果中，关于中国特色社会主义实践的研究成果逐渐显现出其独有的魅力。值得注意的是，虽然“中国特色社会主义实践”概念逐渐形成，但学术界仍发表了不少以“改革开放”或“改革实践”,抑或是“当代社会主义现代化”或“中国模式”为题，探讨改革实践之逻辑的重要学术成果。这些成果同样值得我们关注。总体上看，国内学术界从整体上探讨中国特色社会主义实践的研究成果主要包括以下几个方面：

第一，厘清概念。概念是进行理论分析的基本工具。要想深入推进中国特色社会主义实践的研究，首先要对“中国特色社会主义实践”概念进行界定。从已有的学术成果看，学术界对此基本达成共识：中国特色社会主义实践，是指在中国共产党十一届三中全会以来，在具体的历史情形下，使马克思主义理论与中国具体实践相结合，体现社会主义的本质特征，实现社会主义制度的自我完善，建设富强、民主、文明、和谐的社会主义现代化国家的活动。[2] 这一概念实际上把中国特色社会主义实践看作是在一定历史条件下建设社会主义现代化的实践活动，进而有助于从本质上把握中国特色社会主义实践的核心。但这一概念的政治色彩过浓，没有清晰地揭示出中国特色社会主义实践的要素。故而，我们可以在此概念的基础上，对中国特色社会主义实践的结构性要素进行系统分析，进而不断深化对中国特色社会主义实践的研究。

第二，特征分析。特征分析是明晰概念的重要途径。有学者认为，中国特色社会主义实践的特征主要包括以下几个方面：从全球化视角看，中国特色社会主义实践具有世界性、开放性和民族性；从发展过程看，中国特色社会主义

（1）戴世平：《“世界历史”与中国特色社会主义实践》,《云南社会科学》1994年第3期。

（2）袁秉达：《中国特色社会主义实践形态探索》，东方出版中心2011年版，第1页。

实践具有发展性、渐进性和阶段性；从结构上看，中国特色社会主义实践具有统筹性、应变性和高效性。[1] 也有学者认为，从整体角度看，中国特色社会主义实践具有辩证的特征。[2] 还有学者认为，中国特色社会主义实践内在具有节律性、完善性和建构性特征。[3] 这些研究成果从不同角度概括中国特色社会主义实践的特征，在一定程度上为厘清中国特色社会主义实践概念提供了基础。但对这些特征的概括没有很好地展现出中国特色社会主义实践的历史演进过程，没有从实践形态与社会结构的关系角度对实践特征予以分析，这使得中国特色社会主义实践受到社会结构影响的被动性特征，以及按照社会发展情境进行选择的主动性特征，没有得到很好地揭示。

第三，理论框架。理论框架的选择是分析中国特色社会主义实践的前提。国内大多学者从马克思主义基本理论出发（主要是历史唯物主义）对中国特色社会主义实践进行分析，其中世界历史理论[4]、“两个绝不会”理论[5]、生产力跨越论[6]和现代化理论[7]是学者们比较钟爱的理论框架。在这些理论框架的透视下，中国特色社会主义实践的意蕴能够较为清晰地表达出来。但在运用理论框架进行分析之时，大多数学者是在“套用”成型的理论模型对中国特色社会主义实践进行“剪裁”。这就容易造成学术分析与现实情况之间的分离，进而不利于学术研究的深化。因此，选择适合的理论框架，并对其进行一定程度的本土性转化，使之适合分析现实情况，是深化中国特色社会主义实践研究的重要

（1）卢肖文：《中国特色社会主义实践形态的特性研究》，《科学社会主义》2010 年第 6 期。

（2）韦汉烨：《论有中国特色社会主义实践的辩证特征》，《桂海论丛》2001 年第 1 期。

（3）陆剑杰：《中国社会主义建设规律在改革开放实践中的彰显》，《中共南京市委党校学报》2009 年第 3 期。

（4）戴世平：《“世界历史”与中国特色社会主义实践》，《云南社会科学》1994 年第 3 期。

（5）要战通，刘世才：《马克思“两个绝不会”思想与中国特色社会主义实践》，《湖南行政学院学报》2008 年第 2 期。

（6）李培锋：《马克思生产力跨越理论与中国特色社会主义实践》，《实事求是》2007 年第 1 期。

（7）俞思念：《马克思主义现代化理论与中国实践》，《南昌航空工业学院学报》2001 年第 1 期。

路径。

第四，内在逻辑。明晰内在逻辑是从整体视角对中国特色社会主义实践进行研究的关键环节，也是本书关注的重点。所谓中国特色社会主义实践的内在逻辑，有三种理解：一种是中国特色社会主义实践遵循的基本规则；二是中国特色社会主义实践所引起的一系列社会变化；三是中国特色社会主义实践形态变迁的内在进程。这三种理解恰恰构成了中国特色社会主义实践的内在逻辑研究的三条主要路径。

针对第一条路径，有学者认为，中国特色社会主义实践的基本选点（逻辑规定）是科学发展、社会和谐、改善民生、社会公平和分配公平。[1] 也有学者认为，中国特色社会主义实践的基本逻辑包括合法性逻辑（为社会主义提供新内涵）、效率逻辑（发展生产力）、转型逻辑（重塑党、政府与人民之间的关系）和开放逻辑。[2] 更有学者认为，中国特色社会主义实践是在解放逻辑、发展逻辑和回归逻辑的指引下进行的。[3] 这些学术成果能够从不同角度对实践运行规则进行梳理，有利于深入理解中国特色社会主义实践的内在意蕴。但只是从规则层面理解逻辑，容易使中国特色社会主义实践的内在逻辑研究纠缠于价值理念的探讨层面，难以揭示隐藏在中国特色社会主义实践背后的内在规律。

针对第二条路径，有学者以唯物史观的内在思维方式（过程思维和结构思维）为出发点，认为中国特色社会主义实践的逻辑是从功能思维到政府主导，到思想引领，到混合结构，再到人民主体的改革逻辑进程。[4] 有学者认为中国改革实践的发展逻辑是：政治领导和思想解放启动改革；经济转轨，释放市场力量；市场经济拉动政治制度化、文化世俗化和社会多元化，引发社会转型；社会转型引发科学发展以及和谐社会的新命题。[5] 这种研究路径对中国特色社

(1) 陈勇勤:《中国特色社会主义实践的基本选点》,《中共宁波市委党校学报》2008年第5期。

(2) 钱亚梅:《中国改革开放的历史逻辑浅析》,《福建行政学院福建经济管理干部学院学报》2007年第6期。

(3) 徐红:《中国改革开放的历史逻辑》,《兰州学刊》2005年第4期。

(4) 韩庆祥，张健:《中国特色社会主义建设实践的内在逻辑与发展趋向》,《中国社会科学》2012年第3期。

(5) 胡伟等:《现代化的模式选择：中国道路与经验》，上海人民出版社2008年版，第206页。

会主义实践所引起的社会变化的逻辑分析，能够清晰地揭示中国改革开放所带来的巨大变化。但美中不足的是，这种分析路径在一定程度上简化了中国特色社会主义实践的具体内容，使实践本身的丰富性有所降低。

针对第三条路径，有学者认为推动中国特色社会主义实践不断发展的结构性要素包括“政府”“思想”“市场”“人民”，四要素在不同的发展阶段中起到不同的作用，正是四要素发展的不断变化形成了中国特色社会主义实践形态的不断变化[1]；也有学者认为，中国特色社会主义实践形态需要创新，而创新的路径是从产权创新、技术创新、人力资本创新、意识形态创新这四个实践形态的结构性要素出发，使整个实践形态发生变化。[2]还有学者认为，中国特色社会主义实践的内在逻辑就是《资本论》关于资本逻辑在中国的展开，即从商品市场向要素市场的开放。这就意味着中国特色社会主义实践形态要依据现实状况，不断进行调整。[3]这种研究路径能够较好地反映中国特色社会主义实践的演化过程，能够为深化中国特色社会主义实践的内在逻辑研究指明方向。但这种研究路径还未成型，需要诸多学者不断对其加以完善。从总体看来，明晰中国特色社会主义实践的内在逻辑，有助于深化中国特色社会主义实践研究，并为展望实践的未来发展趋向提供重要支撑。

第五，现实意义。明确现实意义是深化中国特色社会主义实践研究的内在动力。这种现实意义主要包括两个方面：中国意义和世界意义。有学者认为，中国特色社会主义实践的中国意义主要体现在实现国家富强与民族振兴。具体而言，正是在中国特色社会主义实践的推动下，中国实现了战略重心的转向，极大促进了生产力的发展；正是在中国特色社会主义实践的推动下，中国恢复了实事求是的思想路线，实现了当代启蒙；正是在中国特色社会主义实践的推动下，中国实现了对外开放，加快了融入世界的步伐；正是在中国特色社会主义实践的推动下，中国的民主政治和市场经济得以发展。[4]有学者认为，中国

(1) 韩庆祥：《社会主义现代化建设的“中国逻辑”》，《马克思主义与现实》2012年第4期。

(2) 杨俊一：《论中国特色社会主义实践模式的创新》，《党政干部学刊》2000年第3期。

(3) 鲁品越：《改革开放的内在逻辑及其发展阶段》，《马克思主义研究》2007年第9期。

(4) 罗云苹：《论改革开放的伟大实践意义》，《云南社会科学》2008年理论专辑。

特色社会主义实践的世界意义，不仅是指对世界潮流的回应（新科技革命），而且包括对世界的繁荣发展所做的贡献[1]。还有学者认为，中国特色社会主义实践的世界意义主要表现在：为解决全球面临的共同问题提供了可贵尝试（现代化的新路径），为市场经济的发展提供了一个新的特例（社会主义市场经济），以及为马克思主义的当代发展提供了契机。[2] 适时总结中国特色社会主义实践的现实意义，不仅能够使我们认清此实践的重要地位和作用，而且能够增强国人对中国特色社会主义实践的信心。

第六，中国特色社会主义实践与“中国模式”。近些年关于“中国模式”的讨论日趋激烈，因此，探讨中国实践与“中国模式”的关系也是此论题关注的热点。有学者认为，中国特色社会主义实践的独有形式就是“中国模式”；也有学者持反对态度，即强调中国特色社会主义实践形态的制度性、灵活性和生成性与“中国模式”的内涵有所不同[3]；有学者认为，要深入理解“中国特色社会主义实践形态”的概念，并要与“中国模式”概念区别开来。[4] 由此可见，对中国特色社会主义实践与“中国模式”之间关系的探讨，能够进一步理解中国特色社会主义实践的内涵，有助于深化对此问题的研究。

（二）国外研究现状

自中国改革开放以来，西方学者对中国发展模式问题的关注一直没有停歇过。早在 1980 年，日本学者和德国学者就曾对中国发展模式问题进行研究，并提出“中国模式”的概念。在随后 20 多年的时间里，法国、俄罗斯、巴西、德国等多国学者都对中国发展模式备加关注。[5] 近些年，随着中国特色社会主义实践不断取得辉煌成果，以及西方发达国家在发展过程中诸多问题（金融危机、欧债危机等）的频繁出现，世界的目光便聚焦到东方这片神奇的土地上，并对其发展模式加以系统分析。2004 年雷默的“北京共识”以及随后在世界范

---

(1) 周贤山：《论中国改革开放的世界意义》，《中共南京市委党校学报》2008 年第 5 期。

(2) 童世骏：《中国特色社会主义实践的世界意义》，《东方早报》2008 年 12 月 16 日第 A23 版。

(3) 李卫宁：《关于中国特色社会主义实践形态的若干思考》，《科学社会主义》2010 年第 5 期。

(4) 袁秉达：《中国特色社会主义实践形态探索》，东方出版中心 2011 年版，第 1 页。

(5) 秦宣：《“中国模式”之概念辨析》，《前线》2010 年第 2 期。

围内展开的对“中国模式”的广泛探讨，就是最好例证。总体而言，国外学术界对中国特色社会主义实践研究的主要内容包括以下几个方面：

第一，中国特色社会主义实践的内在因素。首先，是强政府。有学者认为，中国特色社会主义实践，是在中央政权的合法性能够获得人民群众认同的基础上，在有计划（明晰的发展计划）和有能力（认同、协调、协商和学习）的政府的推动下，在民族主义和现代性的意识形态的整合中，不断得以推进的。[1]有学者认为，中国特色社会主义实践是在自上而下和自下而上的纵向民主中实现的[2]。还有学者认为，中国的政治传统使政府能够获得管理社会的合法性，而中国特色社会主义实践所取得的辉煌成果又增强了这种合法性。[3]这都是对中国特色社会主义实践中党和政府重大作用的合理描述。其次，是市场经济。有学者认为，中国特色社会主义实践能够获得成功，最关键的是利用了自由市场经济的政策，“邓小平领导的中国政府宣布了一项经济改革计划，其时间正好与英美转向新自由主义偶合……改革的结果是独裁主义控制下的特殊类型的新自由主义”[4]。还有学者认为，中国特色社会主义实践是效仿自由经济政策的成功要素，如减轻税收和监管方面的负担等。[5]这些学术分析能够在一定程度上揭示中国特色社会主义实践的内在意蕴，但其不足之处也是明显的，即都是对中国特色社会主义实践的片面理解，缺少历史维度的分析。

第二，中国特色社会主义实践的内在理念。首先，独立自主。有学者明确提出中国特色社会主义实践的基本原理之一是独立自主理论。[6]他认为，这种内在理念是保障国家安全的重要发展理念。其次，实用主义。有学者认为，中

(1)[德]托马斯•海贝勒:《关于中国模式若干问题的研究》,《当代世界与社会主义》2005年第5期。

(2)[美]约翰•奈斯比特，[德]多丽丝•奈斯比特：《中国大趋势：新社会的八大支柱》，吉林出版集团2009年版，第40页。

(3)[英]马丁•雅克：《当中国统治世界：中国的崛起和西方世界的衰落》，中信出版社2010年版，第337页。

(4)[美]戴维•哈维：《新自由主义和阶级力量的复辟/重建》,《经济管理文摘》2007年第4期。

(5)刘爱武：《国外中国模式研究评析》,《山东社会科学》2010年第12期。

(6)Joshua Cooper Ramo.The Beijing Consensus (London: Foreign Policy Centre, 2004), p.12.

国特色社会主义实践遵循着实用主义的原则，即他们首先要实现经济目标，然后按照自己的步骤实现其他制度的完善，而不是简单仿效西方的发展模式。[1]有学者明确指出，实用主义是中国发展模式的显著特色。[2]再次，下放权力。有学者把中国改革比喻为“规划‘森林’，让‘森林’自由生长”[3]，即政府下放权力，依靠集体力量实现改革。这些学术成果都只是在表面上对中国特色社会主义实践进行分析，缺乏深入研究和独到见解。

第三，中国特色社会主义实践的现实意义。首先，为西方世界的发展提供外在动力。有学者认为，与苏联模式比较，中国特色社会主义实践的发展方式对发达国家而言有着更为重要的借鉴意义。其原因在于：中国特色社会主义实践能够在复杂的国内情境下（即非常富裕的中国、比较富裕的中国、不太穷的中国以及非常穷的中国并存），获得辉煌的成就。这意味着中国特色社会主义实践有着自身独特的魅力。因此，不能盲目批评中国发展方式所带来的问题，而是要把其当作竞争对手迫使自身不断发展。[4]也有学者认为，随着许多非洲和拉丁美洲的国家与中国关系日趋紧密，我们能够看到中国特色社会主义实践是如何指引出一条不同于西方的发展道路。“中国正在削弱西方在全球事务中的影响力。事实上，中国正在震慑西方。”[5]其次，使中国纳入世界体系。有学者认为，随着中国特色社会主义实践的不断推进，中国不会威胁西方。恰恰相反，中国会加入西方所主导的世界体系。[6]这些学术成果在一定程度上揭示了中国特色社会主义实践所具有的现实意义。但由于这些学术成果的基本立场往往偏向于西方国家，故而，这些学术分析难以把握中国特色社会主义实践所具有的

（1）[美]约翰·奈斯比特，[德]多丽丝·奈斯比特：《中国大趋势：新社会的八大支柱》，吉林出版集团2009年版，第90～91页。

（2）[德]托马斯·海贝勒：《关于中国模式若干问题的研究》,《当代世界与社会主义》2005年第5期。

（3）[美]约翰·奈斯比特，[德]多丽丝·奈斯比特：《中国大趋势：新社会的八大支柱》，吉林出版集团2009年版，第61页。

（4）[美]戴维·兰普顿：《中国模式为何吸引世界目光》,《党建》2008年第10期。

（5）Stefan Halper.The Beijing Consensus：How China’s Authoritarian Model will Dominate the Twenty-Fist Century（Basic Books：New York，2010），p.6.

（6）魏晓文，刘志礼：《近期国外的中国模式研究：趋势、困境及启示》,《中国特色社会主义研究》2010年第10期。

重要地位以及它所承担的历史责任。

（三）基本评价

综观学术界关于中国特色社会主义实践研究的学术成果，我们可以简略作出几点评价：

第一，学术界对中国特色社会主义实践的研究处于表层化阶段。这主要表现在：首先，政治化探讨有余而学术化研究不足。虽然学术界对中国特色社会实践内涵的界定趋于一致，但这种界定依赖于政治报告的倾向尤为严重，以至于难以在学理上加以深化。当然，中国特色社会主义实践的学理化界定不能与政治界定相冲突，但也要增强其学术理论视角与意蕴，这样才有利于学术界不断深化对此实践的理论认识，如从实践的结构性要素视角加以透视就是值得尝试的路径。其次，共时性探讨有余，历时性梳理不足。学术界对中国特色社会主义实践的研究往往局限在当代出现的问题以及解决方法的探讨上，或是局限在对内在理念的分析，抑或是局限在对当代实践特征的整体剖析，而对中国特色社会主义实践的历史形成过程的逻辑论述相对较少。而那些仅有的学术成果往往也是局限在史实的梳理或是经验的探讨之上，而对实践发展方式的历史逻辑分析显得不足。因此，这也使中国特色社会主义实践的整体研究难以进一步深化。再次，具体化研究有余抽象化研究不足。所谓具体化研究，主要是指对中国特色社会主义实践的具体表现的研究，而抽象化研究，是指能够运用某种框架分析中国特色社会主义实践的研究方式。在学术界，抽象化研究采用的主要路径是以历史唯物主义的某些理论为基础对其进行分析。而在当代，由于学者们对历史唯物主义的“冷淡”，这种分析模式也在逐渐减少，进而使得中国特色社会主义实践研究难以深化。

第二，学术界对中国特色社会主义实践研究的边界划定尚处于模糊阶段。学术界对中国特色社会主义实践的研究往往与“中国模式”研究相混淆。“中国模式”的全称应当是中国发展模式，而这种发展模式又可细分为理念（价值）模式、制度模式、实践模式和道路模式。虽然四种模式相辅相成，但每一种模式所关注的重点是不同的。实践模式所关注的是在社会主义基本制度的保障下，在理念（价值）的指引下，在既定道路的安排下，如何进行社会主义实践，以保证能够推进中国的现代化建设和整体发展。因此，这种混淆状态不仅使中国特色社会主义实践研究难以获得学术上的独特地位，同时也使学术界难以构建“中国模式”研究的对话平台，进而难以达成对此问题的基本共识。

第三，学术界对中国特色社会主义实践的整体发展趋向研究不足。回顾过去是为了展望未来。故而，中国特色社会主义实践的发展趋向应当成为此项研究的旨归。在当今学术界，预测未来发展方向的文章并不少见，但这些文章大部分是对中国特色社会主义实践的某一领域或某一层面进行推断，并且各个领域的推断难以整合在一起，甚至相互矛盾。这使得这些学术分析对中国现实的指导意义大打折扣，同时也使得中国特色社会主义实践研究难以找到归处。

党的十八大报告明确指出，中国特色社会主义道路、中国特色社会主义理论体系和中国特色社会主义制度三者统一于中国特色社会主义实践。[1]这实际上是赋予中国特色社会主义实践以独特地位。因此，在学理上不断深化中国特色社会主义实践的概念、特征、理论框架和现实意义，尤其是内在逻辑和发展趋向的研究，就成为当今学术界的重要课题。

四、研究思路、研究方法及可能创新之处

本书的着眼点在于中国特色社会主义实践的衍生逻辑和发展趋向，其主要学术目的有二：一是通过构建适合的分析框架，进而透视中国特色社会主义实践的内在逻辑，并展望未来发展趋向，最终为中国特色社会主义实践的未来走向提供理论支撑；二是本着学术精神，为历史唯物主义理论“正名”，使其重新焕发出生机与活力。正是在此学术目的的指引下，本书的研究思路、研究方法和可能创新之处得以清晰地表达出来。

（一）研究思路

本书以历史唯物主义的社会结构理论与社会形态理论为基础，构建适合分析中国特色社会主义实践演进的“结构—形态”分析框架。同时，利用这种分析框架，揭示出中国特色社会主义实践的结构性因素（“政府”[2]“思想”“市场”“人民”和“自然”），并把迄今为止的中国特色社会主义实践分为三个形态：“政府主导”实践形态（即“政府”因素处于实践结构要素的突出地位）、“市场取向”实践形态（即“市场”因素处于实践结构要素的突出地位）和“人民主体”实践形态（“人民”因素处于实践结构要素的突出地位），进而分析三个不同阶段的实践形态的内涵及三者之间的生成和递进之原因，以及不同时期的

（1）胡锦涛：《坚定不移沿着中国特色社会主义道路前进 为全面建成小康社会而奋斗——在中国共产党第十八次全国代表大会上的报告》，人民出版社2012年版，第13页。

（2）这里所指的“政府”因素，包括党和政府两个方面，是党领导下的政府。

实践对社会发展状况的推动作用。在明晰中国实践发展的规律之后，通过对当代社会领域状况的分析，提出新时代中国特色社会主义实践的新形态与发展趋向。本书的核心要点在于：从中国社会发展状况的变迁过程中，看到中国特色社会主义实践的结构性要素变迁所形成的实践形态的演进。

本书大体分为五章：第一章主要以马克思主义社会结构理论和社会形态理论为基础，构建“结构—形态”分析框架，借以透视中国特色社会主义实践的演进逻辑；第二章主要研究在 1978 年至 1992 年，中国特色社会主义实践所具有的“政府主导”倾向（包括具有“政府主导”特征的战略设定以及具体措施的“政府主导”倾向）及其产生的原因和后果；第三章侧重研究 1992 年至 2002 年，中国特色社会主义实践所包含的“市场取向”特征（包括具有“市场取向”特征的战略设定及其实践措施的“市场取向”特征）及其产生的背景和效应；第四章主要强调 2002 年以后，中国特色社会主义实践所蕴含的“人民主体”倾向（包括具有“人民主体”特征的战略设定及其实践措施的“人民主体”倾向）及其产生的依据和结果；第五章主要探讨新中国特色社会主义实践的新形态与发展趋向，即在政府力量、市场力量和社会力量渐进平衡的现实情境下，中国特色社会主义实践将走向何处。

（二）研究方法

本书主要采取三种研究方法：

一是历史与逻辑相统一的方法。在历史中寻找逻辑（规律），以逻辑叙述历史，是历史与逻辑相统一方法的精髓。这里表达了两层含义：一是研究方法和叙述方法的统一。从研究角度看，研究问题要从现实历史出发，探讨现实的物质基础与人们的实践活动及其相互关系；从叙述角度看，要运用一定的范畴及其相互关系（逻辑）表达历史的发展脉络。这也是马克思在《资本论》中所运用的方法。二是历史内容与逻辑结构的统一。逻辑结构不过是抽象掉偶然性因素的历史发展过程，而历史过程是逻辑结构的现实具体化展开，两者之间具有一种密不可分的联系。

二是文献研究法。通过阅读大量文献，寻找到历史唯物主义理论的相关内容，明确中国特色社会主义实践的内容、依据和结果，总结实践的内生逻辑与发展路径。这些文献既包括经典理论文献，还包括大量的历史资料文献。用适当理论对历史文献进行分类、概括和总结，以实现理论与现实的统一，是此种研究方法的要义。

三是整体研究方法。中国特色社会主义实践的内容十分庞杂，涉及多个领域及多个层面，因此，需要一种整体的研究视角，即从中寻找到一条贯穿于中国特色社会主义实践变迁的发展主线，以保证实践本身的内在整体性。这种方法中又包括两种具体方法：一是结构分析法，即从结构角度看待实践；另一种是过程分析法，即强调历史的动态发展对实践的影响。

（三）可能创新之处

本书的创新之处主要包括三个方面：

一是视角新。本书从整体的视角出发，在纷繁复杂的实践内容中，试图寻找到中国特色社会主义实践的演进逻辑和发展趋向，以避免中国特色社会主义实践研究过程中的部分化（分散化）研究倾向，具有一定的创新意义。

二是框架新。本书以唯物史观的基本理论为原型，以实践的结构性要素和实践形态分期为基础，构建“结构—形态”的分析框架透视中国特色社会主义实践的衍生逻辑，具有一定的创新意义。

三是观点新。本书把中国特色社会主义实践形态划分为三种：“政府主导”形态、“市场取向”形态和“人民主体”形态，进而分析三者的内涵及其演进关系，具有一定的创新性。

第一章　中国特色社会主义实践的分析框架

“工欲善其事，必先利其器。”要系统分析中国特色社会主义实践的内在逻辑，首先需要一个科学的分析框架，只有具备科学性并且能够针对中国现实状况的理论模型才能担当此任。因此，本章以历史唯物主义为基础视域，以社会结构理论和社会形态理论为基础理论，通过适当的现实转化，构建出“结构—形态”分析框架，并运用此框架对中国特色社会主义实践的衍生逻辑进行初步剖析，进而得到科学的结论。

一、历史唯物主义是确定分析框架的内在视域

历史唯物主义能够成为中国特色社会主义实践的分析框架，原因主要有两个：一是其具有科学性；二是其针对的问题是中国特色社会主义实践所要面临的问题，即现代化问题。

（一）历史唯物主义是科学的理论

历史唯物主义之所以是科学的理论，可以从理论内蕴层面找到原因。所谓理论内蕴，包括逻辑起点、运思模式、基本方法、基本立场和理论样态几个方面。

历史唯物主义是以“现实的人”为逻辑起点的理论。“现实的人”，是指处于现实生活和现实的生产关系中的人。早在《1844年经济学哲学手稿》中，马克思曾明确指出，自己的结论是通过“经验的”方法得出的，而这种经验的方法就是对资本主义现实劳动状况以及处于异化状态下的人的考察。在《德意志意识形态》中，他更加明确指出，这种“经验的”方法的内核就是现实的生产和生活。他认为，历史唯物主义理论开始的前提“是一些现实的个人，是他们的活动和他们的物质生活条件，包括他们已有的和由他们自己的活动创造出来的物质生活条件”[1]，而这些条件完全能够用经验的方法进行检验。同时，他把人们的物质生活本身看作是历史发展的第一个前提，并以此为基础构建了历史

(1)马克思，恩格斯：《马克思恩格斯文集》第1卷，人民出版社2009年版，第519页。

唯物主义的分析模式。正是以"现实的人"为逻辑起点，马克思才能摆脱唯心史观的纠缠，把目光放在具体的、历史的和处于社会关系的人及其生活之上，使历史唯物主义呈现科学性。

历史唯物主义是以"辩证思维"为运思模式的理论。马克思认为："辩证法是在对现存事物的肯定的理解中同时包含对现存事物的否定的理解，即对现存事物的必然灭亡的理解；辩证法对每一种既成的形式都是从不断的运动中，因而也是从它的暂时性方面去理解；辩证法不崇拜任何东西，按其本质来说，它是批判的和革命的。"[1]从这段论述中，我们可以总结出辩证思维的核心内容：一是生成性思维，二是批判性思维，三是矛盾性思维。正是这种思维模式使得历史唯物主义呈现出科学性。生成性思维是与既成性思维相对的思维模式，即把事物不是看作本质不变的存在，而是看作不断变化的事物，看作一种不断生成的过程。生成性思维模式能够把握不断变化的事物，能够从纷繁复杂的事物背后找到内在变化的规律，也正是这样的思维模式才能正确地把握变化的世界。正如柯尔施所评论的，历史唯物主义作为新的社会科学的首要原则，"是对一切社会关系作历史论述的原则"[2]；批判性思维，是指对事物的既定状态保持着一种怀疑和否定的态度，这种思维不是要否定和怀疑一切，而是更加关注使这种事物呈现既定状态及其合理性的条件，对其条件的动态性和暂时性理解是批判思维的核心。因此，批判思维意味着对既有事物的继承性和超越性理解。正是这种理解，能够把握事物的本质并对其发展方向进行科学预测；矛盾性思维，是指把事物看作矛盾的统一体，正是这种矛盾的统一性使事物能够不断向前发展，也正是这种思维使事物发展的动力清晰地呈现在人们眼前。马克思正是在以辩证思维为运思模式的基础上，构建了历史唯物主义理论：把物质生产实践作为历史发展的基点，明确了历史的发展进程，体现了生成性思维；通过对资本主义运行规则的分析与批判，指出其具有的暂时性，体现了批判性思维；明确提出生产力与生产关系、经济基础与上层建筑两对矛盾作为历史发展的动因，体现了矛盾性思维。以辩证思维为运思模式的历史唯物主义能够正确地把握事物发展规律，明晰事物发展性质，了解事物发展动力，充分体现了科学性。

(1)马克思，恩格斯：《马克思恩格斯文集》第5卷，人民出版社2009年版，第22页。

(2)[德]卡尔·柯尔施：《卡尔·马克思——马克思主义的理论和阶级运动》，重庆出版社1993年版，第6页。

历史唯物主义是以“历史与逻辑相统一”为基本方法的理论。历史与逻辑的统一，是指主观思维逻辑与客观历史规律的统一，即历史进程从哪里开始，思维便从哪里开始。任何理论都是以概念及其相互关系为基础内容的，概念的提出与关联不是凭空捏造的，而要从现实的历史材料中提炼出来，只有这样的理论才能正确地反映历史发展的规律。历史与逻辑统一的基本方法在《资本论》中体现得最为明显。马克思在《资本论》的序言中提出："研究必须充分地占有材料，分析它的各种发展形式，探寻这些形式的内在联系。只有这项工作完成之后，现实的运动才能适当地叙述出来。"(1) 通过这样的研究方法，马克思从商品这一资本主义社会的基础细胞开始，经过价值、货币、资本等概念的演进，系统地分析了资本主义社会的运行规则，正是由于这种概念之间的推演切实符合现实发展规律，才使马克思突破了以往政治经济学的局限，提出了剩余价值学说，为历史唯物主义的科学性提供了强有力的支撑。

历史唯物主义是以“无产阶级”为基本立场的理论。马克思认为，政治经济学对于德国而言是“外来品”，其原因在于德国缺乏政治经济学产生的土壤。而当资本主义生产方式在德国产生之时，德国的政治经济学家却由于环境“已经不再容许他们在资产阶级的视野之内进行不偏不倚的研究了。”(2) 因此，政治经济学家由于个人的阶级属性或是利益使得研究的重点不再是问题本身，而是关注于这种理论“对资本有利还是有害，方便还是不方便，违背警章还是不违背警章”(3)。这意味着政治经济学变成了资产阶级的政治经济学。这种政治经济学的主要表现是“把资本主义制度不是看作历史上过渡的发展阶段，而是看作社会生产的绝对的最后的形式”(4)。而马克思认为需要对资产阶级经济学进行批判，而批判要秉承一个原则，即“它能代表的只是这样一个阶级，这一阶级的历史使命是推翻资本主义生产方式和最后消灭阶级。这一阶级就是无产阶级”(5)。从这段论述中我们可以得出两个结论：一是马克思

(1) 马克思，恩格斯：《马克思恩格斯文集》第 5 卷，人民出版社 2009 年版，第 21 ~ 22 页。

(2) 马克思，恩格斯：《马克思恩格斯文集》第 5 卷，人民出版社 2009 年版，第 16 页。

(3) 马克思，恩格斯：《马克思恩格斯文集》第 5 卷，人民出版社 2009 年版，第 17 页。

(4) 马克思，恩格斯：《马克思恩格斯文集》第 5 卷，人民出版社 2009 年版，第 16 页。

(5) 马克思，恩格斯：《马克思恩格斯文集》第 5 卷，人民出版社 2009 年版，第 18 页。

并不像韦伯那样，认为研究应当做到“价值中立”，而是毫不避讳地提出自己的理论代表着无产阶级；二是代表无产阶级的理论并不影响理论的科学性反而使之能够成为科学的理论，其原因在于无产阶级是先进的阶级，代表着历史发展的方向，而代表历史发展方向的理论才能对传统理论进行科学批判。

历史唯物主义是以“开放性理论”为基本特征的理论。历史唯物主义不是一种封闭性的体系，而是一种开放性的理论。这主要表现在两个方面：一是历史唯物主义是说明历史的指南，而不是既定不变的公式，它只能为研究历史提供一种科学的方法，而不能用以剪裁历史事实。恩格斯明确指出“我们的历史观首先是进行研究工作的指南，并不是按照黑格尔学派的方式构造体系的方法”[1]。二是历史唯物主义能够根据时代的变化而不断发展。正是这种开放性理论的特质，使得历史唯物主义能够不断经受住实践的检验，进而成为科学的理论。

正是由于具有如此的理论内蕴，历史唯物主义才能呈现出科学性，进而成为分析社会历史发展的有力工具。

（二）历史唯物主义具有现代化的问题域

现代化是20世纪60年代以后逐渐开始流行于社会科学领域的概念，它指称的是工业革命以来世界经历的一场急剧性变革，其核心是工业化。[2] 历史唯物主义具有现代化的问题域主要表现在三个方面：一是历史唯物主义诞生于世界现代化进程中；二是历史唯物主义涉及现代化进程的诸多主题；三是历史唯物主义对现代化进程的历史作用。

历史唯物主义作为一种理论，真实地反映了当时欧洲现代化的状况，是世界现代化的产物。马克思和恩格斯所生活的年代正是欧洲现代化迅猛发展的时代，可以说，马克思和恩格斯是欧洲现代化进程的亲历者。一般认为，欧洲是世界现代化进程的发源地，其典型标志是18世纪工业革命的发生。而在马克思和恩格斯生活的年代，欧洲的现代化开始步入正轨，资本主义社会关系开始在欧洲逐渐兴盛起来，其中以英国的资本主义发展最为繁荣。这也成为马克思以英国为例研究资本主义生产方式的重要原因。马克思和恩格斯正是在这样的

（1）马克思，恩格斯：《马克思恩格斯文集》第10卷，人民出版社2009年版，第587页。

（2）罗荣渠：《现代化新论——世界与中国的现代化进程》，北京大学出版社1993年版，第16～17页。

时代背景下，以现实状况为切入点，结合诸多历史材料，创立了历史唯物主义。

历史唯物主义理论涉及现代化进程的诸多主题。这些主题包括以下几个方面：从宏观历史上看，历史唯物主义把前资本主义生产方式看作是现代化的过去，把资本主义生产方式看作是现代化的当下，把共产主义社会看作是现代化的未来，这是对现代化发展的历史脉络的深刻认识；它把生产力的发展看作是现代化的发展动力，把经济基础和上层建筑的矛盾运动看作是现代化的运作机理，这是对现代化进程的基本规律的分析；它把生产力的迅猛发展看作是现代化的辉煌成就，这是对现代化的成果的辩证分析。从中观社会上看，历史唯物主义把无产阶级与资产阶级的斗争看作是现代化进程的产物，这种斗争最终将以无产阶级的胜利为终点，这是对现代化进程中阶级斗争的分析；它把社会主义革命看作是现代化进程的内在环节，认为无产阶级将通过革命取得政权，这是对现代化进程中社会革命的分析；它把市民社会看作是现代化进程的前提，明确了市民社会与国家分离对现代化进程的促进作用，这是对现代化进程中市民社会及其领域分工的阐述；它把现代化进程看作是资本主义生产方式不断侵蚀落后国家的历程，即"东方从属于西方"的历程，这是对现代化历程中国家之间关系的论述。从微观个人来看，历史唯物主义把在资本主义生产方式下的劳动异化以及人的异化看作是现代化的突出问题。这些主题一直是现代化理论所要探讨和关心的问题。因此，有学者这样认为：虽然马克思未使用过"现代化"一词，"但关于现代化的思想，事实上早在他的唯物史观形成之初即已提出"[(1)]。

历史唯物主义在现代化进程中起到了不可或缺的作用，即指导社会主义国家进行现代化建设。社会主义革命的胜利主要是在东方落后国家实现的。因此，在社会主义国家实现现代化的方式与途径便成为世界性难题。中国社会主义现代化建设取得辉煌成就的历史表明，历史唯物主义理论能够指导社会主义国家进行不同于西方的现代化实践。在新中国成立初期，中国根据历史唯物主义的基本原理，从中国的实际情况出发，以经济建设为主要任务，实现了社会主义改造，取得了一定的现代化成果。但随着对中国国情的误判以及国家工作重心出现的偏离，中国现代化建设受到了重创，国家的政治、经济、文化发展举步维艰。这实际上是对历史唯物主义基本原理的偏离。自党的十一届三中全会以

(1) 罗荣渠：《现代化新论——世界与中国的现代化进程》，北京大学出版社 1993 年版，第 81 页。

来，党和政府按照历史唯物主义的基本原理，从实际国情出发，把工作重心转移到社会主义建设上来，并对束缚生产力发展的生产关系以及上层建筑进行改革和调整，就此掀开了改革开放的伟大序幕。经过四十年的改革实践，中国现代化建设取得了举世瞩目的辉煌成就，为世界现代化进程增添了浓墨重彩的一笔。可以说，中国特色社会主义实践的成功是历史唯物主义在中国的胜利。

中国特色社会主义实践在本质上是一种实现社会主义现代化的实践，虽然这种现代化不同于西方的现代化道路，即具有自己的"个性"，但同时它也是世界现代化进程中的重要组成部分，是从传统社会向现代化转变的过程。因此，这种实践活动也会遇到现代化进程中的诸多问题与挑战，即具有"共性"。而历史唯物主义所具有的现代化"特质"能够与中国的现代化实践相契合。

二、马克思主义社会结构理论和社会形态理论是确定分析框架的基本依据

历史唯物主义所具有的科学性与现代化的问题域，使其能够科学地分析现代化的历程与实践规律，为深化研究中国特色社会主义实践的逻辑提供基础。但历史唯物主义是一个复杂的理论体系，选择何种具体的理论作为确立框架的依据，便成为我们面临的又一重大问题。本书把历史唯物主义中的社会结构理论和社会形态理论作为分析框架的主要依据。其原因在于：两种理论具有宏观的现代化视域。社会结构理论和社会形态理论是历史唯物主义理论中不可缺失的重要组成部分。社会结构理论侧重于分析每一个社会的结构状况及其对社会历史发展状况的影响，而社会形态理论侧重于分析社会发展的连续性和递进性。两者相辅相成，共同构成分析社会历史演进的理论工具。

（一）社会结构理论

"社会结构"概念是现代社会学中的核心概念，同时也是具有较强争议的概念。从一般意义上讲，社会结构是指不同社会要素之间具有的稳定性的关系和顺序。在马克思主义视域中，社会结构主要指由生产力、生产关系（经济基础）、政治上层建筑和意识形态构成的有机系统。马克思认为，社会"是一个能够变化并且经常处于变化过程中的有机体"[(1)]。这是对马克思主义社会结构理论内在实质的精辟论述。社会结构理论的核心内容是社会要素的确立及其相互关系。

（1）马克思，恩格斯：《马克思恩格斯文集》第3卷，人民出版社2009年版，第12～13页。

从这一角度看，马克思主义社会结构理论具有自己的内在规定性，即四个因素之间的互动模式。

1. 以生产力、生产关系（经济基础）、政治上层建筑和意识形态为标志的四个要素

在《德意志意识形态》中，马克思通过对物质资料生产的分析，明确了物质资料生产是历史发展的基础，进而对市民社会与国家关系进行分析，提出市民社会决定国家的思想。他认为，只有从现实的物质生产出发，并“把同这种生产方式相联系的、它所产生的交往形式即各个不同阶段上的市民社会理解为整个历史的基础”[(1)]，同时“从市民社会出发阐明意识的所有各种不同的理论产物和形式，如宗教、哲学、道德等等”[(2)]，才能完整而准确地表达历史。这表明马克思已经在一定程度上接触到社会结构问题，同时也表明人们之间的交往关系逐渐成为马克思社会结构理论的基础内容。而在《〈政治经济学批判〉序言》中的那段经典论述，不但表明马克思社会结构理论的成型，同时也意味着社会关系（尤其是生产关系）在社会结构理论中的基础地位。“人们在自己生活的社会生产中发生一定的、必然的、不以他们的意志为转移的关系，即同他们的物质生产力的一定发展阶段相适应的生产关系。这些生产关系的总和构成社会的经济结构，即有法律的和政治的上层建筑竖立其上并有一定的社会意识形式与之相适应的现实基础。”[(3)] 在这段经典论述中，马克思说明了三个问题：一是社会生产是社会结构的基础；二是马克思以社会关系中的生产关系作为切入点，认为生产关系的总和构成了经济结构，即社会结构的现实基础；三是生产力、经济基础、上层建筑是社会结构的主要组成部分。马克思的社会结构理论可以看作是现代社会学的开端理论，同时它也为马克思主义社会结构理论奠定了基础。

自马克思在《德意志意识形态》和《〈政治经济学批判〉序言》等著作中，充分表达了以生产力、生产关系和上层建筑为因素的社会结构思想之后，历代马克思主义经典作家都对其进行过不同程度的诠释。恩格斯十分赞同马克思的这种社会结构分析模式，认为“每一时代的社会经济结构形成现实基础，每一

(1)马克思，恩格斯：《马克思恩格斯文集》第1卷，人民出版社2009年版，第544页。

(2)马克思，恩格斯：《马克思恩格斯文集》第1卷，人民出版社2009年版，第544页。

(3)马克思，恩格斯：《马克思恩格斯文集》第3卷，人民出版社2009年版，第544页。

历史时期有法律设施和政治设施以及宗教的、哲学的和其他观念形式所构成的全部上层建筑，归根到底都应由这一基础来说明”[1]。列宁也十分认同这种社会结构，认为只有“把社会关系归结于生产关系，把生产关系归结于生产力的水平”[2]才能使科学的社会学得以可能。同时列宁在分析社会关系之时，把社会关系划分为“思想的社会关系”和“物质的社会关系”两种。思想的社会关系，是指“通过人们的意识而形成的关系”[3]，即我们通常所理解的政治法律制度，而物质的社会关系，主要是指人们在生产过程中结成的关系。这样，列宁就把社会结构分为三个层次：一是生产力，二是物质的社会关系和思想的社会关系，三是社会意识。普列汉诺夫认为，生产力的状况、被生产力所制约的经济关系、在一定的经济“基础”上生长起来的社会政治制度、社会中的人的心理和各种思想体系[4]，构成社会的五项因素（层次）。这是对马克思社会结构理论的又一次经典诠释。这些诠释虽然表达形式不同，但都可以归入生产力、经济基础、政治上层建筑和意识形态的“四因素”结构理论之中。因此，“四因素”结构理论可以看作是马克思主义社会结构理论的基本特征之一。这四个因素自身又有着各自的内在结构。生产力，是指人改造自然的能力，而生产力结构，是指构成生产力诸要素之间的关系。由于我国长期受到苏联哲学教科书的影响，因此，在学术界长期流行着以劳动者、劳动工具和劳动对象为生产力因素的观点。这种理解的缺陷在于没有突出科学技术以及管理行为等因素在当代生产活动中的主要地位。因此，经过诸多学者的深入研究，当代学术界对生产力结构有着一种共识，即把生产力结构看作是由主体性因素（劳动者）、实体性因素（劳动对象和劳动资料）、智力性因素（科学技术）和结合性因素（管理、协作等）构成的结构系统[5]；生产关系，是指在生产过程中结成的人与人之间的关系，而生产关系结构（经济结构）可以看作是由所有关系、交换关系、分配关系和消费关系构成的结构系统；政治上层建筑结构是由实体性要素（政党、政府、

（1）马克思，恩格斯：《马克思恩格斯文集》第 3 卷，人民出版社 2009 年版，第 544 页。

（2）列宁：《列宁选集》第 1 卷，人民出版社 1995 年版，第 8 页。

（3）列宁：《列宁选集》第 1 卷，人民出版社 1995 年版，第 8 页。

（4）[俄]普列汉诺夫：《普列汉诺夫哲学著作选集》，生活•读书•新知三联出版社 1962 年版，第 195 页。

（5）李恒瑞：《世纪难题的破解：社会改革开放新论》，人民出版社 1999 年版，第 34 页。

监狱等）和关系性要素（政权的组织形式及运作）组成的；意识形态结构是由哲学观、社会观和价值观构成的结构系统。[(1)]

2. 四个因素之间的关系及互动

马克思认为，与一定生产力相适应的生产关系的总和构成社会的经济结构，而正是这种社会的经济结构作为基础决定着庞大上层建筑的状态及变化。这实际上便构成了以“生产力—生产关系—上层建筑”为基础的从低到高的层系理论形态：其中生产力作为社会结构的基点决定着生产关系的状态，而生产关系（经济基础）决定上层建筑。这种理论形态的核心是从现实的物质生活出发，对社会生活的本质予以剖析，借此来批判以往只是把社会运作看作是意识关系或是政治关系的学说，确立了历史唯物主义的基本框架。也正是因为这种情况，马克思更多地侧重于经济因素的决定作用，而较少论述其他因素的反作用。正是面对这种情况，恩格斯在晚年不断对其进行诠释与阐发。他认为，青年们有些时候会看重经济因素，“这有一部分是马克思和我应当负责的”[(2)]。但同时他提出，“对历史斗争的进程发生影响并且在许多情况下主要是决定着这一斗争的形式的，还有上层建筑的各种因素”[(3)]，因而，“这里表现出这一切因素间的相互作用，而在这种相互作用中归根到底是经济运动作为必然的东西通过无穷无尽的偶然事件……向前发展”[(4)]。这就意味着，虽然经济状况（包括生产关系和生产力）是历史发展的最终决定性因素，但并不表明其他因素不起作用。相反，这些因素对经济状况具有反作用。以政治上层建筑对经济基础的反作用为例。恩格斯认为，国家权力对经济发展的反作用可以有三种：一是国家权力与经济发展同向运动，促进经济发展；二是国家权力与经济发展反向运动，阻碍经济发展；三是国家权力给经济发展规定另外方向。在他看来，在后两种情况下，“政治权力会给经济发展带来巨大的损害”[(5)]。

恩格斯在晚年的补充和阐释使得马克思主义社会结构理论逐渐趋于完善。

（1）金观涛，刘青峰：《兴盛与危机：论中国社会超稳定结构》，法律出版社2010年版，第270页。

（2）马克思，恩格斯：《马克思恩格斯文集》第10卷，人民出版社2009年版，第593页。

（3）马克思，恩格斯：《马克思恩格斯文集》第10卷，人民出版社2009年版，第591页。

（4）马克思，恩格斯：《马克思恩格斯文集》第10卷，人民出版社2009年版，第592～593页。

（5）马克思，恩格斯：《马克思恩格斯文集》第10卷，人民出版社2009年版，第597页。

马克思主义社会结构理论是一种以四个因素互动为核心的理论体系，它为研究社会运行规律提供了科学的分析框架及启示。

（二）社会形态理论

马克思认为，社会形态的发展是一种自然史的过程，即社会发展是遵行着一定发展规律的历史过程。此观点可以作为马克思主义社会形态理论的内在精神和灵魂。社会形态理论主要涉及四个方面的内容：社会发展的基础、社会形态的划分标准、社会要素的力量变化和社会形态的类型。从这四个方面考虑，马克思主义社会形态理论可以概括为以生产力发展为基础、以生产方式和生存方式为划分标准、以结构要素的力量变化为内涵和以共产主义社会为最高形态的社会形态理论。

1. 以生产力发展为基础的社会形态理论

马克思主义的社会形态理论虽处在不断生成变化中，但以生产力为基础，却一直是其理论的“硬核”。“生产力”最初是古典经济学所使用的术语，亚当•斯密、李嘉图和李斯特等人都对其进行过阐发与论述。马克思正是在继承了前人思想的基础上，确立了生产力概念，并将其引入历史领域，使之与社会发展联系起来。

在马克思的早期手稿中，虽然他还没有形成完整的生产力概念，但这不表明马克思在手稿中的社会形态理论完全缺少“内核”。这表现在两个方面：一是马克思开始使用“劳动的生产力”等术语[(1)]，并认为生产力的发展促生了劳动的异化；二是马克思认为历史的全部运动是“这种共产主义的现实的产生活动”，[(2)]而共产主义运动“必然在私有财产的运动中，即在经济的运动中，为自己既找到经验的基础，也找到理论的基础”[(3)]。因此，我们可以得出结论：在这一时期，马克思的社会形态理论已经与生产力思想有着极强的关联性。随着马克思生产力概念的逐渐完善，社会形态理论与生产力概念之间已密不可分地连接在一起。这种密不可分主要表现在：生产力的不断发展是社会发展的不竭动力，同时生产力发展的不同阶段促生了不同的社会形态。在《德意志意识形态》中，马克思已经把生产力看作社会发展的最终动力。他认为，市民社会是“同

(1)马克思，恩格斯：《马克思恩格斯文集》第1卷，人民出版社2009年版，第123页。

(2)马克思，恩格斯：《马克思恩格斯文集》第1卷，人民出版社2009年版，第186页。

(3)马克思，恩格斯：《马克思恩格斯文集》第1卷，人民出版社2009年版，第186页。

这种生产方式相联系的、它所产生的交往形式”[1]，并且正是这种交往形式才是历史的真正发源地。而这种交往方式变化发展的背后却是生产力的不断发展。在《哲学的贫困》中，马克思明确写道：“手推磨产生的是封建主的社会，蒸汽磨产生的是工业资本家的社会。”[2]这是对生产力与社会形态之间关系的进一步诠释。直到晚年，在对东方社会进行研究时，他依然把生产力看作是社会形态的基础。他认为，社会发展的原生形态向次生形态、再次生形态过渡时，其关键环节在于生产力的发展。因此，马克思把吸收资本主义社会的生产力看作是俄国能够跨越卡夫丁峡谷的关键环节之一。马克思十分关注生产力的巨大作用，正如美国学者威廉姆•肖所说，在马克思看来，“唯有生产力，即人的最基本的和独特的活动的产物，才能结出真正的人类自由果实的种子”[3]。

在马克思去世后，恩格斯和列宁都在不同程度上捍卫和完善了马克思的社会形态理论。恩格斯十分赞同摩尔根把人类社会发展历程分为蒙昧时代、野蛮时代和文明时代，并认为“历史中的决定性因素，归根到底是直接生活的生产和再生产”[4]。这种生产包括两种形式：物资资料的生产和人自身的生产即繁衍。两种生产在社会发展的不同时期所起到的作用是不同的。在早期社会，人自身的生产和家庭的发展起到十分重要的作用。随着物质资料生产能力的不断提高，繁衍对推动社会发展的作用也相对减弱。恩格斯在对原始社会史料进行分析的基础上提出的“两种生产”理论，无疑是对马克思社会形态理论的补充与完善，同时也是对生产力与社会发展之间关系的又一次阐释与论述。列宁也十分赞同生产力是社会发展内在根据的基本观点。他认为：“生产力的发展正在消灭私有制，即现代社会制度的基础。”[5]正是在历代马克思主义经典作家的不断捍卫与完善中，生产力概念在社会形态理论中的突出地位才最终被确立下来。

强调生产力在社会形态理论中的基础地位，不是否定生产关系对生产力的反作用，而是突出强调生产力在生产关系和生产力之间的矛盾中的主导地位。

---

(1)马克思，恩格斯：《马克思恩格斯文集》第1卷，人民出版社2009年版，第544页。

(2)马克思，恩格斯：《马克思恩格斯文集》第1卷，人民出版社2009年版，第602页。

(3)[美]威廉姆•肖：《马克思的历史理论》，重庆出版社1989年版，第154页。

(4)马克思，恩格斯：《马克思恩格斯文集》第4卷，人民出版社2009年版，第15页。

(5)列宁：《列宁选集》第1卷，人民出版社1995年版，第91页。

2. 以生产方式和生存方式为划分标准的社会形态理论

社会各阶段的划分标准是社会形态理论的主要内容之一。在马克思主义社会形态理论中，主要存在着两种不同的划分标准：生产方式标准和生存方式标准。

生产方式标准是由生产力和生产关系两个因素组成的标准，而生存方式标准主要是以依赖关系和类本质所构成的标准。这两种标准同时存在于马克思主义经典文本（主要是马克思的文本）之中，并共同为划分社会发展阶段提供了理论分析工具。

在马克思的早期文本中，生存方式标准起着主要作用。这主要体现在《1844年经济学哲学手稿》中马克思对社会发展形态的划分。在这篇文献中，马克思以人的类本质为标准，将人类社会发展划分为三个阶段：第一阶段是人的最初发展阶段。在这一阶段，由于人们的活动还没有被分割，即分工不发达，故而人们的生产活动还是一种“自由的活动”。概言之，人们能够通过“对象化”活动来证明自己是类存在物。第二阶段是人的本质异化阶段。在这一阶段中，由于私有财产的产生，劳动这种作为人的类特性的活动不断异化，即“劳动这种生命活动、这种生产活动本身对人来说不过是满足一种需要即维持肉体生存的需要的一种手段”[(1)]。第三阶段是人的本质的复归阶段。马克思认为，共产主义是“人向自身，也就是向社会的即合乎人性的人的复归”[(2)]。这种划分标准从某种程度上透露出黑格尔唯心主义哲学的痕迹。虽然在这时，马克思由于碰到“物质利益的难事”而退回书斋，并以现实的劳动为出发点对黑格尔哲学展开批判，但由于马克思刚刚开始对政治经济学展开研究，故而，并没有系统地概括和提升出他的经济学理论，这使他对社会形态的划分带有某种“猜测”的色彩。

随着马克思思想的不断发展，社会形态理论开始逐渐成熟，并逐渐形成自己的研究范式，如生产力、物质资料生产和生产关系（交往形式）等概念。这意味着马克思真正开始以“现实的人”及其现实的生活为基础，考察社会发展的内在规律，同时也标志着马克思对自己以前哲学信仰（黑格尔哲学）的一次彻底清算。在《德意志意识形态》中，马克思依照所有制发展的不同阶段，把至今为止的社会形态分为四种：部落所有制、古典古代的公社所有制和国家所有制、封建的或等级的所有制、现代所有制。如果加上共产主义社会的所有制

（1）马克思，恩格斯：《马克思恩格斯文集》第1卷，人民出版社2009年版，第162页。

（2）马克思，恩格斯：《马克思恩格斯文集》第1卷，人民出版社2009年版，第185页。

形态，便构成了以生产方式为划分标准的五种社会形态理论。恩格斯、列宁、斯大林和毛泽东等马克思主义经典作家主要采纳的便是这种划分标准。

当马克思开始系统涉猎经济学理论并着手写作《资本论》时，社会形态理论才得以不断完善。马克思这时所采用的划分社会发展的标准变为生产方式和生存方式两种标准的融合。在《1857—1858 年经济学手稿》中，马克思以依赖关系为表征将整个人类社会发展看作三个阶段：人的依赖、物的依赖与个性依赖。人的依赖关系是“最初的社会形式，在这种形式下，人的生产能力只是在狭小的范围内和孤立的地点上发展着”(1)，而物的依赖关系是第二种形式，即“在这种形式下，才形成普遍的社会物质变换、全面的关系、多方面的需要以及全面的能力的体系”(2)。而作为第三种形式的自主个性依赖是“建立在个人全面发展和他们共同的、社会的生产能力成为从属于他们的社会财富这一基础上的自由个性”(3)。在这里，马克思的划分标准是以依赖关系为表征，以生产方式为基础的混合标准。这表明马克思不再像早期思想中那样，完全依赖于人的类本质的变化，借以对社会形态的演化进行猜测，而是以生产力和生产关系的变化为基础，结合人的生存方式对社会形态进行划分。这种划分标准虽然在形式上与早期马克思的划分标准相类似，而实际上则是在更高层次上的一种复归。虽然在《〈政治经济学批判〉序言》中，马克思似乎又恢复了以生产方式为主的单一标准，认为“大体说来，亚细亚的、古希腊罗马的、封建的和现代资产阶级的生产方式可以看做经济的社会形态演进的几个时代”(4)，而在《资本论》中，马克思似乎以生存方式为单一标准，把人类社会发展分为必然王国和自由王国，但如果我们仔细分析，就会发现这都是特意强调其中的某一方面，如“经济的社会形态”的用语就是在强调社会形态的经济决定作用，并不意味着是对另一标准的摒弃。

由于恩格斯等经典作家对生产方式标准的强调，生存方式标准长期受到忽视。在我国改革开放之后，随着人学理论的逐渐兴起，马克思的生存方式划分标准逐渐成为学界讨论的热点。这使这一划分标准变得澄明起来，进而使得社

(1) 马克思，恩格斯：《马克思恩格斯文集》第 8 卷，人民出版社 2009 年版，第 52 页。
(2) 马克思，恩格斯：《马克思恩格斯文集》第 8 卷，人民出版社 2009 年版，第 52 页。
(3) 马克思，恩格斯：《马克思恩格斯文集》第 8 卷，人民出版社 2009 年版，第 52 页。
(4) 马克思，恩格斯：《马克思恩格斯文集》第 2 卷，人民出版社 2009 年版，第 592 页。

会发展的划分标准得以完整地展现在人们眼前。

3. 以结构要素的力量变化为内蕴的社会形态理论

生产方式和生存方式的变化同时意味着社会结构要素的力量的变化。这个基本结论可以从马克思的著作中找到依据。在《资本论》中，马克思曾经针对美国一家报社对其产生的批评予以积极回应。这种批评认为：马克思所表明的物质生产方式制约整个社会生活、政治生活和精神生活的观点，只适用于物质利益处于统治地位的资本主义社会，并不适用于政治占统治地位的古代社会以及天主教占统治地位的中世纪。而马克思则这样回应："中世纪不能靠天主教生活，古代社会不能靠政治生活。"(1) 并且他认为："这两个时代谋生的方式和方法表明，为什么在古代社会政治起着主要作用，而在中世纪天主教起着重要作用。"(2)

根据这段论述可以得到两个结论：首先，马克思承认政治力量和思想力量在有的时代能够起到主要作用；其次，之所以能够出现这样的状况，是由谋生方式和手段即生产方式（生产力与生产关系）决定的。换言之，正是生产方式"允许"政治力量或意识形态力量在不同社会的运行过程中起主要作用。正是在这一意义上，恩格斯才提出"历史过程中的决定性因素归根到底是现实生活的生产和再生产"(3)。故而，我们可以得出这样的结论，人的生产方式和生存方式的变化也会使构成社会结构要素的力量及其地位发生变化。这意味着在不同的社会发展阶段，有时可能政治领域的力量强大，有时可能精神力量最为强大，有时可能经济领域的力量最为强大。

4. 以共产主义社会为最终形态的社会形态理论

研究社会发展的划分标准是对社会发展类型进行分析的前提。因此，在明确了马克思主义社会发展划分标准之后，对社会发展类型的判断便成为内在的理论诉求。在经典文本中，社会形态演进类型大致可以分为"二形态论""三形态论""四形态论"和"五形态论"，每一种形态中又有不同的表述。如果以生成的角度对其进行梳理，我们会发现这几种表述的演进顺序。

马克思在《1844 年经济学哲学手稿》中，以人的类本质为标准，将人类社会发展划分为三个阶段：人—非人—人的复归；在《德意志意识形态》中，马

(1) 马克思，恩格斯：《马克思恩格斯文集》第 5 卷，人民出版社 2009 年版，第 100 页。

(2) 马克思，恩格斯：《马克思恩格斯文集》第 5 卷，人民出版社 2009 年版，第 100 页。

(3) 马克思，恩格斯：《马克思恩格斯文集》第 10 卷，人民出版社 2009 年版，第 591 页。

克思和恩格斯把人类社会的演进划分为五个阶段：部落所有制、古典古代的公社所有制和国家所有制、封建的或等级的所有制、现代所有制、共产主义社会；在《共产党宣言》中，马克思和恩格斯将人类社会划分为三个形态：原始社会、阶级社会和共产主义社会。在《1857—1858年经济学手稿》中，马克思将人类社会划分为三个形态：人的依赖、物的依赖与自主个性依赖；在《〈政治经济学批判〉序言》中，马克思将人类社会划分为五个形态：亚细亚的、古希腊罗马的、封建的、现代资产阶级的生产方式以及共产主义的生产方式[1]；在《资本论》中，马克思把人类发展的历史划分为两种形态：必然王国和自由王国。必然王国，是指人类劳动的性质依然是外在规定性的劳动的领域，即为满足人类的需要而与自然搏斗的劳动领域。“自由王国只是在必要性和外在目的规定要做的劳动终止的地方才开始；因而按照事物的本性来说，它存在于真正物质生产领域的彼岸。”[2]而“在这一必然王国的彼岸，作为目的本身的人类能力的发挥，真正的自由王国，就开始了”[3]。同时马克思指出，这一自由王国只有在必然王国的基础上才能不断发展和完善起来。在马克思给查苏利奇的信（包括草稿）中，以地层构造为比喻把人类社会的演进划分为四个阶段：原生社会形态（包括原始社会和农业公社在内的社会形态，其内在特征在于天然的公有制）、次生社会形态（包括“建立在奴隶制上和农奴制上的一系列社会”[4]）、再次生社会（包括以雇佣劳动为基础的资本主义社会）以及共产主义社会（“古代类型社会在一种高级的形式下的复活”[5]）。

之所以存在这些不同的表述，与马克思不断扩展的知识域有着紧密的联系。众所周知，马克思是一位横跨诸多知识领域的学者。虽然在青年时期他主修的是法学，但他更偏重于哲学和历史学。这一点也可以从他的博士论文《德谟克利特的自然哲学与伊壁鸠鲁的自然哲学的差别》中略见端倪。深厚的哲学底蕴

(1) 在文本中，马克思只是把至今为止的社会发展形态分为四个，但他也明确表示资产阶级的生产关系将是人类史前史的最后一个形式，而人类的真正历史将在之后拉开序幕，因此在这里笔者把共产主义的生产方式放在其后，成为五种形态理论，是符合情理的。

(2) 马克思，恩格斯：《马克思恩格斯文集》第7卷，人民出版社2009年版，第928页。

(3) 马克思，恩格斯：《马克思恩格斯文集》第7卷，人民出版社2009年版，第929页。

(4) 马克思，恩格斯：《马克思恩格斯文集》第3卷，人民出版社2009年版，第586页。

(5) 马克思，恩格斯：《马克思恩格斯文集》第3卷，人民出版社2009年版，第572页。

为马克思带来了观察事物的敏锐性和批判力。当遇到“物质利益的难事”时，他果断地竖起批判的大旗，对黑格尔的哲学进行批判。这种批判不是在黑格尔哲学内部对其进行修补，而是从根基上予以清算。而能够进行这种清算的学理基础，就是他对历史著作的广泛涉猎。在克罗茨纳赫时，马克思阅读了一系列西欧历史学著作，包括路德维希的《近五十年史》、瓦克斯穆特的《革命时代的法国史》、兰克的《德国史》和汉密尔顿的《论北美》等。[1] 正是这些历史知识为历史唯物主义的诞生提供了重要的理论支撑。在 1844 年年初，由于西欧历史研究的需要以及恩格斯的影响，马克思开始对政治经济学进行研究，并对亚当•斯密、李嘉图、萨伊和西斯蒙地等学者的著作进行摘录和整理。这种研究使马克思能够更加深入地了解历史的运行轨迹和资本运行的逻辑，为历史唯物主义的提出奠定了基础。除此之外，马克思对数学、政治学和文学等学科均有涉猎。正是这种综合的知识背景，使得马克思的理论具有广阔的视域和极强的张力。直到晚年，马克思开始逐渐关心东方社会的发展状况，开始涉猎诸多东方社会的史学资料，这又为社会形态理论的完善提供了充足的材料。

正是这些不同的表述，为马克思主义社会形态理论蒙上了一层面纱，也引起了不同学者的争论。笔者认为，尽管存在着诸多社会发展类型的表述，但我们可以发现一个共同点，即它们都把共产主义社会作为社会发展类型的最后一个阶段。从这一意义上说，关于社会形态的多种论述是内在统一的。而共产主义社会不仅是“自由人的联合体”，而且是对个人所有制的重建，因此，是人的解放的真正实现。这充分说明马克思主义社会形态理论既有着浪漫主义的价值情怀，同时又有着科学的理性分析，是价值性和科学性的统一。

马克思主义社会形态理论明确了社会发展的内在基础（生产力），确立了社会发展划分标准（生产方式和生存方式），揭示了社会结构要素的力量变化，指明了社会发展的最终方向（共产主义社会），为研究社会发展的内在规律提供了坚实基础。

三、“结构—形态”分析框架的确立

社会结构理论和社会形态理论，对构建中国特色社会主义实践逻辑的分析框架的启示，主要表现在两个方面：一是通过社会结构理论，明确了中国特色

(1) [苏] 弗•阿多拉茨基：《马克思年表（1818—1883）》，人民出版社 1977 年版，第 31 页。

社会主义实践的结构性因素；二是通过社会形态理论，确立了中国特色社会主义实践的不同形态。从总体上说，正是社会结构因素的互动作用，中国特色社会主义实践才得以推进；正是由于社会发展状态的渐进变化，中国特色社会主义实践形态才会发生变化。这就是"结构—形态"分析框架的主要内涵。

（一）社会结构理论的启示：中国特色社会主义实践的结构性要素

社会结构理论的启示，主要表现在确立中国特色社会主义实践的结构性要素上。所谓中国特色社会主义实践的结构性因素，是指在中国特色社会主义实践过程中不断推动实践进程的内在因素。从社会结构理论看，中国特色社会主义实践主要是政治上层建筑（主要是党和政府）通过意识形态领域的思想解放，进而引入市场机制，不断提升人民群众的主体性，使之自觉改造自然和社会，进而实现社会主义现代化和民族振兴的实践活动。因此，我们可以确定中国特色社会主义实践的内在结构性因素，包括"政府""思想""市场""人民"和"自然"。

理论的正确与否要经过实践检验。从现实层面说，"政府""思想""市场""人民"和"自然"在中国特色社会主义实践过程中的功能和作用是明显的。

第一，中国特色社会主义实践是在党和政府的主导下进行的，这种主导作用主要表现在两个方面：

首先，主导实践进程，为中国特色社会主义实践指明方向。主导实践进程主要包括三个方面：一是开辟中国特色社会主义道路。在改革开放早期，由于政府权力的强大力量，中国特色社会主义道路就需要借助政府的"权力"，自上而下地实现新道路的开辟；二是保障中国特色社会主义实践的方向。政府通过自身的力量，保障中国特色社会主义实践能够在社会主义制度的既定框架下进行，即保障中国特色社会主义实践的方向；三是主导实践进程的"节奏"。自十一届三中全会召开以来，党和政府从党情、世情和国情出发，把工作重心转移到社会主义现代化建设上来，并制定了思想路线、政治路线和组织路线，掀开了改革开放的序幕，开辟了中国特色社会主义实践道路；在明确党情、世情和国情的状况下，党和政府果断地作出了"建立社会主义市场经济体制"的重要决定并高举邓小平理论的伟大旗帜，明确了社会主义初级阶段的基本纲领并进一步推进了中国特色社会主义实践进程；在面对中国改革中出现的诸多问题时，党和政府及时转变发展理念，创新实践模式，使中国特色社会主义实践得以不断完善。可以说，正是由于党和政府根据客观实际，不断制定和调整实践的理念、目标、步骤、策略和方式，才使中国特色社会主义实践呈现一种“节律性”，也正是这种节律性的实践，才使得中国取得了举世瞩目的辉煌成就。

其次，协调诸多矛盾，为中国特色社会主义实践铺平道路。在社会发展过程中，社会诸要素之间的矛盾一直贯穿其中，而中国特色社会主义实践就是在不断解决矛盾的过程中逐步推进的。在宏观战略上，政府要不断解决和协调人民群众的需求与社会生产力发展之间的矛盾，经济发展与政治、文化、社会发展之间的矛盾，中央和地方之间的矛盾，地方和地方之间的矛盾，各民族利益之间的矛盾，改革、发展和稳定之间的矛盾，公平和效率之间的矛盾，国强与民富之间的矛盾，长远发展与目前发展之间的矛盾，以及国内发展与国际援助之间的矛盾等。在中观领域上，政府要不断解决和协调各领域内的矛盾：在经济领域，要协调农业、工业、第三产业发展之间的矛盾，劳动密集型产业与高新产业发展之间的矛盾，投资、需求、出口之间的矛盾等；在政治领域，要协调权力集中与分散之间的矛盾，党的领导与人民主体之间的矛盾，法治与德治之间的矛盾等；在文化领域，要协调主流文化与多元文化之间矛盾，以及高雅文化与大众文化之间的矛盾等；在社会领域，要协调社会各利益主体之间的矛盾，以及教育、医疗、养老等事业之间的矛盾等。在微观领域上，政府需要协调劳动者与企业家之间的矛盾，以及基层干部与群众之间的矛盾等。

第二，中国特色社会主义实践是在思想引领下推进的。在中国改革开放过程中，由邓小平理论、“三个代表”重要思想和科学发展观等重要思想为内核的中国特色社会主义理论体系应运而生。中国特色社会主义理论体系在改革开放的过程中发挥着引领作用。

首先，邓小平理论引领中国特色社会主义实践不断探索。在改革开放初期，破除那些束缚人们头脑的旧的思想观念是进行改革开放的前提条件。这些旧有的思想观念主要包括“唯斗”“唯上”“唯书”。“唯斗”思维，是指中国的建设只能在阶级斗争的框架内完成的思维模式。这种思维模式实际上是中国在革命战争年代的思维模式在建设时期的一种延续。“唯上”思维，是指对上级唯命是从的思维方式。这种思维是对权力的盲目崇拜在思维方式上的映现。“唯书”思维，是指教条地照搬和运用马克思主义经典作家的某些论断，作为评判社会主义建设的思维模式，这种思维模式实际上是一种形而上学思维模式的体现，即看不到理论随着实践的发展而发展。邓小平理论通过对“发展”思维的恢复，即认为阶级斗争已经不再是国内发展的主题，破除了“唯斗”思维;通过对“实践”思维的确立,即认为实践是检验真理的唯一标准,破除了“唯上”和“唯书”思维。邓小平理论是由一系列重大的科学论断组成的，包括：社会主义本质论、社会主义初级阶段论、根本任务论、市场经济论、判断标准论、发展战略论、改革开放论等。这些论断紧扣“什么是社会主义，怎样建设社会主义”这一基本问题，明确指出了中国特色社会主义实践的任务和性质，揭示了社会主义发展的内在规律，从而有效指导改革实践不断向前发展。邓小平理论能够切实抓住时代问题，与人民的改革诉求相契合，极大地调动了人民的积极性，进而把人民群众的力量最大限度地整合到改革开放的实践中来。

其次，“三个代表”重要思想引领中国特色社会主义实践不断推进。“三个代表”重要思想是在市场经济逐步发展、文化多样化趋向增强和社会利益主体逐渐多元化的背景下提出的，主要解答的是在新的形势下“建设什么样的党，怎样建设党”这一基本问题。它破除了传统上以财产的多寡作为能否加入中国共产党的标准，提出了以对社会主义贡献的多少作为入党标准。这就使得新形势下党的群众基础不断扩大，党的力量能够得以不断增强；它明确了先进生产力、先进文化和人民群众作为支撑社会发展的重要因素，为社会主义发展指明道路，并引导实践不断推进；它能够把握中国社会发展所面临的重要问题，不断扩大党的群众基础，并以人民群众的根本利益来协调不同利益之间的矛盾，最大限度地团结一切积极因素，为中国特色社会主义现代化建设作出应有的贡献。

再次，科学发展观引领中国特色社会主义实践不断完善。科学发展观是在中国改革开放即将进入攻坚期所提出的新的发展观念，针对的是“实现什么样的发展，怎样实现发展”这一基本问题。它从理念上力求破除传统的“物本”发展模式，代之以“人本”与“物本”相统一的发展模式，破除单一发展代之以全面发展，破除“量”化发展代之以“量”化与“质”化相统一的发展；它把“以人为本”作为中国特色社会主义发展的核心理念，以民生建设作为改革攻坚期的新突破口，以实现中国特色社会主义整体发展、均衡发展以及和谐发展，指导中国特色社会主义实践不断向前发展；它能够切合新时期人民群众对发展所提出的新要求，在一定程度上满足人民群众对生存、生活和发展的诉求，进而使人民群众凝聚到改革开放的轨道上来。

第三，中国特色社会主义实践是在市场机制的作用下不断发展的。市场机制对中国特色社会主义实践的作用主要表现在三个方面：

首先，能够实现资源合理配置，为中国特色社会主义实践提供一种“导向”。引入市场机制是中国改革开放实践所采取的一项核心措施。要明确市场机制的作用，先要了解市场的本质。对于市场的本质有这样几种理解：一是商品交换场所及其价值关系的总和；二是配置资源和调节经济生活的体制；三是传播信息进行资源配置的机制；四是保全整体社会的机制。[1] 这些不同理解并不互相排斥，而是各有侧重，共同构成了市场的本质：市场是一个商品交换场所，其内在蕴含着通过信息交换、竞争、供求和价格等机制调节资源配置，实现保全整体社会的功能。借此，我们能够明晰市场机制的内涵，即它是这样一种机制：在其中，资源主要通过各种运作机制配置到效益最好的领域，使资源获得最大的利益和效用，以实现社会的整体发展。因此，市场经济也被看作是最具有活力的经济体制。这就为中国特色社会主义实践提供一种“导向”。值得注意的是，在我国，引入市场经济体制，不是要取代生产资料公有制的主体地位，而是引入一种经济运行手段，使整个社会发展具有内在活力。因此，我国实行的是社会主义市场经济体制，即以坚持生产资料公有制为基础，在政府宏观调控下充分发挥市场的资源配置作用的经济体制。这种经济体制不仅能够发挥市场作用，而且能够有效抑制市场自身的盲目性、自发性和滞后性。

其次，提供实践原则，促进中国特色社会主义实践的推进。市场经济作为促进社会发展的工具和手段，不仅能够增强社会发展的内在活力，并且其内在的运作规则也为中国特色社会主义实践提供了应当遵行的基本原则。市场经济运作的核心是资本运作的逻辑，即资本的利润最大化和效用最大化的规律。但市场经济也有其内在缺陷，如投资的自发性、垄断现象的产生和追求短期行为等。因此，为了实现社会主义市场经济的良好运行，国家要通过有效措施，尽量减少市场固有的缺陷所带来的负面影响。这就为中国特色社会主义实践提供了应当遵循的原则。一是中国特色社会主义实践应遵循效率与公平相统一的原则。市场经济能够使资源达到合理配置，实现发展效率，但市场经济容易使资源不断集中并形成垄断，这不利于社会公平。因此，这就需要中国特色社会主义实践既要尊重市场自由配置资源的规律，同时又要注重社会公平。二是中国特色社会主义实践应遵循自主发展与宏观调控相统一的原则。市场经济的发展

---

(1) 傅青元：《对有中国特色社会主义的哲学分析》，四川人民出版社 1997 年版，第 190 ~ 196 页。

需要一个相对自主的发展环境，只有经济主体能够自由、平等地实现商品交换，才能保证市场机制正常运转，这就需要中国特色社会主义实践既要保证市场微观领域的自由发展，又要从宏观上对其加以调控。三是中国特色社会主义实践应遵循协调发展的原则。市场经济的良性发展需要政治领域、社会领域、文化领域和生态领域的配合，这就要求中国特色社会主义实践要遵循统筹规划和协调发展的原则。

再次，促进人民群众主体性的生成，增强中国特色社会主义实践的力量。人民群众主体性的生成可以从存在层面和意识层面加以解读。在存在层面，市场经济的引入使政府逐渐退出微观经济领域，使得人民群众能够从僵硬的“计划”中逐渐解脱出来，同时它也使人民群众的谋生方式实现多样化：从以前单一地依靠公社和单位的生存方式，向多样化的独立自主的生存方式转变。这使得人民群众的生存和发展空间不断扩大，而自主生存能力也不断增强；在意识层面，随着人民生存空间的不断扩大，当代人民群众的理性意识开始逐渐生成。这种理性意识主要表现为自觉意识、自主意识、权利意识、责任意识、超越意识和完善意识。自觉意识，是指人民群众能够逐渐认清自身在社会发展中的地位和发展阶段的意识；自主意识，是指人民群众具有的能够支配外在事物及自身命运的意识；权利意识，是指人民群众所具有的追逐合理权利和利益的意识；责任意识，是指群众所具有的自愿承担社会责任的意识；超越意识，是指群众所具有的自觉超越现存生存方式的意识；完善意识，是指群众所具有的追求自身完善和幸福的意识。自中国引入市场机制以来，人民群众参与重大决策的积极性开始不断增强，人民群众的利益诉求也在不断增长，人民群众通过不懈努力以改变生存状态，这些都体现了现代理性意识的逐步形成。市场机制对人民群众主体性的促生作用，使中国特色社会主义实践的力量不断增强，最终推进社会不断向前发展。

第四，中国特色社会主义实践是在人民群众的推动下实现的。人民群众是历史的创造者，历史是人民群众的“事业”。中国特色社会主义实践的推动主体就是广大人民群众。如果没有人民群众的积极参与，中国特色社会主义实践的目标只能成为一种美好的设想。人民群众的推动作用主要体现在三个方面：

首先，人民群众的实践活动为中国特色社会主义实践提供现实动力。任何美好的实践蓝图都需要人民群众的实践参与。正是在实践过程中所展现出来的人民群众的力量与智慧，成为中国特色社会主义实践的不竭动力。人民群众的实践活动是一种涉及多领域、多样态和多层次的实践活动：按照现代化建设的不同领域，可以划分为经济实践、政治实践、文化实践、社会实践和生态实践；按照主体的不同类型，可以划分为个人实践、团体实践和群众实践；按照主体的实践目的，可以划分为生存实践、生活实践和发展实践。中国特色社会主义的宏伟蓝图正是通过这样复杂的群众实践活动变为现实，并不断推进的。

其次，人民群众的内在需求是中国特色社会主义实践不断调整的参考依据。中国社会主义现代化建设的目的是满足人民日益增长的物质文化需求。因此，人民群众内在需求的变化是制定和调整实践战略的重要依据。人民群众的需求主要包括三个基本特点：生成性、多样性和现实性。生成性，是指人民群众的内在需求是在历史发展的过程中不断生成的。多样性，是指人民群众的内在需求具有多层次性：从纵向需求程度看，内在需求包括生存需求、生活需求和发展需求；从横向需求结构看，内在需求包括物质需求、生态需求、交往需求、政治需求和精神需求。现实性，是指群众需求的客观存在性。群众的内在需求会随着历史发展而不断变化，这就使得中国特色社会主义实践需要不断面向人民群众的需求进行调整。只有在一定程度上满足人民群众在不同时期的内在需求的实践，才能受到人民群众的支持，进而调动起人民群众的积极性；反之，不能满足内在需求的实践，将受到人民群众的抵制或反抗，进而对整个社会主义建设产生负面效应。在改革开放初期，受“文革”的影响，人民群众的衣食住行等基本生存活动处在较低水平，这时人民群众的生存需求表现得最为明显。因此，当时中国特色社会主义实践的主要目的是要保证人民群众能够得以生存，即在物质层面上满足人民的基本需求；随着改革开放的不断推进，人民群众的内在需求从生存向生活需求递进，即人民群众不仅追求物质财富，而且追求精神财富和政治权利。故而，中国特色社会主义实践的总体布局调整为物质文明、精神文明和政治文明“三位一体”的总体布局；随着改革开放的不断深入，人民群众的内在需求开始向发展需求迈进，即追求生活的质量和幸福。因此，中国特色社会主义实践把“以人为本”作为实践的核心理念。

再次，人民群众的根本利益为中国特色社会主义实践提供标尺。中国特色社会主义实践的判断标尺是邓小平提出的“三个有利于”标准，而人民群众的生活水平是其中之一。正是以此为依据，中国特色社会主义实践才能不断获得人民群众的认同。

第五，中国特色社会主义实践是在生态环境和自然资源的支撑下不断推进的。“自然”因素是中国特色社会主义实践得以形成和发展的最为基础的因素。自然因素主要包括两个方面：资源和自然生态环境。中国特色社会主义实践就是在不断充分利用自然资源和广阔发展环境的基础上取得了举世瞩目之成就：丰富的自然资源，如矿产、生物和海洋等为实践提供强大的物质基础；广阔的自然生存环境为实践提供了充足的发展空间。然而，自然并不是一个可以让人们无限索取的因素，也有着自身的“要求”。如果人们的实践活动超过了自然的承载力，那么自然将会成为人们最可怕的敌人。正如恩格斯所说，“我们不要过分陶醉于我们人类对自然界的胜利。对于每一次这样的胜利，自然界都对我们进行了报复。”[1]随着中国特色社会主义实践的不断深入，中国生态环境所遭受的压力越来越大，资源短缺和环境污染等问题也纷至沓来，不断协调自然与人之间的关系便成为中国特色社会主义实践不得不面对的问题。生态文明建设的提出，就是国家对自然因素予以重点关注的重要体现。

中国特色社会主义实践就是在“政府”“思想”“市场”“人民”和“自然”的合力推动下不断向前发展的。在不同时期，五个因素所发挥的作用是不同的，有时是政府的作用最为突出，有时是市场的作用最为突显，有时是人民的作用呈现主导。这种不同的状况与社会发展状况的渐进变化密切相关。

（二）社会形态理论的启迪：中国特色社会主义实践的阶段划分

社会形态理论的启迪，主要表现在对中国特色社会主义实践的阶段划分上。前文提到，随着生产力的不断发展，社会生产方式和人的生存方式都会发生变化，致使社会结构要素的力量及在社会中的地位也将发生变化，进而社会发展状况也会呈现不同状态。这种变化也直接成为中国特色社会主义实践形态变化的主要依据。正是不断顺应着社会发展状况的变化而不断调整实践形态，中国才能获得如此辉煌的成就。因此，要确定中国特色社会主义实践的形态，首先要考虑社会发展状况的变化。

社会形态的划分标准主要包括两个：生产方式标准（生产力和生产关系）和生存方式标准。正是依据生产方式的标准，邓小平才能明确提出中国处于并将长期处于社会主义初级阶段。从生产关系角度看，中国自 1956 年社会主义改造之后，已经实现了生产资料公有制的所有制形式和按劳分配的分配形式，

（1）马克思，恩格斯：《马克思恩格斯文集》第 9 卷，人民出版社 2009 年版，第 559 ～ 560 页。

即进入了社会主义社会。从生产力角度看，中国的生产力水平依然不高，这主要表现在：中国的劳动者素质相对较低，大部分人仍然以传统农业生产方式作为自己的主要谋生手段，科学技术水平和管理水平相对落后，经济结构不合理，轻重工业比重明显失调，等等。这些方面充分说明我国仍处于社会主义的初级阶段。

随着中国特色社会主义实践的不断深入，社会生产力水平得到不断提高，人的生存方式也发生变化。因此，我们有必要在社会主义初级阶段中，对社会发展状态作进一步划分。根据生存方式标准的启示，我们可以把划分标准定为三种：一是人的生存状态，即人在社会中的存在状态；二是社会运行机制，即社会运行所呈现的内在机理；三是社会发展主题，即社会发展所面临的主要任务。这三种划分标准有着内在的联系。人是社会的细胞，人的生存状态是社会发展状态的主要标志；人的生存状态不同，决定了社会运行机制的方式也不同；同时，不同的生存状态也意味着社会发展所面临的主题是不同的。

根据这三种划分标准，我们可以把自 1978 年以来的中国社会发展大致划分为三个阶段：

一是从 1978 年到 1992 年，这一阶段在总体上呈现以“人的依赖”为基础的生存状态、以“权力化运行”为主导的社会运行机制和以国家富强为发展主题的发展特征。这也意味着在这一时期，“政府”因素处于突出地位，发挥主导作用，而“市场”“思想”“人民”和“自然”发挥辅助作用。所谓“人的依赖”的生存状态，是指在特定生产力情况下，人依赖共同体、依赖权力和依赖血缘，而不能获得独立的空间和发展的状态。在这一阶段，虽然人们的生存和发展不再完全束缚于“计划”，但个人依赖共同体的状况依然严重。在个人经商过程中，“找市长，而非找市场”现象就是对个人依赖权力的真实写照。“权力化运行”的社会运作机制，是指社会主要依靠政治权力实现社会运行。这一阶段虽然政治权力逐渐从部分领域撤出，但社会运行依然呈现出权力主导的特征。这主要表现在：国家依然主要通过政治权力主导资源配备，促进社会整体发展，即权力驱动特征极为明显；社会主要通过自上而下的各级权力机构整合在一起。这些机构既为人们提供基本的生活保障，同时也是社会控制的主要载体；社会激励手段虽然出现向利益转变之倾向，但仍主要以行政号召、荣誉奖励和道德宣传为主。而以国家富强为发展主题，意味着国家发展战略的整体转向。

二是从 1992 年到 2002 年，这一阶段是在总体上以“物的依赖”为基础的生存状态、以“市场化运行”为主导的社会运行机制和以效率优先为发展主题的社会发展阶段。在此阶段,“市场”因素开始发挥突出作用。所谓“物的依赖”的生存状态,是指人在商品经济社会中,依赖商品、依赖货币和依赖资本的状态。在这一阶段,由于市场经济的蓬勃发展,人面临的选择逐渐增多,自主生活空间不断增大,进而个人意识不断增强,所以市场的人大多按照市场规则生存与发展,而不是局限于“单位”之中。但同时,进入市场中的人,也逐渐被商品、货币和资本所淹没,即它们只能依靠商品、货币和资本这些“物”而生存,进而为“物”所支配。以“市场化运行”为主导的运行机制,是指社会运行机制主要以市场运作规律为核心的社会运行模式。在这一阶段,资本获取最大剩余价值的趋利性逐渐成为社会运转的重要驱动力,即资本向获利较多的沿海开放地区和新兴产业转移;以各种具有相对独立经济地位的企业为载体的社会权利性整合模式开始突显;以物质利益获得为主要刺激手段的社会激励机制开始不断显现。而以效率优先为发展主题,是指社会要通过提升效率,以解决高投入与低产出之间的矛盾。

三是从 2002 年至今,这一阶段总体上呈现出一种发展走向:以“能力依赖”为特征、以“公众参与”为主导的社会运行机制和以“以人为本”为发展理念的发展趋向。这种走向意味着“人民”因素在实践结构中将处于突出地位。能力,是指“人的综合素质在实践活动中表现出来的正确驾驭某种活动的实际本领和能量”[1]。而以“能力依赖”为特征,是指个人主要依靠自身后天的综合素质和能力而生存和发展的社会发展状态。在这一阶段,随着知识、信息和创新能力在人们生活中占有比例的不断增大,人们开始把提升能力看作是获得成功的必要条件。许多大学毕业生不再把金钱看作是寻找工作的唯一指标,而是把发展空间、兴趣、生活质量以及幸福感等作为重要考量因素;个人不再因为家庭背景的好坏而感到自卑,而更多的是依靠学习知识以寻求自我提升的空间。以“公众参与”为主导的运行机制,是指社会运行规则主要呈现以人民整体诉求为内核的规则,即以涉及大多数人的根本利益为核心的运行机制。社会运行的核心规则不再只是权力原则或是权利原则,同时也包括了公共利益原则,即以对整体利益的关注以及为其承担责任的原则。在这一阶段,社区和社会组织在社会

(1) 韩庆祥:《面向“中国问题”的马克思主义哲学》,武汉大学出版社 2010 年版,第 601 页。

整合方面逐渐发挥着重要作用，尤其是非政府的社会组织。随着自愿参与合法的非政府组织的人数在不断增多，这些组织的力量不断壮大，以便能够更加有效地解决一些涉及公共利益的问题。“以人为本”的发展主题，是指社会发展开始注重人民的需求、利益、能力和尊严等。

中国社会发展之所以会呈现出三个不同阶段，其主要原因是：国家能够根据社会发展状况的变化，对中国特色社会主义实践加以调整和推进，使之能够发挥强大作用，不断推进社会向前发展。这意味着在每一社会发展阶段的特征逐渐显露之时，中国特色社会主义实践就要适时作出调整。因此，我们可以把中国特色社会主义实践划分为三个形态：

一是 1978 年至 1992 年的“政府主导”形态。在 1978 年前后，人们的生存状态主要呈现“人的依赖”状态，进而政治权力管控整体社会生活，并且国家富强成为时代呼声，这就意味着在社会结构要素中，政府的力量最为强大。因此，中国特色社会主义实践形态的最佳选择是政府主导型实践，即发挥“政府”因素在实践结构中的突出作用，即借用“政府”因素的力量自上而下地全面推进改革开放。这主要表现在两个方面：一是具有“政府主导”特征的“赶超战略”，二是体现“政府主导”的建设措施，即树立权威的政治建设、维护政府主导的思想建设、以计划经济为主商品经济为辅的经济建设、顾全大局的社会建设以及管制型的生态文明建设。正是由于在 1978 年开始确立以“政府”因素为主导的实践形态，进而发挥党和政府的主导力量，中国才能成功地引入市场机制，有效地调动起人民群众的积极性。

二是 1992 年至 2002 年的“市场取向”形态。在 1992 年前后，“物的依赖”生存状态逐渐显露，社会运行机制逐渐受到“市场”因素的影响，并且效率问题也逐渐浮出水面。这意味着“市场”要素在社会结构中的地位和力量开始发生变化。因此，中国特色社会主义实践就需要选择市场取向型实践，即发挥“市场”因素在实践结构中的优势地位和巨大力量，使实践符合社会发展的内在规律。中国特色社会主义实践的“市场取向”形态具体表现在两个方面：一是具有“市场取向”特征的“赶超战略”，二是符合市场发展要求的具体措施，即确立市场地位的经济建设、受市场经济影响的思想建设、服务市场经济发展的政治建设、顺应市场经济发展要求的社会建设以及反映市场经济发展要求的生态文明建设。正是由于在 1992 年开始确立中国特色社会主义实践的“市场取向”形态，中国才能实现快速发展。

三是2002年后的“人民主体”形态。在2002年前后，由于社会发展状态的主要特征表现为“能力依赖”的出场、“公民参与”运行机制逐渐出现和“以人为本”成为时代的呼声。这意味着，“人民”因素在社会结构中的力量和地位逐渐发生变化。因此，中国特色社会主义实践要发挥人民群众在实践结构中的中心地位和巨大力量，即选择人民主体型实践。中国特色社会主义实践的“人民主体”形态主要表现为两个方面：一是具有“人民主体”特征的“赶超战略”，二是体现“人民主体”的实践措施，即注重公民参与和公共服务的社会建设、体现人民为本的思想建设、体现人民主体价值的经济建设、反映人民主体导向的政治建设，以及体现“以人为本”的生态文明建设。正是由于在2002年开始实行人民主体型实践，中国特色社会主义实践才能符合社会发展阶段，推动中国特色社会主义不断向前发展。

在这里需要注意三个问题：第一，社会发展阶段的特征是一种总体上的特征。例如在1978年前后，“人的依赖”状况十分明显，而在1992年前后，“人的依赖”状态依然存在，但“物的依赖”状况已经出现萌芽，以此类推。第二，虽然在不同时期，中国特色社会主义实践的某一结构性要素，会处于突出地位并发挥突出作用，但这并不意味其他因素不发挥作用，恰恰相反，其他因素会发挥重要的辅助作用。如市场取向型实践的内涵，就是“市场”因素处于突出地位，而“政府”“思想”“人民”和“自然”处于辅助作用。第三，对中国特色社会主义实践的阶段划分是一种相对意义而非绝对意义上的逻辑划分。因为中国特色社会主义实践是一种连续化的实践过程，对其形态进行划分，有助于我们对改革开放进程以及中国特色社会主义实践作学理上的理解，而不是刻意割裂改革和建设的连续性。

马克思认为“一个社会即使探索到了本身运动的自然规律，……，它还是既不能跳过也不能用法令取消自然的发展阶段。但是它能缩短和减轻分娩的痛苦。”[1] 这种减免痛苦的途径在新时期的中国，就是不断推动中国特色社会主义实践向前发展。社会结构与实践结构、社会形态与实践形态的内在联系，为分析中国特色社会主义实践的生成规律提供了重要的分析框架（“结构—形态”分析框架），同时也为分析中国特色社会主义实践的发展趋向提供了重要启示。

(1)马克思,恩格斯:《马克思恩格斯文集》第5卷,人民出版社2009年版,第5～10页。

第二章　中国特色社会主义实践的“政府主导”形态

（1978年后）

在改革开放初期，中国特色社会主义实践形态的选择受到当时社会发展状态的内在制约，即受制于“人的依赖”的生存状态、“权力化运行”的社会运行机制和国家富强的发展主题。这意味着“政府”因素的强大力量以及在社会结构中的核心地位。故而，在当时，中国特色社会主义实践要采取“政府主导”形态，即在实践结构中“政府”因素处于突出地位，发挥主导作用，而“市场”“思想”“人民”和“自然”发挥着辅助作用。这就意味着，在这一时期，中国特色社会主义实践的“政府主导”特征呈现得较为明显。正是在政府主导型实践的作用下，中国才成功打开改革开放的大门，并取得了可喜的成果，但同时也要面临新问题的挑战。

一、政府主导型实践的依据

在1978年，由于刚刚经历了“文革”的摧残，中国社会发展状态整体呈现一种特有情境。具体而言，这种特有情境主要表现为：从人的生存状态看，人对血缘、共同体以及权力的依赖表现得极为明显，即人的生存状态主要呈现为“人的依赖”；从社会运行机制看，权力在社会运行机制中起主导作用，即社会运行机制呈现出“权力化运行”的特征；从发展主题看，国家富强成为我国社会主义现代化建设的主题。同时，这意味着政府在社会结构中处于突出地位。故而，这也成为这一时期政府主导型实践的内在依据。

（一）生存状态：“人的依赖”

“人的依赖”生存状态，是指在生产力相对落后的情况下，人们在狭小的生产范围内依靠共同体而生存的状态。这一概念是马克思对社会发展早期人的生存状态的概括。马克思认为：“我们越往前追溯历史，个人，从而也是进行生产的个人，就越表现为不独立，从属于一个较大的整体。”[1]我们之所以能够借用这一概念对1978年中国人的生存状态进行概括和描述，一是由于我国生产力水平不发达，而人的生存状态依然处于较低的发展层次；二是由于我国在新中国成立以后实行的社会发展模式，人对国家和集体的依赖性极大增强。这意味着“人的依赖”成为1978年中国人生存状态的基本写照。这种生存状态主要有三种表现形式：依赖血缘、依赖共同体和依赖权力。

依赖血缘。中国传统社会是一个以农业为主的社会，土地对人们的生存和发展起着不可或缺的作用。这样的社会无时无刻不散发着乡土的气息，因此，费孝通先生才把中国社会称为“乡土中国”[2]。在这样的乡土社会中，以血缘为纽带的家庭和家族不仅是社会的主要生产单位，而且也是社会的管理单位。人们能够在家庭和家族中寻找到自身的定位和归属，辈分关系成为人们之间交往的主要凭借。在中国实行社会主义改造以后，特别是实行人民公社化运动之后，家庭所具有的功能和结构虽然得到了改造，但由于人民公社的生产模式并没有完全排除家长在经济活动中的权威，“依赖血缘”的生存状态才能够得以延续。例如生产队在为个人分配实物和工分时，是以家庭为基础的户口作为基础单位，即“一家的成员各人所得工分合算在一起交给这家的家长，并不直接交给劳动者个人”[3]。这就意味以血缘为基础的家庭的基本交往关系依然存在。同时以血缘为交往基础的观念也并没有因为人民公社的生产模式而破除。改革开放以后，农村修订家谱、整修宗祠的现象普遍兴盛起来，这充分说明血缘依赖的观念一直存在。这种传统家族式交往关系和观念直接影响农民的生产和交往行为。可以说，在1978年前后，农民依然依赖于血缘关系。

依赖共同体。在1978年以前，中国城市形成了一整套高度集权的计划管理体制，社会中各种成员都被纳入国家主导的各种组织（单位）之中。这些单位虽然发挥的职能各有不同，但都实行的是行政化组织模式，这意味着社会成员被牢牢束缚在单位的“命令”之下。这些单位在某种程度上都执行着社会管理的职能。这种管理体制的主要特征包括：从属于国家，是国家事务的代办机构；

（1）马克思，恩格斯：《马克思恩格斯文集》第8卷，人民出版社2009年版，第6页。

（2）费孝通：《乡土中国》，人民出版社2008年版，第1页。

（3）李友梅：《中国社会生活的变迁》，中国大百科全书出版社2008年版，第167页。

向上负责；成员对组织高度依赖。[1]这就使社会成员处于单位的管理之下，即意味着城市人群总体上呈现一种“单位人”状态。这种状态使得人们只有依赖于单位这种共同体，才能得到基本的生存和生活资源。因此，依赖共同体成为社会成员的基本特征。同时严格的户籍和阶级身份的设定也使人们依赖共同体。在农村，人民公社也作为行政体制化的社会管理之延伸机构而存在，对农民进行着严格的管控。这种管控使农民对共同体更为依赖，而想要摆脱共同体的思想和行为在当时都是“冒天下之大不韪”。这一点在安徽凤阳小岗村私下实行“包产到户”行为时，人们要拿性命做赌注的现象可以看出来。[2]

依赖权力。在 1978 年前后，人们依赖权力的特征是明显的。这主要表现在个人的生活要在权力的框架内才能进行。具体而言，私人生活（例如婚姻）在组织的严格控制之下；经济生活完全依附于单位，而单位实际上是政府的延伸机构；政治生活也主要局限在单位之中，等等。这就意味着个人依赖于权力的特征极为明显。这种特征的出现，主要是由两个原因造成的：一是中国封建社会“大一统”局面的遗毒依然存在。这种“大一统”局面的主要特征是：通过实行皇权至上、层层管制的权力金字塔结构，政府能够获得巨大权力，进而使权力能够伸展到经济、社会等各个领域。例如，政府能够通过推行地籍审查制度、重农抑商的政策以及统管经济发展所需的水利交通事业，进而实现对经济领域的全面管控。这就是权力延伸的例证。新中国成立以后，虽然中国改变了传统的封建制度，建立了社会主义制度，但作为传统社会之残余的权力运作体制却依然留存下来，并影响人们的生存状态；二是在新中国成立初期，中国形成的高度集权的计划管理体制，也在一定程度上强化了权力对人们的影响。

（二）社会运行机制：“权力化运行”

无论是古典社会学家（孔德、斯宾塞等），还是近代社会学大师（帕森斯、默顿等），都在试图揭示社会这一特殊“有机体”的运作机制。随着社会自身的不断演化，社会不同发展阶段的运作机制也呈现不同的特点。在不同的社会运行机制的背后，是维持、推动以及整合社会的力量之不同。美国著名学者托

（1）孙立平：《转型与断裂：改革以来中国社会结构变迁》，清华大学出版社2004年版，第 13 页。

（2）顾亚奇，常仕本，章晓宇：《伟大的历程：中国改革开放 30 年》，中信出版社 2008 年版，第 47 页。

夫勒认为:“暴力、财富和知识是社会力量的终极源泉。”[1] 换言之,他认为权力、资本和能力是保证社会运行的重要力量源泉。而在不同时代，三种力量源泉所发挥的作用是不同的，即“知识、暴力和财富以及它们之间的关系决定社会中的力量的特点”[2]。他认为,随着社会的不断发展,以知识为主导的高质量的力量将会取代以暴力为主导的低质量的力量，这就是“力量转移”现象。从这一理论出发，我们可以得到这样的结论：在这一时期，中国社会运行机制呈现权力主导的倾向。我们把政治权力在社会整合机制、社会驱动机制、社会激励机制、社会管理机制和社会保障机制中起主导作用的运行机制,称为“权力化运行”的社会运行机制。这种社会运行机制虽然在生产力不发达的历史阶段能够起到聚合资源和凝聚人心的作用，但同时，这种社会内部系统的不均衡性（政治领域过大）也使社会丧失应有的活力。

从社会整合角度看，权力自上而下的全国性整合模式与以乡绅为基础的社会基层整合模式，并辅之以儒家传统意识形态的价值整合，使得中国传统社会呈现一种不断瓦解又不断重组的整体。故而，有学者把它称为超稳定的社会结构[3]。这种社会虽然能够不断重组，但整合层次并不高，社会整体呈现散沙状。在近代因素的冲击下，传统社会整合机制陷入崩溃的边缘[4]。1949 年以来，中国所建立的社会整合机制，是一种高度集权的行政性整合机制。这种整合机制的特点在于政治统筹一切：不仅在国家层面实现中央集权式的行政整合模式，而且在社会基层实现以人民公社和单位为基础的整合。单一的行政化整合模式能够有效地集中社会优势资源进行社会主义建设，对当时中国社会发展起到过一定的积极作用。但这种整合模式的缺点也是明显的：不能调动人民群众的积极性，使之最大限度地发挥创造能力。直到改革开放以前，中国基本上依然维持着这种整合模式。

---

(1)[美]阿尔文•托夫勒:《力量转移——临近 21 世纪时的知识、财富和暴力》,新华出版社 1991 年版，第 23 页。

(2)[美]阿尔文•托夫勒:《力量转移——临近 21 世纪时的知识、财富和暴力》,新华出版社 1991 年版，第 23 页。

(3)金观涛,刘青峰:《兴盛与危机:论中国社会超稳定结构》,法律出版社 2010 年版，第 14 页。

(4)孙立平:《转型与断裂:改革以来中国社会结构变迁》,清华大学出版社2004年版，第 9 页。

从社会管理角度看，中国传统社会的管理机制主要是以政治权力运作机制为主导的社会运行机制。国家通过皇权命令方式和自上而下的管理机构实现对社会的综合管理，体现出明显的“人治”色彩。这种管理机制从根本上说，是传统农业经济下的产物，是统治阶级为维护自身利益的内在体现。新中国成立之后（尤其在社会主义改造之后），中国所实行的社会管理机制是一种权力化的管理机制，即国家通过自上而下的权力机构和行政命令实现社会管理。这种管理模式的优势在于能够保证国家意志在社会运行过程中得以充分体现，在一定程度上保证了社会主义现代化实践的平稳推进。但这种模式的劣势也是明显的：行政命令所具有的强制性使社会管理呈现一种僵化趋向，即对社会管理中出现的问题只是强调行政惩戒而非依靠法律，只是强调命令性执行而非引导疏通，只是强调政绩效果而非真正关注人民生活，进而使得这种管理模式制约社会的内在活力。

从社会驱动角度看，中国传统社会主要依靠皇权实现自上而下的资源分配，以满足人们的生存和发展需求，进而推动社会不断发展。这种依赖于皇权的资源分配只能满足少数统治阶级的需求，而大多数底层民众依然朝不保夕。随着中国社会主义改造的完成和社会主义公有制的确立，驱动社会发展的内在力量逐渐转变为社会主义政治权力，即通过“计划”方式有效调动社会发展的内在资源，以实现促进社会主义现代化建设的目的。这种驱动模式的优势在于能够集中力量、重点发展和顾全大局，但其劣势也是十分明显的：容易造成“平均主义”“大锅饭”的资源分配模式，不利于人民群众生产积极性的发挥和社会的进一步发展。直到改革开放以前，这种计划模式依然处于统治地位。

从社会保障角度看，中国传统社会形成了以国家、社会、宗族为保障主体，涉及灾荒救助、救治贫病、救治鳏寡孤独、养老、育婴、助学、失业救济和优抚优恤等多个层面的社会保障体系。(1) 这种保障体系主要有两个特点：一是传统社会保障的层次比较低，只涉及基本生存问题，这符合当时阶级社会的基本特点；二是国家对社会保障的参与程度较深。新中国成立以来，中国实现行政化的社会保障体系，涉及社会生活的各个方面，奠定了社会主义保障制度的雏形。但由于受生产力不发达和人口庞大等因素影响，这种以单一国家为主体的社会保障制度不仅使国家财政负担加重，而且难以调动人民群众生产的积极性，

(1) 王卫平：《中国传统社会保障史研究述论》，《江海学刊》2011 年第 4 期。

致使在1978年前后中国社会保障体系处于崩溃的边缘。

从社会激励角度看，中国传统社会的激励机制主要呈现以功利激励（包括物质奖赏、加官晋爵等）为主，以符号激励为辅（包括道德褒奖等）的特征。但由于这种激励机制在阶级社会中，其激励的标准是向统治阶级倾斜的。新中国成立以来，中国实行的是一种以符号激励为主、以功利激励为辅的激励制度，如对先进分子的荣誉表彰以及树立先进人物的崇高形象等。这种激励制度与当时的社会行政化运行有着密切的联系。

从总体上看，在1978年前后，中国社会运行机制呈现一种相对僵化的状态，这种运行机制虽然在特定时期有着一定的积极作用，但从总体上看，不利于社会健康发展。

（三）发展主题：国家富强

首先，中国国内的发展状况要求国家富强。这种发展状况包括两个方面：一是社会整体发展的要求。在经历了“文革”的摧残后，中国的整体发展步履维艰。这主要表现在以下几个方面：首先，城乡人口比例失衡。1978年，全国人口总数为9.6亿人，其中有82.1%的人口在乡村，农业劳动者占工农业劳动者总数的85.3%。其次，由于生产方式过于落后，农业的总体产量不高。粮食总产量为3亿吨，而商品粮却不到20%，即每人每年可分到的商品粮不到120斤。再次，轻工业和重工业比重也严重失调。这表现在，从1952年到1978年，轻工业总产值增长9.7倍，重工业总产值增长27倍。第四，交通运输能力薄弱，商业和服务业与国民经济增长不协调。这主要表现在，1978年的商业服务人员从1056万人增长到1699万人[(1)]，增长十分缓慢。除此之外，劳动就业、医疗卫生、文化教育等方面的问题也十分严峻，整个国家的发展处于徘徊阶段。面对这种情况，调整国家整体的发展战略，提升国家的综合国力，便成为时代的呼声。二是人民生存的要求。由于“文革”十年对国家发展的负面影响，在1976年，全国农民人均收入为125元，只比1966年增加了19元，而全民所有制各部门职工的人均年收入比1966年减少了31元。[(2)]根据新华社记者1978年在安徽定远、凤阳等地的采访，发现凤阳县前五生产队的10户人家中有4户没有大门，

（1）郝侠君等：《中西500年比较》修订版，中国工人出版社1996年版，第649页。

（2）李友梅：《中国社会生活的变迁》，中国大百科全书出版社2008年版，第115页。

3 户没有桌子，68 人中有 40 多人没有棉裤。[1] 安徽来安县十二里半公社前郢大队和凤阳县梨园公社小岗生产队的农民实行“分田单干”的创举，就是人民要求国家富强的鲜明体现。因此，在一定程度上说，在这一时期，国家发展富强的主题是被国内发展的困境和压力“逼”出来的。

其次，世界发展趋势为国家富强带来机遇和挑战。20 世纪 40—70 年代，世界新科技革命浪潮兴起，信息技术成为世界经济发展的重要动力，即知识经济时代悄然来临。这次科技革命使西方主要发达国家逐步调整产业结构，如法国逐渐建立起一大批新兴产业群，从而使经济发展和经济产出中的科技含量逐渐增加[2]。同时，20 世纪 70 年代发生的石油危机，使西方诸国进入经济衰退期。从世界局势看，世界发展趋势是和平与发展。在这样的世界发展背景下，作为世界一员的中国迎来了机遇和挑战。从机遇角度看，知识经济时代所引起的世界产业结构调整，使得西方国家把劳动密集型产业向他国转移。而新科学技术也开始不断在世界范围内扩展。同时，西方国家也开始积极主动地与中国展开合作。这些情况为中国发展提供了十分有利的条件；从挑战角度看，在国内，人民生活的困苦、社会运行机制的僵化、经济结构的严重失衡等问题，为中国实现快速发展带来巨大挑战。正是世情与国情的双重状况，使国家富强的呼声成为这一时期中国所面临的主题。

第三，中国社会主义制度的优越性也需要国家富强来证明。社会主义的优越性主要表现为能够比资本主义更容易掌控和发展生产力，这也意味着中国将比资本主义国家发展得更为迅速。但由于发展道路选择的失误，中国发展却一度较为缓慢。在 1949 年至 1978 年间，中国现代化的发展路径基本上是按照苏联模式进行的，即在较短时间内形成了权力高度集中的计划经济体制。虽然在 20 世纪 60 年代的国民经济调整时期，我国对这种经济体制进行过某些方面的改革，但由于改革的着眼点大多放在行政权力的转移上，因此，直到 1978 年，这种计划经济体制依然发挥着重要作用。虽然这种计划经济体制在一定历史时期内发挥过正面的积极效应，但总体来说，在生产力不发达的社会主义国家实行这种体制，会导致人民群众的生产积极性得不到有效发挥，进而使经济发展缓慢，人民生活水平也难以得到提升。这些情况使社会主义制度的优越性没有

（1）李友梅:《中国社会生活的变迁》，中国大百科全书出版社 2008 年版，第 115 页。

（2）陈晓律：《世界现代化历程》西欧卷，江苏人民出版社，2009 年版，第 221 页。

体现出来。因此，不断探索社会主义现代化的发展道路，进而实现国家富强，以证明社会主义制度的内在优越性，是这一时期国家面临的重大课题。

政府主导型实践就是在以“人的依赖”存在状况为基础、以权力化的社会运行机制为特点、以国家富强为呼声的背景下出现的，同时也是在“政府”要素处于社会结构的突出地位的情境下产生的。正是这种实践活动开启了中国发展的新篇章。

二、政府主导型实践的主要内容

政府主导型实践，是指在实践的结构性要素中，党和政府处于突出地位，发挥主导作用，而“思想”“市场”“人民”和“自然”发挥辅助作用，即中国特色社会主义实践活动的“政府主导”特征呈现得相对明显。这意味着它能够最大限度地集中资源进行现代化建设，使中国社会快速发展。选择这种实践形态是由当时的社会发展状态决定的：以“人的依赖”为基础的生存状况，意味着人民群众的自由生存空间狭小，观念上仍保持对传统权力的崇拜，即主体性没有生成，这就要求党和政府发挥导向作用；以“权力化运行”为基础的社会运行模式，意味着社会整体处于政治控制之下，这必然要求党和政府发挥强大的政治优势，集中力量进行改革和建设；国家富强的时代呼声要求党和政府发挥政治优势，抓住世界经济结构调整的时机，使生产力能够快速向前推进，进而实现国家的快速发展。“政府主导”实践形态的选择正是在这样的时代背景下实现的。

（一）“富强战略”的设定：“政府主导”

美国著名学者哈维认为，自第三次科技革命以来，世界“一直在经历一个时空压缩的紧张阶段”[1]。这种“时空压缩”使整个世界处于一种急速的变动状况：使时间压缩到当下，使空间压缩为“地球村”。中国发展的徘徊不前与世界的急速变化形成了鲜明对比。因此，中国必须采取快速富强的发展战略，以顺应世界的发展潮流。我们把快速富强的发展战略简称为“富强战略”。“富强战略”是一种国家“赶超式”发展的战略模式，其核心是经济发展战略，其实质是指“经济落后的国家和地区在经济增长时期，以不平衡的经济跳跃式发展为特征的经济超常规增长过程，具体表现在超常规的经济增长速度、高级化的

(1)[美]戴维·哈维：《后现代的状况——对文化变迁之缘起的探究》，商务印书馆2003年版，第355页。

产业结构转换和高效率的产出增长率”[1]。中国在新中国成立初期，以苏联的发展模式为蓝本进行现代化建设具有历史的合理性和必然性。但在实行“赶超式”发展的过程中，由于盲目冒进而忽视了发展的客观规律，中国的社会主义发展遭受严重波折。这种波折并不应归罪于赶超式发展本身，而应当反思在实践过程中的诸多失误。在 1978 年，中国发展面临机遇和挑战并存之时，国家重新选择快速发展战略以实现生产力的提升，体现了党和政府的果断和强有力的主导作用。为了避免重蹈超越发展阶段的覆辙，国家需要认清社会发展状态。在这一时期，由于政府的力量依然强大，这就需要采取具有“政府主导”特征的实践战略，以实现国家的发展。这种战略的优势在于能够集中力量进行中国道路的探索。

“富强战略”是一种实践规划和蓝图，具体分为实践思维、实践目标、实践原则、实践布局和实践标准。而具有“政府主导”特征的“富强战略”主要表现在以下几个方面：

第一，从实践思维角度看，这一时期实践的内在思维是灵活性和原则性统一的思维模式。它是突破传统思维模式并实现快速发展的基础。原则性思维模式，是指在实践过程中保持基本原则不动摇，主要表现在目的不动摇、方向不动摇和立场不动摇等方面。而灵活性思维模式，主要指在实践过程中为了实现一定目标而采取的方式、方法和手段可以多样。原则性和灵活性统一的实践思维模式是这一时期实践思维的基本特征。这主要表现在各个方面的建设实践活动上：在经济建设方面，努力发展生产力是社会主义的本质和内在要求，这一原则不可动摇，而运用什么样方式能够达到效果，则应具有一定的灵活性，即可以采取一些资本主义社会使用的有效方法如市场机制，以促进生产力发展；在政治建设方面，坚持党和政府的领导是基本原则，这不能动摇，而实现领导的方式要具有灵活性，即要通过一定程度的放权以实现民主和集中的统一；在思想建设方面，坚持马克思列宁主义指导是基本原则，这不能动摇，但实现的具体方法要具有灵活性，即根据中国具体情况实现马克思主义本土化；在社会建设方面，保障人民群众的生活是基本原则，这不能动摇，而具体的实践方法则可以灵活，即实现多元主体共同参与的方式。

（1）许素菊：《中国社会主义现代化建设赶超战略的哲学反思》，《学术论坛》2004 年第 6 期。

灵活性和原则性统一的思维方式在本质上是功能性思维，它体现了实践的“政府主导”趋向和“赶超战略”的内核（快速发展）：党和政府只有坚持原则性才能保证社会主义现代化的方向。同时，也只有坚持灵活性才能回应国家富强的时代呼声和改革的普遍诉求，实现快速发展。

第二，从实践目标角度看，这一时期的实践目标是人民温饱。它是能够保障国家集中力量实现“赶超”的适当目标。“不断满足人民日益增长的物质文化需要是社会主义生产和建设的根本目的。”[(1)] 邓小平从国情出发，把中国社会主义建设分为三个时期，其中从 1981 年到 1990 年要实现国民生产总值翻一番，以解决人民群众的温饱问题，正是这一时期实践目标的明确表述。保障人民的温饱是当时国家建设的首要目的，同时也是进行中国特色社会主义建设的基础。人民群众是中国特色社会主义建设的主要推动力量，温饱问题直接关系到社会秩序稳定、国家政权的稳固以及中国特色社会主义制度的维护。此实践目标的设定蕴含两层意思：一是解决人民群众的基本生存问题；二是快速实现国家的强盛。而在这一时期，中国所要实现的社会主义改革，从深度和广度上，可以说是中国的第二次革命，而这种改革是人类历史上的一次创举，因而没有经验可以借鉴。这就需要国家能够掌控实践大局以进行不断探索。同时，由于国家能够把握实践脉络，设定最优的实践目标，使资源能够集中到国家的整体发展上，因此，能够快速实现国家富强。实现人民温饱的目标既能满足人民群众的基本需求，又能顾全大局即集中力量实现国家发展，因而是符合客观发展规律的。故而，此目标的设定充分体现了党和政府作为实践领导主体的核心地位和主导作用。

第三，从实践原则角度看，这一时期的实践原则是统筹大局。它是保证国家能够顺利部署“赶超战略”的基本原则。英国学者罗素认为：“一个健全而进步的社会既需要集中控制，也需要个人和群体的积极性：没有控制，会出现无政府状态；没有积极性，则会出现停滞。”[(2)] 这就是说，国家的健康发展要在控制大局与动员积极性之间寻找到一种动态平衡。在改革开放初期，中国特色社会主义所要承担的任务是开辟中国特色社会主义道路，实现国家的繁荣富强。

(1) 中共中央文献研究室：《十二大以来重要文献选编》上，人民出版社 1986 年版，第 19 页。

(2) [英] 伯特兰·罗素：《权威与个人》，商务印书馆 2010 年版，第 71 页。

新道路的开辟需要一种关涉大局的整体发展设计，以及掌控实践脉络的强大力量，因此，党和政府的控制能力就要突显出来。在党的第十二次全国代表大会上，中央明确指出要推进社会主义经济的全面高涨，首先要保证“国家集中必要的资金，分清轻重缓急，进行重点建设”(1)。中央认为，经过几年的改革，国民经济会有快速增长，但也会出现资金过于分散的现象，这种现象使得国家统筹整体发展的能力有所削弱，“如果国家的重点建设得不到保证，能源、交通等基础设施上不去，国民经济的全局活不了”(2)。因此，党和政府必须保证“全国一盘棋”的思想。同时，中央认为提高人民的生活水平不能依靠国家减少必要的基础建设资金，而“主要依靠努力发展生产”(3)。不顾生产和利润的滥发奖金和津贴的现象之所以必须制止，是因为这种做法只能满足人民的眼前利益，但不利于人民的根本利益和长远利益。在 1983 年的政府工作报告中，积极扩大财源、提高财政收入在国民收入中的比重和确定基本建设的总规模成为国家今后五年经济建设的重要措施，而提高财政收入又是其中的重点，即“克服资金分散现象，适当提高财政收入在国民收入中的比重，作为政府工作的一项极其重要的任务提到日程上来”(4)。同时，政府认为，适当地提高人民工资、福利和奖金是允许的，但一定要控制在合理的范围内，不能损害国家的整体建设。“我们的国家还很穷，一定要大力提倡艰苦奋斗、勤俭建国，提倡顾全大局，树立局部服从全局的观点。”(5) 可见，顾全大局成为当时中国特色社会主义实践的主导原则，而这种主导原则充分体现了党和政府在实践中的主导趋向。

第四，从实践布局看，在这一时期，中国特色社会主义实践的布局是物质文明建设和精神文明建设统一的“两手抓”的整体布局。它是保证社会平稳而

(1) 中共中央文献研究室：《十二大以来重要文献选编》上，人民出版社 1986 年版，第 19 页。

(2) 中共中央文献研究室：《十二大以来重要文献选编》上，人民出版社 1986 年版，第 19 页。

(3) 中共中央文献研究室：《十二大以来重要文献选编》上，人民出版社 1986 年版，第 19 页。

(4) 中共中央文献研究室：《十二大以来重要文献选编》上，人民出版社 1986 年版，第 333 页。

(5) 中共中央文献研究室：《十二大以来重要文献选编》上，人民出版社 1986 年版，第 334 页。

快速发展的关键。自十一届三中全会党和政府把工作重心转移到经济建设上伊始，以经济建设为中心就成为中国特色社会主义实践的内在核心，一切工作都要围绕着经济建设进行，即强调物质生产和物质生活。而同时，中国特色社会主义精神文明建设也同样受到国家的关注。精神文明建设主要涉及人的主观世界的改造，主要包括精神生产和精神生活。邓小平明确指出："要建设社会主义的精神文明，最根本的是要使广大人民有共产主义的理想，有道德，有文化，守纪律。"(1) 而精神文明建设有助于我们整合人民群众的力量，极力避免改革开放所带来的负面思想。党的十二大报告指出："精神文明和物质文明在社会主义建设中的关系是十分密切的。"(2) 1988 年的《政府工作报告》明确指出："要大力进行社会主义精神文明建设，促进改革开放和现代化事业的顺利发展。"(3) 同时，国家还设定了此项建设的主要突破口：加强思想政治教育工作以及促进各项文化事业的发展和繁荣等。这充分说明，在这一时期，物质文明和精神文明统一的整体布局是国家设定的实践布局。

第五，从实践标准角度看，这一时期实践的评价标准是以生产力为基础的评价标准。这一标准是保障国家能够突破层层障碍，实现快速发展的重要理论依据。自真理标准大讨论伊始，特别是自十一届三中全会竖起解放思想的大旗开始，旧社会所遗留的、"文革"期间所盛行的以及"两个凡是"所反映的"唯书、唯上、不唯实"的思想观念得以不断破除。其中，对社会主义的僵化理解，即社会主义只能实行计划经济，也得到彻底扬弃。党和群众不再把"一大二公"作为社会主义的典型标志，而是把生产力的发展作为衡量社会主义及其实践的评价标准。在十一届三中全会的主题报告中，实践的评价标准得到了具体阐释，即评价一个经济部门的党委领导的标准是"这一经济部门实行了先进的管理方法没有，技术革新进行得怎么样，劳动生产率提高了多少，利润增长了多少，劳动者的个人收入和集体福利增加了多少"(4)。从中我们可以看到，实践的评价标准主要是生产力发展水平和人民的生活水平。在党的第十三次全国代表大会

(1) 邓小平：《邓小平文选》第 3 卷，人民出版社 1993 年版，第 28 页。

(2) 中共中央文献研究室：《十二大以来重要文献选编》上，人民出版社 1986 年版，第 25 ~ 26 页。

(3) 中共中央文献研究室：《十三大以来重要文献选编》上，人民出版社 1991 年版，第 169 页。

(4) 邓小平：《邓小平文选》第 2 卷，人民出版社 1994 年版，第 150 页。

上，中央明确提出在社会主义初级阶段，“是否有利于发展生产力，应当成为我们考虑一切问题的出发点和检验一切工作的根本标准”[1]。这是对生产力标准的再次强调。在这一时期，把生产力发展作为实践的评价标准，有利于调动一切积极因素进行社会主义建设，实现国家富强。但同时，由于历史局限性，党和政府虽然突出强调生产力标准，但没有强调以什么样的生产力为标准，即是以质化的生产力还是以量化的生产力为标准，这也为改革的不断深化埋下伏笔。以突出生产力作为实践的评价标准体现了党和政府实现“赶超战略”的决心，反映了这一时期“政府主导”的趋向。

在改革开放初期,“赶超战略”的选择与实行是政府主导型实践的典型标志。正是这种宏观构架，使得各种具体领域内的建设措施同样呈现“政府主导”之趋向。

（二）政府主导型实践的逻辑

所谓政府主导型实践的逻辑，主要是指这一时期的政治建设、文化建设、经济建设、社会建设以及生态文明建设等方面都体现出“政府主导”的特征。

1. 政治建设：树立权威

在改革开放初期，为了能够掌控大局并保证改革开放的顺利进行，党和政府需要恢复和保证权威，并不断提升自身的主导能力，体现了“政府”因素在实践结构中的突出作用。

（1）党的自身建设：恢复权威

中国共产党作为执政党，在面临领导社会主义建设的任务时，需要根据现实需要，不断进行自我调整和自我完善，使之能够适应时代的发展变化。有学者把党的这种自我完善过程称为“党的现代化”实现过程。[2]党的自身建设是在改革开放的历史中逐渐进行的。由于“文革”十年带来的灾难，中国共产党的权威形象有所减弱。正如邓小平指出的：“我们党在人民当中的威信不如过去了。”[3]因此，在这一时期，恢复党的权威和提升党的领导能力是党的自身建设的重点。马克斯•韦伯认为，权威是一种使人自愿服从的力量。而这种权威（统

（1）中共中央文献研究室：《十三大以来重要文献选编》上，人民出版社 1991 年版，第 13 页。

（2）李君：《党的现代化与社会主义现代化建设研究》，中央文献出版社 2008 年版，第 3 页。

（3）邓小平：《邓小平文选》第 2 卷，人民出版社 1994 年版，第 268 页。

治）的有效性主要来自于四个因素：利益、习俗、价值合理性以及对合法性的信仰。[1]其中对合法性的信仰是人们认同权威的关键因素。而这种对合法性的信仰又来自于三个方面：一是对合理制度和既定权力的维护；二是对传统权力统治的认同；三是对领导者魅力的崇拜。这三个方面在不同历史时期所发挥的作用是不同的。他认为，在现代社会，合理制度的设定成为权威来源的最重要的因素。与之不同的是，美国学者阿普特认为，政府权威的有效性主要来自于政府的目标及其获得的成功。[2]换言之，他认为权威来自于团体的目标及其获得的成果，即利益的获得。虽然这两种分析截然不同，但却是对权威来源的不同层面的强调，即一个侧重于形式的有效性，一个侧重于结果的有效性。因此，我们可以对这两种观点进行综合并得出这样的结论，即权威的有效性主要来源于几个方面：组织形式的合理性、领导者的魅力（形象）、制度运行的科学性、组织目标的适当性和良好的成果。而在这一时期党中央主要从重新确立党的路线（设定适当目标）、解决历史遗留问题（恢复领导人的真实形象）和明确党的领导（完善制度运行机制）三个方面加以着手来恢复党的权威的。

第一，根据现实情况变化，重新确立党的政治路线、思想路线和组织路线。党的政治路线、思想路线和组织路线是党领导中国实践的内在灵魂和重要保障，没有党的正确路线的指引，中国特色社会主义实践将步履维艰。“文革”的教训充分证明了这一点。“文革”所设定的极“左”路线脱离了客观实际，破坏了无产阶级政党的路线，严重影响了社会主义的总体建设。具体表现在：把“阶级斗争”作为党的政治路线，严重影响社会主义建设的速度；用历史唯心主义来替代历史唯物主义，使人们的思想出现混乱；脱离党的组织建设，使党和国家难以凝聚建设力量。因此，在十一届三中全会上，中央作出把全党的工作重心转移到实现“四个现代化”建设上来，实际上是重新确立了进行社会主义建设的政治路线；提出解放思想的要求实际上是反对僵化的、脱离于实际的思想，这意味着党重新确立了一切从实际出发、实事求是和理论联系实际的思想路线；提出增强干部能力，实现领导干部的革命化、年轻化、知识化和专业化，并提出恢复民主的要求，这意味着党恢复了组织路线。政治路线、思想路线和组织路线的重新确立意味着党能够准确地分析现实状况，有效地调动人民群众的积

(1) [德]马克斯·韦伯：《经济与社会》上卷，商务印书馆1997年版，第241页。
(2) [美]戴维E. 阿普特：《现代化的政治》，上海人民出版社2010年版，第29页。

极性，科学地领导中国特色社会主义建设。党的路线的恢复通过写入《中国共产党党章》，使其具有权威性，体现了党进行中国特色社会主义建设的决心。

第二，解决历史遗留问题，实现拨乱反正。如果说在1978年前后，党通过平反诸多冤假错案、恢复受屈人员名誉等措施，已经取得初步成效，那么《关于建国以来党的若干历史问题的决议》（以下简称《决议》）的出台，则使党的权威得到迅速恢复。这项《决议》主要包括三个关键点：一是明确毛泽东同志的历史定位，坚持和发展毛泽东思想；二是总结新中国成立以来三十年的历史并加以客观公正地评价；三是肯定十一届三中全会以来党确立的道路，指明了中国特色社会主义实践的前进方向。明确毛泽东同志的历史定位，坚持和发展毛泽东思想，是对新中国成立以来党的思想传统的肯定，这种肯定使党的权威形象得以重新确立；总结新中国成立以来的历史，是对党领导下的社会主义建设的反思，既肯定功绩，又承认错误，并做出合理改正，使人民群众重新恢复对党的信赖；明确十一届三中全会以来的发展道路，使人民群众能够坚定信念，重新树立起对党领导建设的信心。因此，此项《决议》在党的建设历史上具有举足轻重的地位。

第三，明确党的领导。在改革开放之初，由于中国要实行全方位的改革，明确党的领导之要求就变得尤为强烈。因此，在改革开放初期，党主要通过以下几个方面明确党的领导。

首先，重新明确党内政治生活的基本原则，以不断提升党的凝聚力。党的政治生活是凝聚党员力量、维护党的团结、巩固党的纪律的重要措施。由于"文革"十年对党的正常政治生活的破坏，因此，需要在党内重申政治生活的基本原则。这也是在1980年《关于党内政治生活的若干原则》（以下简称《原则》）出台的重要依据。在《原则》中，中央确立了十二条基本准则，大致可以分为三个部分：关于坚持党的基本原则（坚持党的路线等）、关于发扬党的民主（保障党员权利等）以及提升党的素质（努力学习等）。[1] 坚持党的原则、发扬党的民主和提升党的素质，三个方面相辅相成，有效地提升了党的凝聚力和战斗力。

其次，果断作出整党的决定，以维护党内稳定。在党的十二届二中全会上，

（1）本书编写组：《十一届三中全会以来历次党代会、中央全会报告 公报 决议 决定》上，第79～90页。

中央做出了整党的重要决定，其重要任务是“统一思想，整顿作风，加强纪律，纯洁组织”(1)。这次整党是根据中国特色社会主义实践的内在需要，对党的思想、作风、组织等各个方面进行系统整顿，消除党内影响社会主义建设的不利因素，以保持党的纯洁性，维护党内稳定。党的稳定性和纯洁性是一个政党得以生存和发展的内在基础。中国共产党作为执政党，其纯洁性和稳定性直接决定着社会主义建设的顺利进行。由于“文革”十年的流毒对某些党员干部的侵害，党的纯洁性和稳定性受到影响，因此，急需对党的各个方面进行整顿。整党决定的提出，是党能够根据时代发展变化，不断反思自身、不断完善自身建设的充分体现。

再次，加强党与人民群众的血肉联系，以维护党的群众基础。中国共产党的性质、宗旨和指导思想，要求党要把人民群众的利益作为自己活动的出发点。历史证明，任何时候只要脱离人民群众，党的事业就会受到挫折。相反，任何时候只要贴近群众，党的事业就会取得成功。这一时期，由于市场机制的引入，个人主义倾向萌生，这种倾向逐渐蔓延到党内，并与党内残留的官僚主义、形式主义相融合，造成党内出现了以权谋私的腐朽现象。针对这种现象，党中央出台了《中共中央关于加强党同人民群众联系的决定》(以下简称《决定》)。在《决定》中，中央制定了加强党与人民群众血肉联系的诸多措施，涉及思想、组织、决策、行动等多个方面，有效地保证了党的群众基础，增强了党的执政能力。

在这一时期，中国共产党正是通过三个方面的建设，逐步恢复了党的自身权威，为社会主义建设提供了强大的领导力，确立了党的领导地位。

（2）政治体制改革：提升主导力

政治体制改革是中国特色社会主义实践的题中应有之义。面对传统体制不适应社会主义现代化建设的局面，实行全方位的改革是中国的必然选择。因此，在经济体制逐渐变化的情况下，积极稳妥地推进政治体制改革是中国特色社会主义实践发展的内在环节。1980 年邓小平在中共中央政治局扩大会议上所作的《党和国家领导制度的改革》的讲话，标志着中国政治体制改革逐步拉开了序幕。党的十三大报告把政治体制改革作为一项重要任务提上日程。中央认为，政治体制改革的长远目标是“建立高度民主、法制完备、富有效率、充满活力的社

(1) 中共中央文献研究室:《十二大以来重要文献选编》上，人民出版社 1986 年版，第 393 页。

会主义政治体制”[1]，近期目标是“建立有利于提高效率、增强活力和调动各方面积极性的领导体制”[2]。可见，这一时期政治体制改革的重点是提升政府的主导能力。罗素认为，政府的主要目的应当有三个：保护人民生命和财产的安全，实现社会公正（包括经济公正）以及对自然资源实现保护。[3]而要实现这些目的，就需要政府有着强大的主导能力。所谓政府的主导能力，主要是指政府为了实现合理的目的和任务，保证其意志和政策的有效性，并能实现高效治理社会生活的力量。[4]这种主导力量又可以按照其功能不同分为：调控能力、强制能力和合法化能力。在一定时期，根据政府所要着重处理的问题不同，政府主导能力的提升也有所侧重。由于这一时期国家要引入市场机制，因此，不断提升政府的调控能力，便成为政治体制改革的着重点。而调控能力的提升并不是要扩大政府管理的权限，而是使政府能够重新厘定自身的职能，并做好相应措施以适应市场机制的要求。故而，这一时期政治体制改革主要是在四个方面进行。

首先，明确职能边界。在政治体制改革中，明确职能边界是政治体制改革的关键。其主要包括：明确党与政府的职能边界、中央政府和地方政府的职能边界、政府和企事业单位的职能边界、政府和群众性组织的职能边界四个方面。而明确政府职能边界是提升政府主导能力的重要手段。在政治体制改革以前，政府职能的边界模糊使得政府的工作效能不高。主要表现在：党与政府之间的关系没有理顺，政府的自主性没有得到发挥；中央政府的权力过分集中，地方政府的自主性不强；政府直接参与管理企事业单位的经营活动，使得企事业单位的活力不强；政府对群众性组织的管理过度，使之缺少自治性。因此，明确政府职能范围有利于政府提升主导能力，从而有利于对社会主义建设进行宏观指导。在这一时期，明确政府职能边界的核心是权力下放。这主要表现为：在党与政府的关系上，党对政府的领导是政治领导，政府要自主发挥协调各方建设的能力；在中央与地方的关系上，“中央的责任是提出大政方针和进行监

(1)中共中央文献研究室：《十三大以来重要文献选编》上，人民出版社1991年版，第35页。

(2)中共中央文献研究室：《十三大以来重要文献选编》上，人民出版社1991年版，第35页。

(3)[英]波兰特·罗素：《权威与个人》，商务印书馆2010年版，第71页。

(4)孙明军：《对当前中国国家能力的若干思考》，《南京社会科学》2000年第5期。

督”[1]，而地方政府要有自身的决断力；在政府与企事业单位的关系上，政府的职责是为企业服务并予以监督，主要包括制订方案、协调关系、部署重点和掌控信息等，而企事业单位要充分发挥自身的经济和社会职能，提升资源利用率，有效实现经济和社会效益；在政府和群众性组织方面，政府要充分下放权力，使群众性组织能够充分发挥自治功能，有效管理和解决群众关心的问题。

其次，改革政府机构。政府职能范围的模糊必然产生政府机构设置的失衡，在我国集中表现为政府机构的庞大臃肿。因此，改革政府机构成为提升政府能力的主要措施。改革政府机构的作用是转变职能，即从直接管理为主向间接管理为主转变，其内在原则是“精简、统一、效能”。[2]精简政府机构一方面能够提升政府的办事效率，另一方面也能使政府集中力量进行宏观协调。

再次，对人员进行科学管理。改革政府机构必然涉及人员的管理与分配，而对政府人员实行科学管理是政府提升能力的关键。在社会主义建设过程中，对国家公务人员的管理曾出现一定的混乱局面，主要表现在管理方式相对单一、管理制度不够健全和管理权限过于集中，因此，政府在人才的选拔和使用方面存在弊端，进而直接制约着政府工作效率的提升。因此，在这一时期，实现国家公务员制度是政府提升能力的必然选择。国家公务员制度，是指“制定法律和规章，对政府中行使国家行政权力、执行国家公务的人员，依法进行科学管理”[3]。国家公务员制度实际上是通过对录用、定责、奖惩、培训等环节实行制度化和规范化，以达到对人员结构进行合理调整，进而实现人尽其能的目的。

最后，完善协商机制。与人民群众的协商对话是政府制定政策方针的主要依据，因此，建立切实有效的协商对话机制，实现政府与群众的良好沟通，是提升政府主导能力的基础环节。良好协商对话制度建立的关键，在于提高信息的公开化程度，这就需要政府的决策活动公开透明，并能够鼓励人民参与；而人民诉求的表达渠道也应当多样化，进而保证其畅通无阻。

明确职能边界、改革政府机构、对人员进行科学管理以及完善协商机制四

(1) 中共中央文献研究室:《十三大以来重要文献选编》上，人民出版社 1991 年版，第 39 页。

(2) 中共中央文献研究室:《十三大以来重要文献选编》上，人民出版社 1991 年版，第 40 页。

(3) 中共中央文献研究室:《十三大以来重要文献选编》上，人民出版社 1991 年版，第 41 页。

个方面相辅相成，共同构成提升政府主导能力（调控能力）的主要措施。此外，政治体制改革还包括巩固和完善中国特色社会主义民主制度，以及建立中国特色社会主义法制等方面，这些方面在一定程度上为提升政府领导能力起到了重要积极作用。

由此可见，这一时期不断提升党和政府的权威及能力的目的，在于保证党和政府能够主导大局，这是实现政府主导型实践的基础。

2. 文化建设：体现政府主导

文化建设，是指推动文化事业和文化产业繁荣发展的实践活动。中国特色社会主义文化建设的根本任务，是以马列主义、毛泽东思想、邓小平理论、“三个代表”重要思想为指导，全面贯彻科学发展观，着力培育有理想、有道德、有文化、有纪律的公民，切实提高全民族的思想道德素质和科学文化素质。中国特色社会主义文化建设的内容主要包括：思想理论建设、新闻舆论导向、文学艺术建设、社会文化建设、对外文化交流等几个方面，其中最为重要的是思想建设和文学艺术建设两个方面。从这两个方面看，这一时期文化建设的政府主导特征是明显的。

首先，思想理论建设体现政府主导。在改革开放初期，邓小平理论作为马克思主义与中国具体实践相结合的理论创新成果，成为这一时期的主导意识形态。邓小平理论内含着对党和政府主导力量的肯定与支撑，这既体现了“政府”因素的主导作用，又体现了“思想”因素的辅助作用。这主要表现在两个方面：一是邓小平理论体现了对党和政府主导力量的充分肯定；二是邓小平理论为政府主导型实践铺平道路。

第一，邓小平理论体现了对党和政府主导力量的充分肯定。这主要包括对社会主义制度的信心和对国家主导能力的肯定。

对社会主义制度的信心贯穿于邓小平理论之中。邓小平认为，社会主义制度优越于资本主义制度的原因，主要包括以下几点：一是社会主义制度具有资本主义制度无法比拟的“总效率”。社会主义制度能够做到“干一件事情，一下决心，一做出决议，就立即执行，不受牵扯”[1]。这样就可以实现“全国一盘棋，集中力量，保证重点”[2]，而资本主义制度由于其权力过于分散，在遇到突发问

(1) 邓小平：《邓小平文选》第3卷，人民出版社1993年版，第240页。

(2) 邓小平：《邓小平文选》第3卷，人民出版社1993年版，第63页。

题时，很难快速制定决策并予以执行。二是社会主义制度能够快速发展生产力并实现共同富裕。“社会主义的优越性归根到底要体现在它的生产力比资本主义发展得更快一些，更高一些，并且在发展生产力的基础上不断改善人民的物质文化生活。”[1]这是由于在社会主义制度下，生产的目的不是剥削，而是满足人民的需求。由于资本主义的内在矛盾，资本主义国家的经济危机会周期性爆发。这严重影响其生产力发展的速度。同时，由于资本主义私有制的存在，两极分化程度日益严重，使其无法实现共同富裕。故而，在邓小平看来，社会主义制度有着天然的优越性。

邓小平之所以能够果断地做出改革开放的战略设想，一方面是根据中国国情和世情的发展变化，另一方面是由于他有信心解决改革开放所带来的消极影响，这种信心来源于对国家主导能力的信任。1985年，邓小平会见坦桑尼亚总统时明确阐述过对此问题的理解。他认为，面对改革开放所带来的消极影响，我们有能力解决，其原因主要在于“从政治上讲，我们的国家机器是社会主义性质的，它有能力保障社会主义制度”[2]。同年，邓小平会见津巴布韦总理时，更加清晰地表达了这种思想：“我们社会主义的国家机器是强有力的。一旦发现偏离社会主义方向的情况，国家机器就会出面干预，把它纠正过来。开放政策是有风险的，会带来一些资本主义的腐朽东西。但是，我们的社会主义政策和国家机器有力量去克服这些东西。”[3]因此，在邓小平看来，党和政府要保持权威是中国实践的关键环节。他认为：“党中央、国务院没有权威，局势就控制不住。”[4]邓小平所论述的关于党要改善领导、发挥社会主义民主以及保证人民基本权利等理论，其目的都是要发挥党和政府的领导作用，其中最为明显的是其关于国富与民富之间关系的讨论。邓小平认为：“我们只能在发展生产的基础上逐步改善生活。发展生产，而不改善生活是不对的；同样，不发展生产，要改善生活，也是不对的，而且是不可能的。”[5]从中我们可以发现，邓小平在当时把国家富强放在优先地位，其内在依据是要保证党和政府调控能力的增强，

(1) 邓小平：《邓小平文选》第3卷，人民出版社1993年版，第17页。
(2) 邓小平：《邓小平文选》第3卷，人民出版社1993年版，第135页。
(3) 邓小平：《邓小平文选》第3卷，人民出版社1993年版，第139页。
(4) 邓小平：《邓小平文选》第3卷，人民出版社1993年版，第277页。
(5) 邓小平：《邓小平文选》第3卷，人民出版社1993年版，第258～259页。

以保证国家发展之大局。

第二，邓小平理论为政府主导型实践铺平了道路。无论是其解放思想论、经济发展论，还是自力更生论，都力求为政府主导型实践的顺利开展铺平道路。

1978 年前后，中国面临两个现实问题：一是经济发展举步不前，二是僵化思想对人民头脑的束缚。因此，中国改革开放的突破口就在于解放思想与发展经济。在十一届三中全会上，邓小平明确认为：“解放思想是当前的一个重大政治问题。”[1] 其原因在于“如果一切从本本出发，思想僵化，迷信盛行，那它就不能前进”[2]，相反，“只有解放思想，坚持实事求是，一切从实际出发，理论联系实际，我们的社会主义现代化建设才能顺利进行”[3]。如果说解放思想论为中国特色社会主义实践的开启提供了重要理论支撑，那么经济发展论为其提供了重要方向。邓小平在 1979 年的一次谈话中明确提出“经济工作是当前最大的政治”[4]。他认为，中国的政治就是实现四个现代化，各级党委和行政机构都要把四个现代化作为中心任务来抓。“政治工作要落实到经济上面，政治问题要从经济的角度来解决。”[5] 实现发展有两种方式：依赖外援和依赖自身。而自力更生论的提出为中国发展提供了重要路径。实现自力更生是中国特色社会主义实践的基本立场。邓小平认为：“像中国这样大的国家搞建设，不靠自己不行，主要靠自己，这叫做自力更生。”[6] 实现自力更生的必要性在于中国的特殊国情使得国家无法照搬他国模式，只能自行探索。而中国能够自力更生地实现四个现代化的可能性在于八个方面，这八个方面可以分为两个部分，前四个方面是已经具备的条件：丰富的资源、现代化的基础、人民的智慧和开放的政策。[7]后四个方面是通过实践能够获得的：坚定的政治路线、安定团结的政治局面、艰苦奋斗的创业精神和具有能力的干部队伍。[8] 同时自力更生的基本立

（1）邓小平：《邓小平文选》第 2 卷，人民出版社 1994 年版，第 141 页。

（2）邓小平：《邓小平文选》第 2 卷，人民出版社 1994 年版，第 143 页。

（3）邓小平：《邓小平文选》第 2 卷，人民出版社 1994 年版，第 143 页。

（4）邓小平：《邓小平文选》第 2 卷，人民出版社 1994 年版，第 194 页。

（5）邓小平：《邓小平文选》第 2 卷，人民出版社 1994 年版，第 195 页。

（6）邓小平：《邓小平文选》第 3 卷，人民出版社 1993 年版，第 78 页。

（7）邓小平：《邓小平文选》第 2 卷，人民出版社 1994 年版，第 232 ~ 233 页。

（8）邓小平：《邓小平文选》第 2 卷，人民出版社 1994 年版，第 248 页。

场也预示着中国特色社会主义实践方针的选择，即“胆子要大，步子要稳，走一步，看一步”[1]。所谓“胆子要大，就是坚定不移地搞下去；步子要稳，就是发现问题赶快改”[2]。此实践方针用通俗语言表达就是“摸着石头过河”。而改革开放所取得的成就则最终要用生产力标准加以衡量。这些理论为政府主导实践的发展提供了必要的理论支撑。

正是在邓小平理论的指引下，中国特色社会主义实践才能顺利进行，进而使全国人民对中国改革开放的前景充满信心。

其次，文化艺术建设体现政府主导。文学艺术是借助语言、表演、造型等手段塑造典型的形象，是社会生活的反映，属于社会意识形态。它包括语言艺术、表演艺术、造型艺术和综合艺术等，是人类一种重要的精神活动方式。[3] 文学艺术建设的根本任务是要在坚持社会主义先进文化的前提下，使文学艺术产品涌现，使之繁荣不衰。而要使文学艺术繁荣，关键是改革相关体制机制，以调动文艺工作者的积极性，进而转变文艺作品生产方式。而在这一时期，相关体制改革充分体现了政府主导的特征。

其一，改革国家统包统管的旧模式，调整艺术部门和艺术团体的布局，使政府资源能够集中支持优秀文化产品的产生；其二，促进艺术表演团体经营方式的转变，实行“双轨制”改革。所谓“双轨制”，即一轨为少数代表国家和民族艺术水平的、或带有实验性的、或具有特殊的历史保留价值的、或少数民族地区需要国家扶持的艺术表演团体，实行全民所有制，由政府文化主管部门主办；另一轨为其他绝大多数的规模比较小、比较分散、演出的流动性比较强的艺术表演团体，实行多种所有制形式，由社会力量主办，自主经营，独立核算，自负盈亏。这一方面体现出要激发文艺工作者的积极性，另一方面也体现出政府主导资源向具有历史价值和文艺价值的团体倾斜，是政府主导的重要体现。其三，在承认文化市场合法性地位的同时，加强引导并规范其发展。

3. 经济建设：以计划经济为主、市场调节为辅

培育市场机制是中国特色社会主义实践的内在核心，也是促进中国经济迅

(1) 邓小平：《邓小平文选》第3卷，人民出版社1993年版，第113页。

(2) 邓小平：《邓小平文选》第3卷，人民出版社1993年版，第116页。

(3) 张瑞才，范建华：《中国特色社会主义文化建设的理论与实践》，社会科学文献出版社2012年版，第182页。

速发展的关键步骤。而在这一时期，“市场”因素的内在要求虽然成为中国特色社会主义实践的“导向”，但这种导向服从于政府的权力驱动特征。这既体现了“政府”因素的主导作用，又体现了“市场”因素的辅助作用。

在新中国成立初期，由于中国超越生产力的发展程度，盲目追求计划经济体制，社会主义建设遭受波折。这充分证明，在建设过程中，生产关系不能盲目超越生产力的发展状况。因此，中国需要对计划经济体制进行改造。市场机制能够有效地调动和利用资源，使资源得到合理的分配。其原因在于：市场能够利用供求机制、价格机制、风险机制和竞争机制使资本要素流向最需要的部门，以获得最为合理的利润。供求关系，是指商品供给与需求之间的动态平衡的规律性（供求机制），而供求关系的变化主要通过价格波动予以表现（价格机制），价格波动会给予经济主体以准确信息，进而形成主体之间的竞争（竞争机制），主体之间的竞争必然要伴随着获利或是破产的风险（风险机制）。市场机制的运作机理被亚当•斯密称为“看不见的手”，即人们在市场经济环境下“受着一只看不见的手的指导”[1]，而这种指导不仅会使“各个人都不断地努力为他自己所能支配的资本找到最为有利的用途”[2]，而且“往往使他能比在真正处于本意的情况下更有效地促进社会的利益”[3]。市场机制又被萨缪尔逊称为“一架精巧的机构”，即无意识地调节人们的活动。可见，市场机制总是让经济学家赞不绝口。但实践证明，市场机制也并不是一个完全完美的机制，它会出现“失灵”的状况。失灵出现的原因有多个方面，如市场只能保持微观领域平衡而非宏观领域，只能反映现行经济信号而非长远目标，只能指导资本获利而非社会公正等。中国实行的经济体制改革并不是要改变社会主义公有制的主体地位，而是要建立具有中国特色的市场经济体制，即一方面提升社会资源配置的效益性，另一方面利用社会主义宏观调控体系以避免市场固有的弊端。

在这一时期，党中央对市场经济体制改革的认识是不断深化的。党的十二大报告指出，在社会主义经济建设过程中，要正确贯彻计划经济为主、市场调

（1）[英]亚当•斯密:《国民财富的性质和原因的研究》下卷，商务印书馆 1974 年版，第 27 页。

（2）[英]亚当•斯密:《国民财富的性质和原因的研究》下卷，商务印书馆 1974 年版，第 25 页。

（3）[英]亚当•斯密:《国民财富的性质和原因的研究》下卷，商务印书馆 1974 年版，第 27 页。

节为辅的原则，即“有计划的生产和流动，是我国国民经济的主体。同时允许对于部分产品的生产和流通不作计划，由市场来调节”(1)。《中共中央关于经济体制改革的决定》指出，社会主义经济是公有制基础上的有计划的商品经济，并明确指出“我国实行的是计划经济，即有计划的商品经济”(2)。1987 年党的十三大报告提出：社会主义有计划的商品经济体制是计划和市场内在统一的体制，即“应当是‘国家调节市场，市场引导企业’的机制”(3)。这表明，在这一时期，中国经济体制改革是在不断探索中前进的。虽然中央对经济体制改革的认识在不断深化，但从党中央把这一阶段社会主义经济体制定义为社会主义商品经济体制的做法中，我们仍然可以看到“政府主导”之倾向。

第一，商品经济侧重于微观领域的市场主体之培育，体现了“政府主导”倾向。商品经济和市场经济都是对商品交换和商品流通为特征的经济运行方式的称谓，对于这种经济运行方式可以从两个层面加以理解：一是在微观上，经济主体之间的平等交换关系；二是在宏观上，市场在资源配置中的基础作用。两个层面虽然不能截然分开，但在经济体制改革过程中可以有所侧重。商品经济的概念侧重于反映微观上经济运行的等价交换性质，主要“着眼于经济形态的外部特征，强调人的经济联系方式，反映出与自然经济的差别，但商品经济没有涉及资源配置”(4)。因此，建立商品经济，意味着在这一时期的经济体制改革主要侧重于培育独立的经济主体，尤其是企业的独立经营地位，而对宏观上市场对资源的配置作用并没有全面涉及。换言之，在这一时期，政府虽然逐步减少了对资源的直接控制，但依然对资源配置起重要作用，生产资料价格“双轨制”的实行，就是明证。

第二，建立商品经济的措施体现了“政府主导”倾向。在这一时期，国家建立商品经济，即培育企业的经济主体地位，需要处理好三个方面的关系：政

(1) 中共中央文献研究室：《十二大以来重要文献选编》上，人民出版社 1986 年版，第 22 页。

(2) 中共中央文献研究室：《十二大以来重要文献选编》中，人民出版社 1986 年版，第 569 页。

(3) 中共中央文献研究室：《十三大以来重要文献选编》上，人民出版社 1991 年版，第 27 页。

(4) 王滨：《市场经济与社会发展——中国特色社会主义理论与实践》，同济大学出版社 2010 年版，第 21 页。

府与企业、企业与企业以及企业与员工。

首先，在企业与政府的关系方面，国家主要实现企业的所有权和经营权的分离，为企业的独立发展提供必要的空间。但政府依然对经济保持强有力的管理，体现了“政府主导”倾向。中国的经济体制改革是从农村开始的，其标志在于实行家庭联产承包责任制。家庭联产承包责任制的核心在于，使农村家庭成为独立的经济主体，具有一定的自主经营权。这种责任制极大地调动了群众的生产积极性，使农业得到迅猛发展。农业产品的不断增多急需扩大商品市场，这就需要对城市进行经济体制改革，而城市经济体制改革的重点在于推进企业的自主经营方式。在改革以前，人们把社会主义公有制和政府直接管理等同起来，政府对企业实行的是统购统销的直接管理模式，企业没有独立的发展空间，不利于调动企业的积极性。实现所有权和经营权的分离，实质上是要把经营权（占有、支配和使用）转移到企业身上，“切实保护企业的合法权益，使企业真正做到自主经营，自负盈亏”[(1)]。所有权与经营权的分离同时需要转变政府管理方式，即从直接管理为主向间接管理为主转变，“计划管理的重点应转向制定产业政策，通过综合运用各种经济杠杆，促进产业政策的实现”[(2)]。这就需要对金融体制和财政税收体制进行改革，以保证政府的管理能力。企业在自主发展过程中，会出现多种所有制的经营模式。因此，国家要因势利导地鼓励发展多种所有制经济。但在这一时期，政府对经济干预依然强大（行政干预），而这也是实现改革的必要阶段。

其次，在企业与企业的关系方面，国家主要实现企业的横向联合以及培育市场体系，为提升企业的自身能力创造条件，但这种横向联系主要限制在生活资料以及部分生产资料的范围内，体现了“政府主导”倾向。实现企业与企业之间的横向联系是中国特色社会主义经济建设的内在要求，也是实现经济体制改革的内在基础。企业之间的横向联系能够实现生产要素的合理流动，促使单个企业不断提升自身发展能力。要实现企业与企业之间的横向联系，必须建立相对开放的市场体系，这种市场体系不仅包括开放的商品市场，而且包括部分的生产要素市场。同时，合理的价格机制也是市场体系的内在环节。但这一时期，

(1) 中共中央文献研究室:《十三大以来重要文献选编》上，人民出版社 1991 年版，第 27 页。

(2) 中共中央文献研究室:《十三大以来重要文献选编》上，人民出版社 1991 年版，第 30 页。

价格机制并没有能够完全配置资源，这反映出“政府主导”特征。

再次，在企业与员工方面，国家主要实现按劳分配主体下的多种分配方式，但企业不能以各种名义滥发奖金，而是要有节制，以保障国家大局的建设，这体现了“政府主导”倾向。多种分配方式的建立，充分肯定了员工与企业家能够根据金融债券等方式获得合法收入，也打破了传统“吃大锅饭”的平均主义思想，有利于调动员工和企业家的积极性，进而实现企业的蓬勃发展。但同时，国家要禁止滥发奖金的现象，以保证国家发展的大局，这充分体现了“政府主导”倾向。

以培育市场经济主体为侧重点的商品经济建立体现了“政府主导”倾向，为市场经济建设提供了必要条件：只有充分发挥政府对市场的主导作用，才能有利于经济体制改革的平稳进行，才能为市场经济的整体构建奠定基础。

4. 社会建设：顾全大局

在改革开放初期，国家物资短缺，温饱问题没有解决，故而人民的需求处于最低层次；人民群众长期受到旧有体制的压制，生活的自主性缺失，劳动积极性没有得到充分调动；传统体制所造成的“吃大锅饭”的平均主义思想比较严重，自立性和自觉性较弱，即人民群众的主体性还未彰显出来。故而，人民群众的诉求要在保证改革大局的前提下予以实现。在这种情况下，政府就需要在保证改革大局的基础上，满足人民群众的基本需求，进而充分调动人民群众的积极性，促进人民群众的主体性不断生成。这既体现了“政府”因素的主导作用，又体现了“人民”因素的辅助作用。党的十二大报告明确指出：“没有亿万群众的高昂的劳动热忱，没有成千上万个生产单位的首创精神，没有各地方、各部门的积极奋斗，社会主义建设事业的蓬勃发展是不可能的。”(1) 而能够调动人民群众积极性的方式除了引入市场机制的改革以外，还包括社会建设。

社会建设在我国并不是一个新出现的概念。早在1917年，孙中山先生就曾为《民权建设·社会建设》作序。1935年，孙本文先生曾创办《社会建设》杂志。但它对于中国特色社会主义实践而言，却是一个新课题。这种“新”主要表现在两个方面：一是随着市场经济的逐步发展，许多不能由市场解决的社会问题（如收入分配、教育、医疗和保险问题等）逐渐暴露出来；二是自改革

(1) 中共中央文献研究室:《十三大以来重要文献选编》上，人民出版社1991年版，第30页。

开放以来，中国虽然在实践中也涉及过这些问题，但没有将它们作为一个独立的领域加以突出。直到 2004 年，党的十六届四中全会所作出的《中共中央关于加强党的执政能力建设的决定》，才明确把“社会建设”重新作为一个重大课题突显出来。2005 年，胡锦涛明确把社会建设作为与经济建设、政治建设和文化建设并列的领域加以强调，体现了其应当具有的重要地位。

社会建设(1)，是指社会主体根据社会需要进行社会机制和社会结构的建设与调整。它的目的在于合理分配资源和机会，以降低社会风险，进而缓解社会矛盾，最终推动社会进步。社会建设的核心是改善人民生活，以解决人民群众的切身利益问题，而其主要内容包括公共服务和社会管理，而公共服务的主要内容是保障人民基本生活的社会事业。

在改革开放初期，社会建设之特点是在保证生活的基础上，调动人民群众的积极性，进而为改革开放的大局服务。这主要表现在两个方面：

第一，在公共服务方面，以调动人民群众的生产积极性为侧重点，同时保持充足的资金搞建设，这体现了“政府主导”倾向。党的十二大报告把改善人民生活列为中国特色社会主义建设的重要措施之一，同时也规定了改善人民生活的重要原则。“无论如何，城乡人民生活水平的提高都只能靠努力发展生产，而不能靠减少国家必不可少的建设资金，否则将损害人民的根本利益和长远利益。”(2)这意味着人民生活水平的提高，不能通过无节制地发放奖金、津贴，以及提升产品价格等手段予以实现，而是要鼓励人们充分进行生产活动。在这个

(1) 关于社会建设的内涵与外延，学界有较大争议。关于社会建设的内涵主要有两种意见：一是“目的说”。有学者认为，社会建设，从正向说，主要指合理配置社会资源和社会机会的机制和结构建构，从逆向说，是指降低社会风险和化解社会矛盾的结构和机制建构。二是“主体说”。有学者认为，社会建设是指社会主体根据社会需要，有目的、有组织、有计划地改善民生和推动社会进步的行为和过程。而关于社会建设的外延主要包括三种意见：一是“两领域说”，有学者认为，社会建设的内容主要包括公共服务和社会管理两大领域；二是“四领域说”，即社会建设的内容主要包括社会价值整合、社会体制建设、社会组织建设和社会事业发展；三是“六领域说”，即社会建设主要包括教育、就业、收入分配、社会保障、医疗卫生和社会管理六个方面。本书对“社会建设”概念的界定，是在综合多种学术观点之上形成的。

(2) 中共中央文献研究室：《十二大以来重要文献选编》上，人民出版社 1986 年版，第 19 页。

原则的指导下，社会公共服务建设主要表现为在保证政府能够掌控大局的前提下，提升人民的劳动积极性的建设活动，而其主要实现途径是下放权力，逐渐改变“政府办社会”的传统模式。在欧洲，公共服务建设（尤其是社会保障）的发轫往往与人口的流动密切相关。[1] 由于工业化进程的不断发展，越来越多的人群（主要是农民）失去了所有，“包括财产、耕地、家庭和社会保护，以及对未来生活的希望”[2]。这就需要政府出台相应的政策，以保障人民的基本生活，这可称之为“顺向”建立过程。而在中国，由于传统体制的作用，人们的基本生活完全由政府（单位）包揽，这使人们的生产积极性难以调动起来。故而，改变传统模式以“逼迫”人们努力进行生产活动，这就是一种“逆向”建立过程。

在教育方面，这一阶段教育体制改革的核心在于扩大地方教育的自主权，实现与中国特色社会主义建设相适应的教育培养模式。人民群众文化素质的提高是提升人民群众实践能力、适应经济结构调整和调动人民生产积极性的重要措施。随着经济体制改革的起步，劳动者的能力尤其是智力因素在生产中的作用逐渐突显出来，广大群众受教育的诉求不断彰显。在“教育要面向现代化、面向世界、面向未来”原则的指导下，中央明确提出，教育体制改革的目的是“提高民族素质，多出人才、出好人才”[3]。这就要求在基础教育层次实现九年义务教育，在中等教育层次实现结构调整，在高等教育层次实现扩大自主招生权。

在就业方面，这一时期国家逐步扩大群众就业自主性，即实现就业市场化，改变国家“统招统配”的就业制度，有效地调动劳动群众的积极性。1980 年，中央召开的全国劳动就业工作会议指出，由于传统体制的限制，大量的劳动力被动等待国家分配，这不利于群众劳动积极性的发挥。因此，就业问题要“在国家统筹规划和指导下，实现劳动部门介绍就业、自愿组织起来就业和自谋职业相结合的方针”[4]。在 1981 年，中央进一步提出要广开门路，逐渐增加自谋职业的渠道。1986 年《国营企业实行劳动合同制暂行规定》明确指出，实行劳动合同制的目的是增强企业活力，充分发挥劳动者的积极性和创造性。劳动合

(1) 周弘：《福利国家向何处去》，社会科学文献出版社 2006 年版，第 28 页。

(2) 周弘：《福利国家向何处去》，社会科学文献出版社 2006 年版，第 30 页。

(3) 中共中央文献研究室：《十二大以来重要文献选编》中，人民出版社 1986 年版，第 721 页。

(4) 中国经济体制改革研究会编写组：《中国改革开放大事记：1978—2008》，中国财政经济出版社 2008 版，第 39 页。

同制的实施为就业制度从计划向市场的转向奠定了基础。

在医疗方面，这一阶段医疗体制改革的总方向是“放权让利”。这针对的是早期医疗体制出现的片面强调福利化、管理单一和社会化程度低等阻碍医疗事业发展等问题。自1979年起，国家对医疗卫生事业的关注逐年增多，多项相关文件的下发，如《医院经济管理暂行办法》《医院工作制度》《关于卫生工作改革若干问题的报告》等，充分说明了国家对卫生事业的重视。这时的医疗体制改革不仅刺激了医疗行业工作人员的积极性，而且使医疗卫生事业得以迅速发展，提升了我国医疗卫生服务的整体水平，逐步改善了医疗卫生服务供给不足的状况，为调动人民群众的劳动积极性起到重要作用。

在社会保障方面，这一时期社会保障制度的建立主要是实现从“单位保障”向“社会化保障”转型，扩大社会保障覆盖范围，提升社会保障的服务水平，在不断提升人民生活水平的基础上调动人民群众的积极性。在1985年中央作出的关于制定“七五”计划的建议中，明确提出要建立和健全适应改革新形势的社会保障制度的雏形，即打破由国家统包下来的办法，建立由国家、企业和个人共同承担的社会保障制度。在此原则的指导下，国务院颁布了一系列政策，如《国营企业职工待业保险暂行规定》《关于企业职工养老保险制度改革的决定》等，主要涉及养老保险、医疗保险和失业保险等多个领域，充分表明国家探索社会保障制度的决心。改革初期保障制度的建立不仅使企业能够减轻负担，而且能够支撑和鼓励人民不断勤劳致富，极大地促进了人民群众的劳动积极性。

在收入分配领域，国家在这一时期对按劳分配制度的强调，充分体现了效率导向，并且在国家、企业和个人的利益关系协调上，偏重于国家利益的倾向表现得较为明显。按劳分配原则在新中国成立伊始就被确定为我国的基本分配制度，但在贯彻过程中，此项原则常常被误解为平均主义，故而，没有得到很好的贯彻。因此，在改革开放初期，强调按劳分配原则成为收入分配制度改革的关键环节。随着经济体制改革的启动，一系列关于收入分配问题的政策性文件相继出台，如《当前农村经济政策的若干问题》《关于国营企业工资改革问题的通知》《关于国家机关和事业单位工作人员工资制度改革问题的通知》等。这些文件所表达的核心是要改革“平均主义”分配制度，调动广大人民群众的生产积极性，使广大群众能够通过合法劳动改善自身生活水平。

第二，在社会管理方面，以扩大人民自主性为侧重点，同时保证政府的宏观掌控。在这一时期，社会管理体制改革是伴随着经济体制改革和政治体制改革同时进行的，其内容主要包含在两种体制改革之中。随着经济体制改革和政治体制改革的启动，在农村中，家庭联产承包责任制使农民的自主性逐渐增强。在城市中，社会成员逐渐从“单位人”向“社会人”转变，这意味着越来越多的人开始游离于计划体制之外，传统的单位制管理模式不再适应改革的发展形势，这就需要探索新的社会管理体制。在这一时期，虽然以政府为主导的管理体制依然是这一时期社会管理体制的主要特征，但政府在一定程度上进行放权，为市场经济条件下的社会建设奠定了基础，促进了人民自主性的不断提升。在1982 年通过的《中华人民共和国宪法》中明确规定设立乡政权，并规定了居民委员会和村民委员会等群众性自治组织的地位和作用。这实际上是改变了人民公社的政社合一的体制，进而为实现社会管理主体的多样化奠定基础。而作为社会建设主体之一的社会组织也开始在政府的监督下适度发展起来，这些社会组织能够分担政府所应承担的责任，弥补政府和市场之不足，调节社会各阶层之间的利益，对中国特色社会主义现代化建设具有重大的推动作用。而在这一时期，政府对社会组织的建立持一种稳步推进的态度，这从 1984 年国务院发出的《关于严格控制成立全国性组织的通知》可以看出来。

这一时期社会建设的目的，是调动人民群众的生产积极性以及培养人民群众的主体性，以适应改革开放的发展趋向。

5. 生态文明建设：管制型特征明显

所谓生态文明[1]，是指“人类在生活实践中协调人与自然生态环境和社会生态环境的关系，正确处理整个生态关系问题方面的积极成果”[2]。故而，生态文明本质就是人与自然的和谐共处。因此，在这一时期，中国特色社会主义实践主要顺应改革大局的需要，并通过政府的“权力”，以满足“自然”因素的要求。这体现了“政府”因素的突出作用和“自然”因素的辅助作用。在改革开放之前，中国传统粗放型的经济增长方式是经济发展的主导模式，这意味着经济数据的不断提升是以生态破坏和污染环境为代价的。改革开放伊始，中国就对环境保护予以高度关注。无论是 1979 年《中华人民共和国环境保护法（试

（1）生态文明有两种理解：一种是正对于原始文明、农业文明、工业文明而言的第四种文明，即指强调人、自然、资源的和谐共存、良性循环、持续繁荣的社会文明形态；第二种理解是针对物质文明、精神文明、政治文明而言的，主要强调人与自然的和谐相处。本书的生态文明主要指第二种理解。

（2）陈寿朋，杨立新：《生态文明建设论》，中央文献出版社 2007 年版，第 2 页。

行)》的出台，还是在1983年召开的第二次全国环境保护会议上把环境保护确立为我国的一项基本国策，抑或是1988年的《政府工作报告》对环境保护的重申，以及1989年《中华人民共和国环境保护法》的颁布，都体现出国家对环境保护的关切。邓小平也明确指出："植树造林，绿化祖国，造福后代。"(1)而这一时期由于政府力量的强大，生态文明建设充分体现了“政府主导”之倾向，主要表现在政府对生态文明建设的管控上。

生态文明建设是一个系统工程，需要社会各个部门联合起来形成合力。而在改革初期，市场还没有完全形成自主机制，人民群众的主体性也处于萌生阶段，而政府力量处于优势地位。这也意味着政府处于中国特色社会主义实践的突出地位。故而，生态文明建设也自然由政府实行主导。

第一，明确政府在生态建设中的角色定位，以实现政府职能的“补位”。1979年《中华人民共和国环境保护法（试行)》明确规定，国务院和各地方政府要切实做好环境保护工作，一方面要统筹规划经济发展和资源环境的协调关系，另一方面要切实解决环境污染问题。这一规定主要是针对有些地方政府不顾生态环境的承载力，片面追求经济发展指标，造成政府在生态建设方面的“缺位”现象而制定的。因此，明确政府的生态角色恰如其分地实现政府职能的“补位”，就成为生态文明建设的首要措施。

第二，突出行政职能管控的作用，以实现党和政府主导建设。政府主导生态文明建设的主要表现就是突出政治权力的作用，即以行政手段为主加强生态文明建设。在1983年召开的第二次环保会议上，国家的主要环保政策得以确立，即“预防为主，防治结合，综合治理”“谁污染谁治理”“强化环境管理”等。其中，“强化环境管理”就是要在资金相对短缺的情况下，以增强行政管理手段的方式解决环境保护问题，例如制定环境保护目标责任制、排污许可制度以及限期治理制度等。这些措施充分证明了这一时期政府在生态环境保护方面的主导作用。

三、政府主导型实践的内在结果

政府主导型实践的正能效应可以概括为“活力初显”，随着实践的不断推进也面临着新问题，即“秩序紊乱”。

从总体上说，中国在改革开放初期的实践形态初步奠定了中国特色社会主

(1)邓小平：《邓小平文选》第3卷，人民出版社1993年版，第21页。

义实践的总基调，为社会发展注入了新的活力，促进了生产力的快速发展。从统计数据上看，自 1978 年到 1992 年间，中国 GDP 以平均每年 7.7% 的速度增长，其中 1984 年比 1983 年的 GDP 增长了 15.3%，人均 GDP 也从 1978 年 226 美元增长到 1992 年 419 美元。我们既要看到这种令人欣喜的发展速度，同时也要看到这种发展背后的深层动因。

（一）经济领域与政治领域的初步分工

美国学者格里芬认为，政治领域和经济领域的分工对于现代性而言至关重要，这种分工意味着经济领域能够获得独立的发展空间，因为“一个自主的市场只能是由行为者们的不同的自我利益来引导”[1]。从社会结构角度看，社会生活的经济领域和政治领域在不同的发展阶段有着不同的地位和作用。在传统社会，人们的谋生方式与政治力量息息相关，故而，人们之间的经济联系与活动需要在政治领域的范围内进行。这就意味着政治领域把经济领域整合于其中。换言之，经济领域是由政治领域加以驱动的。随着生产力的不断发展，市场机制应运而生，现代社会登上历史舞台。现代社会主要是以市场机制为特征的社会形态，而市场经济的内在机制使经济领域逐渐从政治领域中不断分离出来，即按照市场自身的运行机制运行。市场经济之所以能够具有独立的运行规则，其原因在于分工和专业化使人们之间的联系逐渐呈现社会化趋向，这种趋向不仅使个人有着自主的活动空间，而且能够保证人与人之间有着内在的连接，这种社会团结形式被迪尔凯姆称为“有机团结”。[2] 这种有机团结产生了一种新的社会秩序代替了传统以政治垄断为特征的旧的社会秩序。这种新的社会秩序的优势在于：它能够节省社会秩序生产和维护的成本。市场经济的内在逻辑能够使人们之间“自发地”联系起来，使投入到社会秩序生产和维护的成本大大降低，“甚至在某种意义上可以说是一种零成本的”[3]。新社会秩序的产生必然导致原本负责生产社会秩序的政治领域的中心地位逐渐削弱，经济领域借此相对独立出来。

在党和政府主导下培育市场机制，是这一时期中国特色社会主义实践的主要内容。随着政府不断明确自身的职能界限，即对经济领域的不断放权，平等

(1)[美]大卫·雷·格里芬:《后现代精神》,中央编译局出版社 1997 年版,第 15 页。

(2)[法]涂尔干:《社会分工论》，生活·读书·新知三联书店 2000 年版，第 92 页。

(3)王南湜:《从领域合一到领域分离》，山西教育出版社 1998 年版，第 162 页。

的市场主体开始不断形成。个人和企业能够自主地在市场中进行商品交换，社会分工逐渐由市场自发完成，经济领域的自主倾向相对明显。同时，由于经济领域的相对独立，个人能够相对自主地进行劳动和商品交换，家庭生活和私人活动空间不再受到“单位”的完全管控和压制，私人领域与公共领域也开始得以分离。在现代语境下，私人领域主要涉及人的自主活动空间（主要包括家庭生活以及经济领域），而公共领域主要指人的公共活动空间（主要包括政治领域和社会团体）。私人领域与公共领域的逐渐分离意味着个人逐渐获得了相对自主的空间，而这一空间也是个人能够追求个人利益的基础。从总体上看，虽然经济领域与政治领域开始逐渐分离，但由于政府主导型实践的特点，在这一时期，政治领域对经济领域的影响依然强大。

（二）社会活力增强

社会活力，是指在“一定自然—历史环境与条件下，社会系统的生存和发展的自主能力。或者说，是特定社会系统的内在结构及其运行方式所具有的自组织、自创生和自演化功能的发挥与实现”[1]。社会活力的强弱主要表现在社会的自组织、自创生与自演化的能力的大小，具体而言包括环境变化下的社会适应能力、追求高效率下的社会创造能力、调动积极因素下的社会整合能力、动荡变化下的社会修复能力以及历史发展下的社会演进能力等。从历史唯物主义观点看，社会活力的最终源泉是人的能力的实现和发挥。换言之，在任何一个具有良好活力的社会中，人的自主选择空间的扩大、人的能力得以充分发挥的平台的增多和人的全面发展的保障机制的完善，是一个具有良好活力的社会的主要特征。

随着市场机制的培育，中国改变了“统得过死”的传统计划经济体制，使得社会活力不断增强。市场机制之所以能够增强社会活力，其原因在于：首先，市场机制能够充分调动人的积极性，使人具有的能力得以充分发挥。市场机制从本质上说是一种利益机制，这种利益机制能够充分调动人们获取更多资源和改善生活的实践愿望，促进人们对合理利益的不懈追求，刺激人们的能动性和创造力。其次，市场机制能够促进人与人之间的合作，客观上促进社会秩序的形成。分工与专业化是市场机制的内在特征。社会整体上的分工不仅能够极大地提高生产效率，而且能够促进人与人之间的经济合作，打破传统以政治或等

（1）汪健：《社会活力论》，《文史哲》1993年第4期。

级为标准的交往模式，并且这种新型交往模式能够在正常的经济秩序下自我运转。再次，市场机制能够为人们提供更多的自主选择空间，促进主体性的不断生成。最后，市场机制内在的变动性使得社会系统的信息和能量交往的速率不断增强，大大增加了社会的整体活力。因此，在市场机制的影响下，中国整体的社会活力得以增强。这主要表现在：人们能够自主选择发挥自身能力的平台，越来越多的人开始选择自主创业，“下海经商”成为时尚的代名词；政府逐渐从经济领域撤出，中央也逐渐扩大地方的自主权，使得社会发展的各领域能够各司其职，社会系统能够得以不断演进；在市场机制的驱动下，新技术不断涌现、地方新的管理办法不断出台、地方社区组织不断完善，等等。

（三）人的现代化逐渐推进

从本质上看，中国特色社会主义实践实际上是使中国自身走上社会主义现代化道路的实践。现代化概念，是一个描述人类近期（尤其是15世纪以后）发展进程中，社会发生急剧转变的新范畴。对于它的本质和内涵，学术界一直存有争议。一般而言，“现代化”，是指人类社会从传统的农业社会向现代工业社会转变的历史过程，这一转变过程涉及经济系统的市场化、政治系统的民主化和法制化、文化系统的知识化和科学化、社会系统的都市化和福利化等。随着社会整体的现代化，人的自身状况也必然向现代化方向转变。美国学者英格尔斯把人的现代化特征概括为接受新观念、适应新变化、头脑开放、注重现在与未来、强调个人效能感、计划性强、知识化、具有可依赖性和信任感、重视专门技术、能乐于离开传统尊重的职业、相互理解和尊重、发挥才能等12个方面[1]，并认为现代化进程不仅仅是制度的现代化，更重要的是人的心理、思想、观念和行为的现代化。

在经过党和政府主导的改革实践之后，中国人的现代化发展趋向初露端倪，即人们开始重新认识自己，并对自身生活的改善充满期待，具体表现为：人们不再局限于传统的“唯斗”“唯上”和“唯书”的思维观念，而是开始运用理性对其进行反思。这种反思活动不仅表现在学术界上的百家争鸣，而且也表现在社会上各种思潮的不断撞击；人们开始适应社会发展的诸多变化，对现代生活和未来生活充满美好的憧憬，且不断追求生活质量的改善成为人们重要的实

（1）[美]阿历克斯·英格尔斯：《人的现代化——心理·思想·态度·行为》，四川人民出版社1985年版，第22页。

践动力；人们对生活安排的计划性要求不断提高，这主要表现在对时间观念的不断增强上，“时间就是生命”“时间就是金钱”的观念开始不断深入人心；对知识和文化的渴望成为这一时代人们的重要心理特征，利用业余时间“充电”成为人们生活的重要内容，把大学生称为“天之骄子”更是代表人们对知识的崇敬；人们开始具有自主创业的冲动和勇气，等等。

正是在经济领域和政治领域的渐进分工、社会活力的不断增强和人的现代化逐渐推进的支撑下，国家发展的整体活力得以显现出来。但同时我们也要看到，社会发展所带来的新问题也接踵而至。例如，传统权力运作机制与市场机制初步接轨所造成的腐败现象增多，市场机制不完善造成的经济秩序紊乱，利己主义心理与个人主义价值观兴起，贫富差距逐渐增大，等等。这也成为下一阶段实践所要考量的重要问题。

第三章　中国特色社会主义实践的“市场取向”形态

（1992 年后）

由于中国特色社会主义实践的有力推动，中国社会逐渐向前发展，进而“物的依赖”的生存状态、“市场化运行”的社会运行机制，以及效率优先的发展主题开始显现出来。这意味着市场的力量开始逐渐增强。同时，这也意味着中国特色社会主义实践的形态也将发生变化，即市场取向型实践就此出场，即“市场”因素将处于中国特色社会主义实践结构中的突出地位，发挥导向作用，而“政府”“思想”“人民”和“自然”将发挥辅助作用。以“市场”因素为导向的实践形态不仅为社会带来了具有积极意义的“快速发展”，同时也带来具有负面效应的“资本崇拜”。

一、市场取向型实践的依据

1992 年前后，市场机制在中国开始显露出蓬勃的生命力，主要表现在沿海开放城市的繁荣景象，尤其是深圳、珠海等地所展现出来的惊人的发展速度和现代化的独特魅力。这也意味着一种新的社会发展状态开始逐渐显露。具体而言，这种发展状态主要表现在：从人的生存状态看，人开始逐渐对技术、货币和资本产生依赖，即“物的依赖”的生存状态开始显露；从社会运行机制看，市场机制的力量开始逐步影响整体的社会运行机制，即市场化的社会运行机制开始逐步显露端倪；从发展主题看，这时我国社会面临的主要问题是如何提升发展效率，故而，效率优先的发展主题也逐步显现出来。这意味着“市场”因素在社会结构中的力量开始增强。这种发展状态也成为中国特色社会主义实践形态选择的主要依据。

（一）生存状态：“物的依赖”出场

“物的依赖”生存方式，是指在市场机制条件下，人们的生存状态逐渐被技术（机器和分工）、资本和货币所统治，人们的劳动和交往逐渐呈现“异化”状态。马克思曾认为，劳动异化是资本主义社会的本质特征。而西方马克思主义者正是在此基础上，进一步提出“物化”理论（卢卡奇）、技术的异化（马尔库塞）、自我与世界的疏离（弗洛姆）等理论展开对资本主义社会的批判。虽然不同学者对异化形式的概括有所不同，但各种理论的核心思想却是一致的：在资本主义社会，人被“物”所统治。从人的发展状况来看，这种生存方式相对于“人的依赖”而言是一种进步，其原因在于人能够具有相对独立的生存空间。但同时，这种状态也意味着人们将会受到“物”的控制。之所以资本主义社会能够使人出现“物的依赖”的生存状态，其原因在于市场机制的内在作用，这表现在两个方面：一是市场的运作逻辑逐渐破除了传统的“人的依赖”状态，使劳动者能够从传统的共同体中解脱出来，逐渐获得相对独立的发展空间。正如波兰尼所说，市场机制将会使契约自由原则得以推行，“这意味着非契约关系，诸如亲属关系、邻里关系、同业关系和信仰关系等都将被消灭掉，因为这些关系要求个体的忠诚并因而限制了他的自由”[(1)]。二是市场机制能够极大激发人们对利益的诉求，并使人们按照资本的需要而行动。可以说，市场逻辑是“物的依赖”生存状态的主要依据。因此，在逐渐引入市场机制之后，中国人的生存状态也将出现“物的依赖”的状态。值得注意的是，市场逻辑虽然对人的生存状态产生影响，但并没有触动我国的社会主义性质，换句话说，市场逻辑依然是在中国特色社会主义制度的框架内发挥作用的。而从 1992 年前后中国人生存状态的种种迹象来看，这种状态开始逐渐登场。

依赖技术。随着市场机制的不断发展，效率原则逐渐成为社会生产的首要原则。在追求效率的驱动下，中国的经济生产领域逐渐开始引入和发展新技术，这种技术不仅包括生产技术（机器设备），而且包括管理技术（精细分工）。在改革开放以前，中国引进技术的方式主要是利用资金来购买先进技术，即“以资金换技术”，这种方式所造成的结果是企业往往侧重于机器设备等硬件条件，而忽略了管理技术。随着改革开放程度的不断加深，在 20 世纪 80 年代中后期，“以市场换技术”的政策逐渐推广起来。所谓“市场换技术”，主要是指向国外企业开放部分国内市场，吸引外商投资并获得先进技术。正是在这种政策的推

(1)［英］卡尔·波兰尼：《大转型：我们时代的政治与经济起源》，浙江人民出版社 2007 年版，第 140 页。

广下，先进生产技术和管理技术得以不断引进和提高，极大增进了生产力的发展。在1992年前后，中国各产业领域的技术水平得到较大程度的提高：在农业方面，截至1991年年底，全国农业机耕面积达到75285.6万亩，农业机械总动力达到29338.6万千瓦，是1978年总动力的2.49倍；在工业方面，全国工业生产率比1978年增长2.3倍。而先进管理方式的引进和发展也极大地刺激了社会发展的活力。在改革开放以后，中国经过50—70年代的经济发展，在工业分工方面已经基本达到产品分工层次，随着市场机制的不断推进，分工层次又再次得以精致化和精细化。总体上说，随着技术应用于生产的趋势不断增强，社会劳动生产率得以不断提高。技术应用层次的不断提高，一方面能够促进生产力的不断发展，另一方面也使人不断依赖于技术和机械化分工，即人依附于技术和机器所给定的位置，人的行动由机器的需要加以确定。这种依赖使得人对实用化技术倍加推崇，而对社会发展的人文关怀不断减弱，即工具理性的不断增强和价值理性的不断削弱；这种依赖使人的发展逐渐趋于单一化，而缺少全面化，即人的整体性不断破碎；这种依赖使人坚信技术的发展，而缺少反思性的批判精神，即人成为“单向度的人”(1)；这种依赖使人盲目相信自身，而对资源和环境进行无限制的破坏。这些情况在1992年之后的中国大地上已经初现端倪。

依赖货币。在改革开放以前，由于计划经济体制的影响，产品并不能得到充分的买卖，人们必须凭借各种票据（粮票、油票等）才能获得相应的产品，而住房等固定资产则由单位根据工作年限予以分配，因此，从某种意义上讲，人们对货币的追求并不强烈，进而人们之间的内在交往并不是依靠金钱，而是依靠血缘、学缘和地缘进行直接交往。改革开放以后，随着市场机制的不断引入，国家逐步取消日用工业品的凭票供应，这意味着大部分日用产品能够自由而广泛地得到买卖。同时，这也意味着货币逐渐成为一些人追求的对象。在1992年前后，这种依赖货币的生存方式初露端倪。在当时，炒股热浪席卷全国。1992年5月21日沪市一日涨105%，越来越多的人相信一夜暴富，人们疯狂地涌入股市。(2) 同时人们纷纷从各个行业领域退出，集体加入商业大潮。“据不

(1)［美］赫伯特·马尔库塞：《单向度的人：发达工业社会意识形态研究》，上海译文出版社2008年版，第6页。

(2)李庆山：《新中国百姓生活60年》下册，人民出版社2009年版，第590页。

完全统计，仅 1992 年全国就有 700 万官员弃官从商"[1]。这种涌向经济领域的"疯狂"现象，充分表明了金钱对人的"诱惑力"。这也预示着货币将会主导人们的生活，使人们的生存和交往被货币的阴霾所笼罩。齐美尔认为，现代社会的事物都在货币面前被拉平，即"货币挖空了事物的核心，挖空了事物的特性、特有的价值和特点，毫无挽回的余地"[2]。同时，货币的这种特性也使人的个性被遮蔽了。

依赖资本。随着市场机制的不断发展，资本不断吸引人力资源向其流动，并把它们纳入资本的逻辑之中，故而，"物的依赖"现象得以产生。随着市场机制的发展，1992 年前后，"依赖资本"的现象逐渐显现出来。首先，开办公司热潮席卷全国。1992 年，上海工商局连续半年每个月发放 2000 多个个体营运执照和 150 多个私营企业执照。同时，北京市私人开办的公司也以每个月 2000 家的速度不断增加。[3] 其次，人才的自主择业趋向明显。自 1988 年国家把海南划定为经济特区伊始，20 世纪中国最恢弘的"人才迁徙运动"逐渐拉开大幕。[4] 而在 1992 年前后，人才的跨专业流动、跨地区流动和跨行业流动趋势愈发明显。在这一年，中国出现了许多辞官下海者，又一次"下海潮"出现。[5] 从本质上说，这些自主择业者都是受到资本的"诱惑"，进而想要获得最大的利益。

概言之，在这一时期，市场机制已经逐渐显现出它的强大力量。因此，因势利导地鼓励市场经济的发展成为中国改革的必然之路。

（二）社会运行机制："市场化运行"初显

卢卡奇认为："一个商品形式占支配地位、对所有生活形式都有决定性影

(1) 李友梅:《中国社会生活的变迁》，中国大百科全书出版社 2008 年版，第 201 页。

(2) [德]G. 齐美尔：《大城市与精神生活》，《桥与门——齐美尔随笔集》，上海三联书店 1991 年版，第 265 ~ 266 页。

(3) 李友梅:《中国社会生活的变迁》，中国大百科全书出版社 2008 年版，第 201 页。

(4) 顾亚奇，常仕本，章晓宇：《伟大的历程：中国改革开放 30 年》，中信出版社 2008 年版，第 104 页。

(5) 顾亚奇，常仕本，章晓宇：《伟大的历程：中国改革开放 30 年》，中信出版社 2008 年版，第 104 页。

响的社会和一个商品形式只是短暂出现的社会之间的区别是一种质的区别。”(1)而这种区别主要在于：在商品形式占支配地位的社会中，“商品形式必须渗透到社会生活的所有方面，并按照自己的形象来改造这些方面”(2)。虽然在这里，卢卡奇主要是对资本主义社会的运行方式进行描述，但同时，这种描述也内在揭示了市场运行机制占主导的社会运行的主要特点。换言之，在市场机制处于支配地位的社会中，社会整体的运转机制将会主要呈现市场化的特征。市场化社会运行机制，是指社会在运转过程中，市场逻辑逐渐影响社会整合机制、社会驱动机制、社会激励机制、社会管理机制和社会保障机制。在此社会中，整个社会的运转主要受市场机制影响，人们的行为也逐渐以利益为取向。这意味着，虽然人们逐渐摆脱了机械、僵化的团结形式，但社会的内在矛盾和冲突也逐渐增多起来。

随着我国引入市场机制，在经济领域，市场机制逐渐开始在社会主义公有制的框架内显现出自己的力量。这具体表现为：个人开始逐步突破单位的束缚，追求个人利益。这就使一些人（如早期企业家）能够通过寻找和抓住商机，进而获得大量财富。而另一些人（如打工者、小商贩）能够通过参与市场机制，而实现追求个人利益的愿望；企业开始逐步按照市场逻辑的要求，不断追求效益最大化。这就使一些企业能够通过引入竞争机制（如马胜利对石家庄造纸厂实行的改革），而重新焕发活力。概言之，市场机制的力量在经济领域逐步显现出来。

但值得注意的是，市场机制的力量并“不甘心”局限于经济领域，而是要对社会整体的运行机制产生影响。这意味着市场化的社会运行机制在1992年前后已开始初露端倪。值得注意的是，在我国，社会的市场化运行并不意味着中国社会主义性质的改变，其原因在于，我国依然保持生产资料的社会主义公有制以及党和政府对中国特色社会主义实践方向的把握。

在社会整合机制方面，传统的自上而下的社会整合机制逐渐被市场的社会整合力量所突破。市场主要通过雇佣的方式，按照市场的契约性要求把人们整合起来，以符合市场发展和资本良性运转的需要。有学者把这种整合称为契约

(1)[匈]卢卡奇：《历史与阶级意识——关于马克思主义辩证法的研究》，商务印书馆1999年版，第147页。

(2)[匈]卢卡奇：《历史与阶级意识——关于马克思主义辩证法的研究》，商务印书馆1999年版，第148页。

性整合[1]。在1992年前后，这种整合机制在沿海开放地区表现得最为明显。各种企业逐渐成为单纯的经济实体，而其中的员工都是以雇佣的方式被整合到企业之中，“打工者”与“老板”的角色定位就是契约式整合的主要表现形式。

在社会驱动机制方面，随着政府逐渐放开部分经济权力，个人和企业能够成为相对独立的经济主体。这意味着资本驱动模式逐渐显露端倪，社会逐渐开始在资本获利的驱动下进行运转；社会资源能够按照资本的内在要求得到最合理的配置；企业和个人能够根据自身的利益而选择从事不同的职业，完成市场所要求的任务。随着资本驱动模式的逐渐显露，整个社会的活力逐渐显现出来。

在社会激励机制方面，传统的以精神激励机制为主的模式逐渐开始向以物质奖励机制为主的模式转变，其主要表现为企业中的奖金制度。20世纪80年代中期，随着市场机制的不断发展，企业中的奖金制度风靡一时。这充分体现了社会激励机制的转变，极大地刺激了人们的生产积极性。但由于监管不力等因素的影响，滥发奖金的现象也随之而起，这对我国的社会主义现代化建设造成了负面影响。因此，国家曾经对滥发奖金的行为予以制止。这种限制行为在客观上使得物质奖励方式逐渐规范化，在客观上促进了激励机制的合理转变。

在社会管理机制方面，受到市场机制运行的影响，传统的自上而下的行政化管理模式开始弱化，相对灵活的社区管理模式逐渐萌芽。由于政治领域与经济领域的分工，单位成员逐渐脱离传统体制，这就使通过单位推行行政化命令的管理方式，逐渐失去了其发挥效力的土壤。社会管理的职能逐渐向社会回归，即人们的社会角色从“单位人”向“社会人”逐渐转变。这种社会管理模式是市场机制的内在要求。资本的不断增值需要经济主体能够具有相对自主性，而相对灵活的社会管理模式能够保证管理效率的同时，使整个社会发展具有一定的活力，符合资本和市场运行的方式。

在社会保障机制方面，经过改革开放以来的社会建设实践，在1992年前后，中国的社会保障制度逐渐从单一主体（政府）的保障体系向多元主体（政府、企业和社会）的保障体系过渡。新的社会保障体系不仅扩大了社会保障的范围，而且减少了政府的财政负担，提升了社会保障的整体水平，为市场机制的发展提供了内在基础。

（1）孙立平：《转型与断裂：改革以来中国社会结构变迁》，清华大学出版社2004年版，第11页。

故而，市场化的社会运行机制开始在这一时期逐渐显现出来。一方面，这种社会运行机制能够提升社会活力，而另一方面，市场化的社会运行机制也会使利益至上等观念逐步扩散开来。

（三）发展主题：效率优先

首先，市场机制的内在发展需要提升效率。市场机制从实质上讲是一种效率机制，即通过市场信号把资源分配到适当的位置，以实现用较小成本换取最大利润的目标。在 1992 年前后，由于中国改革开放历经十多个年头，故而市场机制也得到一定程度的发展。但同时，我们可以看到，由于政府腐败现象增多、社会管理模式不健全和国有企业的管理落后等问题，中国的资源并没有完全按照市场机制的要求得到充分利用，即中国的资源利用率依然相对较低，这也导致中国整体的生产效率并不高。生产效率的低下直接影响到国家、企业和个人所得收益的减少，进而影响投资主体的热情以及人们生产的积极性，最终影响市场机制的进一步发展。因此，提升效率以促进市场经济的不断发展，成为当时中国特色社会主义实践所面临的主题。

其次，人民不断增长的物质文化诉求需要提升效率。随着市场机制的迅速发展，人民的物质生活水平不断得到提高。在 1990 年，中国人民总体上达到温饱水平。在物质需求得到基本满足的前提下，人们的需求逐渐丰富且不断多样化起来。相比之下，中国整体的生产效率却显得相对低下，物质和精神产品远远不能满足人们的需求。因此，提高生产的整体效率，也是广大人民群众的内在诉求。

再次，世界形势的风起云涌需要提升效率。1992 年前后，世界局势风起云涌。随着苏联解体和东欧剧变所引起的连锁反应的不断增大，西方国家对中国的态度逐渐强硬起来，甚至在政治、军事、经济、文化等各个方面对中国进行威胁，企图把社会主义阵营从世界上消除。在这种情况下，中国不能放缓发展的脚步，急需提升生产效率，逐步赶上世界的整体发展水平。

1992 年前后，中国整体的发展状态逐渐发生变化，其原因在于市场机制的内在发展。因此，中国需要根据现实状况，调整中国特色社会主义实践形态，使之一方面能够借用市场因素的力量，以推进社会发展，而另一方面也能在一定程度上消除市场机制所带来的负面影响。

二、市场取向型实践的主要内涵

市场取向型实践，是指“市场”要素在实践结构中处于突出地位，发挥着重要的导向作用。这就意味着，在这一时期，中国特色社会主义实践的“市场取向”特征表现得相对明显。市场取向型实践的选择有着重要的社会发展背景：“物的依赖”生存方式的显现，预示着社会的进一步发展，而传统的生存方式却在某种程度上阻碍其进一步发展，这需要按照市场要求促进市场机制的良好运行；“市场化”的社会运行机制代表着一种新的运行状态，这种运行状态能在一定程度上提升社会活力，有利于社会的良性发展。这就需要选择有利于市场机制健康发展的实践形态；效率优先的发展主题更需要市场机制的不断发展和完善。因此，选择市场取向型实践，是这一时期中国特色社会主义发展的必由之路。这种实践形态主要表现为：在宏观战略上，国家采取具有“市场取向”特征的发展策略；在具体实践措施中，各方面建设都受到市场机制的影响。

（一）“复兴战略”的调整：“市场取向”

20 世纪 80 年代，由于国内和国际上多种因素的共同作用，中国社会整体发展呈现极大的波动态势。因此，党和政府果断地做出了调整的决定。这实际上是在某种程度上暂缓了经济改革的步伐。经过了三年的调整，中国的经济社会发展整体上呈现平稳态势，市场机制的发展也逐渐步入正轨，这为继续改革提供了必要的前提和契机。同时，这也意味着原有的发展战略需要进行调整，以适应新形势的发展。这种调整的关键在于，按照市场发展的要求进行战略设定，使市场成为该战略的主题，这就是具有“市场取向”特征的“复兴战略”。它主要体现在实践思维、实践目标、实践原则、实践路径和实践标准方面。

第一，从实践思维角度看，这一时期的实践思维侧重于“质”思维和“量”思维的统一。这是保证国家经济迅速发展的思维基础。所谓“质”思维，是指侧重于事物发展的品质，而“量”思维，是指侧重于事物发展的数量。如果说，灵活性和原则性统一的思维侧重于解决实践的发展方式问题，那么“质”和“量”统一的思维则侧重于解决实践进行的效果问题。由于在改革开放初期，中国首先需要解决的是中国特色社会主义实践的形态问题，即如何突破传统的实践模式以实现改革，因此，对于实践的效果问题较少考虑，致使这一时期的中国特色社会主义实践主要偏重于速度，进而直接造成了许多重复建设、资源的浪费以及对环境的过度破坏等问题。这些问题在一定程度上阻碍了市场机制的健康运行：没有完全实现资源的优化配置。经过十几年的改革开放，中国的市场机制逐渐步入正轨，其内在具有的统一、有序、竞争和开放特征逐渐显露出来。这意味着直接关系到未来改革开放成败的效果问题，突出地摆在人们的眼前。

解决这一问题的主要途径，就是按照市场的内在要求，实现“量”思维与“质”思维的统一，体现了“市场取向”特征。在1992年，党和国家明确作出要“把握有利时机，加快改革开放和现代化建设步伐”[1]的重要决定，同时党和国家又明确指出“有条件能搞快一些的就快一些，只要是质量高、效益好、适应国内外市场需求变化的，就应当鼓励发展”[2]；1993年中共中央做出了调整“八五”计划若干指标的建议，其中明确提出要加快经济发展速度，把原定的国民经济平均增长速度从6%拟调整到8%～9%；1995年，国家又把“经济增长方式从粗放型向集约型转变”作为“两个根本性转变”之一明确提出来。这些决定的提出充分体现了国家既重质量又重速度的思维模式。

第二，从实践目标角度看，这一时期的实践目标是小康。小康目标是邓小平对中国实现社会主义现代化建设所设想的“三步走”战略中的第二阶段的目标。这一目标不仅指人民收入水平的提高，而且包括精神生活的充实、居住环境的改善和健康程度的提高等多个方面。在1991年，国家统计局等12个部门的研究人员曾经以量化的方式系统解读了小康社会，即确定了包括收入、居住、食品、道路、寿命和生态等16个方面“小康社会”的临界值。[3]在实现“温饱”目标之后，进而实现“小康”是中国社会主义实践的必然趋向，同时也内含着对市场机制的肯定。在2000年，中国人民生活总体上达到了小康水平，这从实践上证明了市场经济改革方向的正确性。

第三，从实践原则角度看，这一时期的实践原则是效率优先。所谓效率优先原则，是指以追求效率为出发点，运用最少的资源取得最为合理的效果。效率优先原则是市场经济发展的内在要求，体现了“市场取向”特征。随着市场机制的不断发展，市场在资源配置中的作用逐渐增大起来。而市场的资源配置作用，实际上是资本寻求最大利润的运行逻辑的外在显现。资本寻求最大利润，本质上就是效率的最优实现。因而在这一阶段，中国特色社会主义实践要秉承市场运转的内在规则，以促进社会的整体进步。效率优先原则首先表现在中国特色社会主义实践要处理好改革、发展和稳定之间的关系。1994年的《政府工

(1)中共中央文献研究室:《十四大以来重要文献选编》上，人民出版社1996年版，第2页。

(2)中共中央文献研究室:《十四大以来重要文献选编》上，人民出版社1996年版，第17页。

(3)袁秉达:《中国特色社会主义实践形态探索》,东方出版中心2011年版,第103页。

作报告》明确指出：“改革开放是推动发展的动力，发展与改革是社会稳定和国家长治久安的基础，而保持社会稳定则是发展经济和顺利进行改革的必不可少的条件。”[1]在市场经济条件下，保持社会秩序的良好运行是资本能够在各个地区、各个部门自由流动的重要基础。坚持改革就是使市场在资源配置中起基础作用，鼓励资本的良性流动，借以实现资源利用的最大化，而实现发展，就是要利用资本和市场的作用实现社会主义现代化。可以说，处理好改革、发展和稳定三者之间的关系是社会主义市场经济的内在要求，也是效率优先原则的重要体现。其次，效率优先原则还表现在整体推进和重点突破上。效率优先不等于速度至上。因此，应在重点突破的基础上实现社会发展的整体推进，使微观和宏观、城市和乡村以及对内和对外之间的关系得以统筹，真正实现市场效益的最优化。

第四，从实践布局角度看，这一时期实践的总体布局是政治文明建设、精神文明建设和物质文明建设“三位一体”的总体布局。中国特色社会主义政治文明的核心是实现中国特色社会主义民主制度，其关键在于实现党的领导、人民当家作主和依法治国的统一。随着市场经济的不断发展，政治体制改革以及政治文明建设的迫切要求也逐渐增强，而传统的“两手抓”的布局使政治制度的维度不能很好地体现出来，这就需要对中国特色社会主义实践的战略布局加以调整，体现了“市场取向”特征。党的十五大报告提出：“经济体制改革要有新的突破，政治体制改革要继续深入，精神文明建设要切实加强。”[2]这实质上是对“三位一体”布局的重要表述。2002年，江泽民同志明确提出“政治文明”概念，即“建设社会主义政治文明，是社会主义现代化建设的重要目标”[3]。正是在物质文明、政治文明和精神文明的统一中，中国特色社会主义实践才能得以不断推进。

第五，从实践标准角度看，这一时期的“三个有利于”实践标准正式确立起来。在1992年邓小平的南行讲话中，“三个有利于”标准被完整地表述出来，

(1) 中共中央文献研究室：《十四大以来重要文献选编》上，人民出版社1996年版，第719页。

(2) 中共中央文献研究室：《十五大以来重要文献选编》上，人民出版社2000年版，第2页。

(3) 中共中央文献研究室：《十五大以来重要文献选编》下，人民出版社2003年版，第2416页。

并在党的十四大报告中正式确立为中国特色社会主义实践的内在标准。“三个有利于”标准不仅是对生产力标准的深化和发展，而且是对中国特色社会主义本质的深刻揭示，同时也是对社会主义市场经济的肯定，体现了“市场取向”特征。“是否有利于发展社会主义社会的生产力”，是在社会主义的本质层面对市场经济所带来的生产力提高的肯定；“是否有利于增强社会主义国家的综合国力”，是从国家发展层面对市场经济发展的支撑与阐发；“是否有利于提高人民的生活水平”，是从社会主义的内涵上对市场经济发展的支持与强调。“三个有利于”标准是建立在邓小平对南方市场经济比较发达地区考察的基础之上的一个科学论断，它不仅是在理论上对市场经济的发展的肯定，而且从根本上平息了社会主义市场经济的可行性的争论，为中国市场经济改革和市场机制的健康发展奠定了坚实的理论基础。

在这一时期，中国所进行的宏观战略调整无不体现着市场机制发展的要求，充分体现了具有“市场取向”的“赶超战略”的内涵和精髓。

（二）市场取向型实践的逻辑

市场取向型实践的逻辑，是指“市场”因素在中国特色社会主义实践中处于突出地位，同时，“政府”“思想”“人民”和“自然”也发挥辅助作用，使“市场”因素的作用得到更好的发挥。这主要表现在：各个方面的建设都呈现出“市场取向”的趋向。

1. 政治建设：服务市场经济发展

在这一时期，党和政府的建设按照市场经济发展的内在要求进行。政治建设，一方面是要保证市场经济的平稳运行，而另一方面也要保证市场经济发展的政治方向，这既体现了“市场”因素的导向作用，又体现了“政府”因素的辅助作用。这意味着，维护党的团结和推进政府职能转换成为此时政治领域中的核心问题。

（1）维护党的团结

中国共产党是社会主义建设的领导核心，也是社会主义市场经济顺利发展的政治保障。这种保障主要表现在三个方面：首先，党通过政治路线、思想路线和组织路线的制定为市场经济提供保障。遵循正确的路线是中国特色社会主义实践获得成功的关键。正是由于十一届三中全会实现了拨乱反正，确立以经济建设为中心的发展路线，中国特色社会主义才得以顺利发展。而在市场经济迅猛发展的情势下，也只有坚持党的路线才能推进改革开放的顺利进行。其次，党通过营造稳定的政治局面为市场经济的迅速发展提供保障。在社会转型、利益冲突加剧和价值观不断撞击的情境下，只有作为一个强有力的政治核心的中国共产党才能协调社会诸多利益冲突和协调利益矛盾，以保持社会稳定。再次，党能够团结广大人民群众为中国市场经济的迅速发展提供重要保证。党通过自身的凝聚力，团结和调动广大人民群众为中国特色社会主义建设和市场经济的发展贡献自己的力量。而党要在市场经济条件下发挥重要作用，关键在于党的自身建设。党的建设在每一个时期都有着特定目标。党的十四大报告明确指出：“党的团结是党的生命。在加快改革开放和现代化建设的关键时期，尤其需要全党同志在基本路线的基础上加强团结。”(1) 党的十五大报告也明确指出：“团结就是大局，团结就是力量。”(2) 可见，维护党的团结成为这一时期党的建设的重点。党的团结不仅指党内的团结，同时也涉及党和群众的团结。而这一时期维护党的团结主要是依靠组织建设和作风建设予以实现。维护党的团结成为这一时期党建的目标是市场经济的发展所要求的。

第一，市场经济所引起的社会转型需要党不断增强思想建设，以实现党的团结，进而为市场经济提供政治保障。市场经济能够极大促进资源的优化配置，释放压抑在传统体制下人们的创造力，不断促进社会转型。这种转型不仅涉及各种体制的转换，而且涉及社会结构、利益和观念等多方面的变化。这些变化使国家的发展面临诸多新情况和新问题。因此，作为执政党的中国共产党必须加强自身建设，以适应中国发展的新情况，较好地完成自身承担的历史使命。在新时期下，由于诸多新情况的出现，有些党员干部难以适应这种新变化，以至于对中国发展道路和方向提出质疑，这种情况使党的凝聚力有所减弱。因此，在这一时期，党的建设首先要维护自身的团结，以保证党具有凝聚力，进而领导国家实现健康发展。运用不断发展的马克思主义理论武装全党，是党的思想建设的关键，同时也是维护党内团结的重要途径。1997 年中共十五大报告强调，要坚定不移地运用邓小平理论来武装全党，并使党内形成中国发展道路的共识；2000 年江泽民提出“三个代表”重要思想，明确提出新时期下党的建设的基本原则，为党的团结统一提供了理论支撑。

---

(1) 中共中央文献研究室：《十四大以来重要文献选编》上，人民出版社 1996 年版，第 44 页。

(2) 中共中央文献研究室：《十五大以来重要文献选编》上，人民出版社 2000 年版，第 51 页。

第二，市场经济的竞争性和自主性，需要党不断增强组织建设以维护党的团结，进而为市场经济提供政治保障。市场经济的竞争性和自主性使资本能够自由流动以寻求最大利益，这也使各个经济主体所获得的利益呈现不均衡态势。这种利益之间的不均衡势必造成经济主体、经济部门和经济地区之间的利益差异、利益矛盾和利益冲突。不同的利益冲突直接影响着党中央与地方党组织、各个地方党组织之间以及党员个人与党组织之间的关系。这致使许多地方和部门对中央政策执行的分量不够，“甚至有令不行，有禁不止”[(1)]。而有些地方不顾党员个人的意愿，实行专断行为。同时，市场经济的发展使新增加的经济组织和企业组织不断增多，也使劳动力的自由流动频繁。这就造成了传统党员的管理方式不能适应现实的需要，急需进行转换。市场经济的竞争性和自主性使得社会系统的活力不断增加，进而使许多新事物和新问题不断涌现。这要求党员的素质尤其是领导干部的素质不断提高，以适应市场经济的不断发展。因此，在 1994 年，党中央明确指出：“当前，在全面贯彻落实中央关于思想建设和作风建设部署的同时加强党的组织建设已经成为突出的环节。”[(2)]并且中央明确提出解决组织建设的三个主要方面：坚持和健全民主集中制、巩固和加强党的基层组织建设以及选拔和培养党的年轻干部。坚持和健全民主集中制是为了从制度角度保证在党的统一领导下发挥地方的积极性，实现中央和地方的统一；巩固和加强党的基层组织建设，是为了团结和带领群众进行改革和建设，加强党和群众的血脉联系；培养和选拔德才兼备的领导干部，是为了全面提升党的素质，以适应新形势下党所遇到的挑战。三者相辅相成，共同实现维护党的团结之目的。

第三，市场经济的趋利性和开放性，需要党不断加强作风建设，以实现党的团结，进而为市场经济提供政治保障。市场经济的趋利性使一些人在思想观念上逐渐形成个人至上、利益本位和金钱万能等观念。而市场经济的开放性又使西方的自由主义、虚无主义等观念进入中国。这些观念逐渐深入党内，不断侵蚀着党的机体，造成许多不利于党的团结的现象。如许多党员利用手中的权力进行寻租活动，致使腐败滋生；有些党员置集体利益于不顾，把个人利益作

(1) 中共中央文献研究室：《十四大以来重要文献选编》中，人民出版社 1997 年版，第 960 页。

(2) 中共中央文献研究室：《十四大以来重要文献选编》中，人民出版社 1997 年版，第 958 页。

为其一切行动的出发点和落脚点；有些党员奉行享乐主义、消极懈怠，等等。这些现象不仅败坏了党的形象，而且使党的凝聚力逐渐减弱，进而使党的团结受到挑战。因此，在2001年，党中央出台的《中共中央关于加强和改进党的作风建设的决定》明确提出了增强和改进党的作风建设的总体要求：“坚持党要管党、从严治党，以进一步密切党同人民群众的联系为核心，以保持党的先进性、纯洁性和增强党的创造力、凝聚力、战斗力为目标，发扬优良传统，加强思想教育，推进制度建设，解决突出问题，努力把党的作风建设提高到一个新的水平。”(1) 在这一总体要求的指导下，中央把整顿生活作风、工作作风、领导作风、思想作风和学风作为这一阶段建设的重点，强调努力提升党的作风，加强党同人民的血肉联系，进而维护党的团结。

（2）转换职能

转换政府职能是市场经济的内在要求，也是上层建筑适应市场经济发展的必然趋势。在传统计划经济体制下，由于政府职能的“无限性”，政府对经济和社会统得过死，企业和个人也没有形成独立的经济主体，致使供需关系等信号传递缓慢，进而使得资源不能得到合理配置。而在市场经济条件下，为了适应逐渐形成的企业和个人的经济主体地位，并且为了克服市场的内在弊端，政府也应当从“无限政府”向“有限政府”转变，即对政府职能进行重新界定。这种界定不仅有利于市场经济的发展，而且有利于政府宏观调控能力的提升，进而逐步消除市场经济发展所带来的负面影响。因此，党的十四大报告明确指出，政府职能要实现转变，而“转变的根本途径是政企分开”(2)。政企分开一直是我国行政体制改革的重点之一。在改革开放初期，培养市场主体的主要途径就是政府逐渐放权让利，这使我国企业充满了活力。然而，相对于非国有企业而言，我国国有企业的改革进展却相对缓慢。其原因在于：市场经济条件下政府职能没有清晰界定。因此，通过政企分开以实现政府角色的重新定位，是这一阶段政府职能转换的关键。

在我国市场经济条件下，相对于企业而言，政府的角色主要包括：一是相对于企业的微观经济主体而言，政府是宏观经济调控的执行者；二是相对于企

(1) 中共中央文献研究室：《十五大以来重要文献选编》下，人民出版社2003年版，第1997页。

(2) 中共中央文献研究室：《十四大以来重要文献选编》上，人民出版社1996年版，第22页。

业的社会组织角色而言，政府是社会管理者；三是在国有企业中，相对于企业的经营角色而言，政府是国有资产的投资者；四是在国有企业中，相对于企业的下级行政角色而言，政府是上级行政角色。这就意味着，对国有企业而言，政府的角色涉及政治行政系统、经济调控系统、经济产权系统和社会管理系统四个方面。在中国改革之初，政府通过放权让利的形式主要从微观经济领域退出，即对企业的经营权方面予以放宽，这种做法对非国有企业而言产生了重大作用，促进了经济主体的生成，但对于有着诸多限制的国有企业而言则收效甚微。因此，要弄清政企分开的真正含义，就需要对几种关系加以考量。政企分开针对不同的主体而言有着不同的含义：针对非国有企业而言，政府的角色主要是宏观调控的执行者和社会的管理者；而针对国有企业而言，政府除了具有上面两种角色以外，还包括产权所有者和行政上级。因此，政企分开就包含以下几个方面：在经济产权系统中，政府的终极所有权与企业的法人所有权分开；在经济调控系统中，政府的宏观调控职能与企业的微观经济运行职能分开；在政治行政系统中，政府的行政系统与企业的行政系统分开；在社会管理系统中，政府的社会管理职能与企业的管理职能分开。政企分开是一个庞大的系统工程。在这一时期，转变政府职能的关键是完善政府的宏观调控职能。正是围绕这一目的，党和政府制定了一系列政策：

第一，按照市场平等原则，明晰政府产权，以完善国有企业的市场主体地位。对国有企业而言，明晰政府产权是实现政企分开的关键。政府作为国有资产的出资人，享有最终所有权；企业作为独立的经济主体，享有法人所有权，而经营权则由企业自主管理。这样划分就把政府的角色定位为“大股东”，政府和企业之间关系为经济关系。现代企业制度的确立就是实现这一目标的关键。也只有在明晰产权的前提下，政府的宏观调控职能才能真正得以发挥。

第二，明确政府的宏观调控职能，以防止“市场失灵”。党的十四大报告明确指出：“政府的职能主要是统筹规划，掌握政策，信息引导，组织协调，提供服务和检查监督。”[1]这就是把政府的职能主要限定在宏观调控领域，其主要目的是避免市场所具有的弊端，而把企业的权力充分下放给企业。在资本主义于世界发轫之时，人们普遍相信市场作为“看不见的手”具有无限的魅力，

(1) 中共中央文献研究室：《十四大以来重要文献选编》上，人民出版社 1996 年版，第 22 页。

而政府的出现只是为了“保护他们的财产”[1]，即政府不过是市场的“守夜人”。这种思想被资本主义定期的经济危机逐渐打破。自凯恩斯理论出现之后，人们逐渐开始认识到政府调控的重要性。政府的宏观调控职能在社会主义市场经济条件下表现得更为充分，其原因在于以公有制为主体的经济制度能够赋予政府强有力的调控手段。也正是在这种强有力的调控下，市场经济才能在中国迅速发展起来。在这一阶段，政府通过强大的宏观调控，不仅有效抑制了1992—1993年的“经济过热”，同时又有效缓解了1997年中国遭遇的“内需不足”，这充分证明了明确政府宏观调控职能的必要性。

第三，按照市场效率原则，推行机构精简以实现政府宏观调控的效能。政府职能从以前的“大包大揽”向宏观调控转变，意味着传统计划体制下的机构设置不仅不能满足市场要求，而且烦琐的审批程序、叠加的人事关系等问题也阻碍市场经济条件下企业的正常运转。因此，十四大报告指出：“机构改革，精兵简政，是政治体制改革的紧迫任务，也是深化经济改革、建立市场经济体制和加快现代化建设的重要条件。”[2]党的十五大报告也明确提出：“根据精简、统一、效能的原则进行结构改革，建立办事高效、运转协调、行为规范的行政管理体系。”[3]

第四，按照市场利益原则，推行民主法制以保障政府职能的实现。政府职能的重新明晰需要以法规的形式予以保障，这就需要国家健全相关的法律法规以确保政府能够依法行政。而政府职能的明晰也需要人民群众的广泛监督，这就需要保障政府与人民群众之间沟通渠道的顺畅。故而，健全社会主义民主制度，完善民主监督，维护社会稳定，能够使人民群众与政府之间保持一种良好的沟通环境，也能使政府职能得以完善。

十五大报告明确提出的“发展民主，加强法制，实行政企分开、精简机构，完善民主监督制度，维护安定团结”[4]是这一时期政治体制改革的重点。而政

(1)[英]洛克：《政府论》下篇，人民出版社1964年版，第77页。

(2)中共中央文献研究室：《十四大以来重要文献选编》上，人民出版社1996年版，第29～30页。

(3)中共中央文献研究室：《十四大以来重要文献选编》上，人民出版社1996年版，第33页。

(4)中共中央文献研究室：《十五大以来重要文献选编》上，人民出版社2000年版，第31页。

企分开又是重中之重。政企分开是转变政府职能的途径，而政府职能的转换是市场经济的内在要求。故而，市场经济的内在发展与政治体制改革之间的关联性也明晰起来。

2. 经济建设：确立市场经济地位

在邓小平“南方讲话”之后（明确了社会主义的本质、市场与计划都是发展的手段以及“三个有利于”标准以后），市场经济是姓“资”还是姓“社”的争论慢慢得以平息，这为社会主义市场经济的建立提供了重要的理论支撑。在随后召开的党的十四大上，中央明确提出经济体制改革的目标是社会主义市场经济体制。这意味着党和国家对市场经济的认识得到进一步深化。在前文提到，市场经济体制的建立大致包括两个层面的理解（宏观层面和微观层面）。在改革开放初期，党和国家在商品经济的框架下，通过下放权力等措施，侧重于在微观层面培育市场主体。经过十几年的改革与发展，市场主体已经有了自己的独立发展空间，并能够相对平等地参与市场竞争，进行市场交换。但我们也要看到，由于传统经营体制不能适应市场机制的发展，许多国有企业的效益不高甚至连年亏损，进而严重影响经济的整体发展。同时，由于在微观上，市场主体已经逐渐形成，这就需要宏观市场经济体系的全面构建，以保障市场机制的健康运转。因此，在这一阶段，市场体系的构建与国有企业的改革成为市场经济体制改革的重要内容，体现了“市场”因素在实践结构中的突出作用。

要建立市场经济体制，即在宏观上实现市场在资源配置中的基础作用，需要做到以下几点：第一，大力培育商品市场，特别是生产资料市场，同时注重金融市场的构建，以完善资本流动的媒介，最终实现市场的公平性。在这一时期，中国在商品市场培育方面主要涉及生活资料市场的培育，但对生产资料市场（如原材料市场、机械设备市场等）却涉及较少，而金融市场也处于起步阶段。这意味着市场经济的运行规则很不完善。生产资料市场与生活资料市场是紧密相连的。在生活资料市场逐渐发展的同时，逐步构建作为“物”的要素之一的生产资料市场，是市场经济发展的必然要求。同时，构建作为另一“物”的要素的金融市场也是市场经济体系的题中应有之义。资本正常运转的前提条件之一就是有充足的资本，而金融市场的建立就是要满足资本的充足性，实现资本较快流转。在 1993 年，中央明确提出“当前培育市场体系的重点是，发展金融市场、劳动力市场、房地产市场、技术市场和信息市场等”[1]。

第二，深化价格改革和产业结构改革，以健全资本运转机制。十四大报告明确提出：“价格改革是市场发育和经济体制改革的关键。”[2]这体现了价格改革的重要地位。市场之所以能够实现资源的优化配置，主要是由于市场机制的作用，而价格机制便是其中之一。价格机制是市场机制中最为敏感、最为直接的作用机制，它能够依靠价格的变动信号为市场主体的经济行为提供重要依据。而在价格双轨制的前提下，价格的确定并不完全按照市场规则。这意味着价格机制不能良好运行，使得资源难以得到最优配置。故而，政府需要理顺价格关系，使市场在价格形成过程中起到基础作用。而产业结构的完善与培育是使资本能够尽快实现效益最大化的有效途径。

第三，建立宏观调控体系。宏观调控体系是市场经济的内在组成部分，其主要任务是“保持经济总量平衡，抑制通货膨胀，促进重大经济结构优化，实现经济稳定增长”[3]。宏观调控体系的确立意味着政治领域从微观经济领域退出，有利于确立市场在资源配置中的基础作用，并促进市场经济的健康发展。

第四，实现所有制结构和分配结构调整。为了实现市场经济的蓬勃发展，巩固社会主义基本经济制度和分配制度，便是中国经济体制改革的必要措施。完善所有制和分配制度的关键，在于处理好社会主义公有制与多种所有制经济，以及按劳分配和按生产要素分配之间的关系。坚持社会主义公有制和按劳分配为主体的经济制度是社会主义制度决定的，但坚持社会主义公有制不等于固化公有制的实现形式，而要大胆探索其多种实现形式。因此，党的十五大报告明确提出，要支持和引导股份制的发展。这意味着多种非公有制经济和按生产要素分配成为社会主义市场经济的重要组成部分。故而，鼓励非公有制和按生产要素分配是市场经济的内在要求，也是实现经济发展效率的重要手段。

市场经济体系的全面建立为市场主体的经济行为提供了相对完善的经济环境。同时，规范的市场环境和规则也迫使市场主体不断提升自身实力以适应市

(1) 中共中央文献研究室：《十四大以来重要文献选编》上，人民出版社 1996 年版，第 528 页。

(2) 中共中央文献研究室：《十四大以来重要文献选编》上，人民出版社 1996 年版，第 21 页。

(3) 中共中央文献研究室：《十五大以来重要文献选编》上，人民出版社 2000 年版，第 25 页。

场经济的快速发展。故而，国有企业的市场化成为这一时期经济体制改革的又一重点，同时，也是社会主义市场经济改革的重要环节。党的十四大报告明确提出要加快转换国有企业经营机制，其关键在于“政企分开，理顺产权关系，使企业真正成为自主经营、自负盈亏、自我发展、自我约束的法人实体和市场竞争主体”[1]。1993 年《中共中央关于建立社会主义市场经济体制的若干问题的决定》明确提出建立现代企业制度是我国国有企业改革的方向。可见，以现代企业制度实现国有企业改革，使国有企业真正成为市场主体，成为中国市场经济体制改革的重点。

现代企业制度是相对于所有权、法人的财产权和经营权相统一的“古典”企业制度而言的，它是社会化大生产的产物。现代企业制度能够通过对出资人的所有权、法人的财产权以及企业的经营权进行分离，实现资本的最大化筹集与自由流转。在西方国家，现代企业制度是随着社会化大生产的发展，企业规模不断突破个人独资或家族合资的财力时，按照股份公司的客观要求而建立起来的。这种建立是一种顺向的自然建立。而在中国，现代企业制度的建立则是国有企业逐渐改制，实现“两权”分离的必要途径，因此是一种逆向的建立。[2]并且，中国实现的基本经济制度是社会主义公有制。这也决定了我国所建立的现代企业制度具有重要特征，即公有制与市场经济相结合。它既具有中国社会主义的特色，又能体现发达国家现代企业制度的特征。现代企业制度能够使国有企业焕发活力，其原因在于：首先，产权明晰的现代企业制度能够使政府从企业的微观运行领域逐渐退出，即政府只是获得财产的终极所有权而不是法人财产权，使国有企业成为适应市场经济体系的独立主体；其次，权责明确的现代企业制度能够促进国有资产的自由流动与筹措资金功能，使国有资本能够最大限度地聚集闲散资金，实现资本的社会化；再次，科学管理的现代企业制度能够形成董事会、股东会和经理层相对制衡的法人治理结构，使整个企业的运转充满活力。现代企业制度是国有企业改革的必由之路，虽然在这条道路上布满荆棘，但勇于跨越难关的实践必然会获得丰硕的成果。

在这一阶段，通过对市场经济体系的不断完善以及国有企业的改造，市场

(1) 中共中央文献研究室：《十四大以来重要文献选编》上，人民出版社 1996 年版，第 180 页。

(2) 胡培兆：《我国现代企业制度逆向生长的障碍》,《经济研究》1994 年第 7 期。

经济体系逐渐建立并不断完善起来，这也意味着市场因素的力量不断增长。

3. 文化建设：突显市场因素的作用

在市场经济条件下，文化建设也必须依据社会发展状态的变化予以推进。这主要表现在两个方面：思想建设层面和文学艺术建设层面。

一方面，在思想建设层面体现市场取向。社会主义市场经济的发展，要求思想不仅要反映和肯定市场经济的发展要求，同时也要为保证市场经济的平稳运行提供理论支撑。这体现了“市场”因素的导向作用和“思想”因素的辅助作用。故而，“三个代表”重要思想与市场经济的发展内在相连，即“三个代表”重要思想具有市场经济的意蕴。“三个代表”重要思想的内在市场意蕴可以从现实基础、思维方式、价值倾向和理论功能方面加以阐释。

第一，“三个代表”重要思想产生的现实基础是市场经济的运行机制。“三个代表”重要思想是在世纪之交，中国面临着诸多新情况和新问题的情况下提出的，而这些新情况和新问题都与市场经济的运行机制密切相关。首先，科学技术的迅猛发展与市场经济密切相关。市场经济的内在运行机制要求市场主体不断追求利润的最大化，而在当今时代，依靠科学技术和知识提升生产的效率是资本获利的最佳途径。因此，市场经济的蓬勃发展成为科学技术进步的内在动力。其次，经济全球化与市场经济密切相关。市场经济的内在发展意味着资本能够突破国家和地区界限寻找最优获利的空间。而在资本的纽带下，世界也连接成为了一个整体，这就是世界现代化进程的主要表现之一。吉登斯把这种资本全球化进程称为“时空分延”，即时间和空间在现代化进程中逐渐脱离区域性的特征，而以一种抽象的统一的形式不断向全球延伸，而这种统一的时空也成为现代化动力的主要来源之一。[1] 归根到底，经济全球化实际就是资本全球化。再次，国内改革所产生的诸多变化与市场经济密切相关。市场经济的竞争机制使社会生活的规则发生了变化，即从原来的“大锅饭”“平均主义”到如今的多种分配方式并存。这种重大变化的主要结果，是社会利益的多元化，而社会利益的多元化逐渐导致了价值观念的多样化、生活方式的多样化、组织方式的多样化等一系列变化，进而导致了社会阶层逐渐分化。科学技术迅猛发展、经济全球化形势日趋明显和国内的新变化为中国特色社会主义建设带来诸

(1) [英] 安东尼·吉登斯：《现代性与自我认同：现代晚期的自我与社会》，生活·读书·新知三联书店 1998 年版，第 23 页。

多亟待解决的问题。如：随着资本家阶层的逐渐壮大，工人阶级是否还代表社会先进的生产力？党的先锋队性质在市场经济条件下如何得以体现？共产主义理想所蕴含的集体观念与市场经济所内含着的利益原则是否矛盾？人民群众的利益在市场经济条件下如何得到保障？这些问题促使意识形态必须从中国实际问题出发，进而实现与时俱进，才能科学地回答发展中所出现的问题，进而为中国特色社会主义发展指明方向。

第二，"三个代表"重要思想的思维方式反映了市场经济内含的进取思维。梁漱溟先生认为，人类的生活有三种路向：一是"向前面要求"，即"奋力取得所要求的东西，设法满足他的要求，换一句话说就是奋斗的态度"(1)；二是"意欲自为，调和持中"，即"遇到问题不去要求解决，改造局面，就在这种进度上求我自己的满足"(2)；三是意欲反身向后，即取消问题。他认为，西方人的路向是第一种，而中国人的路向是第二种，这是中西文化差异的根本表现。梁漱溟先生所区分的三种路向，同时也代表了三种思维方式，即进取、持中和消解。西方的进取思维在近代以来表现得尤为明显，其突出表现为对外的侵略扩张，而这种思维方式不仅是西方文明的遗产，而且也是资本不断扩张在思维方面的映现。在市场经济条件下，资本能够根据市场机制的调节自由流动到获利最多的地区和部门，并且不断刺激市场主体改进科学技术以提升竞争力，即资本能够为自身的发展开辟道路。正如熊彼特所说，作为经济变动的形式或方法的市场机制，"它从来不是而且也永远不可能是静止不变的"(3)，而资本的扩张行为反映到思维方式上就是进取精神。这种进取精神主要表现为对利益的诉求、对理性的崇尚和对个人的肯定等。"三个代表"重要思想作为市场经济条件下产生的思想体系体现了这种精神。首先，"三个代表"重要思想对发展先进生产力的肯定体现了进取思维。生产力是人们改造自然的能力，中国共产党要代表先进生产力的发展要求，就是充分肯定人们通过与自然进行物质交换的"外求"行为和进取精神，而正是通过鼓励人们不断奋斗的进取思维，中国才能不断得到发展。其次，"三个代表"重要思想对先进性的强调体现了进取思维。在"三

(1) 梁漱溟：《东西文化及其哲学》，商务印书馆1999年版，第61页。

(2) 梁漱溟：《东西文化及其哲学》，商务印书馆1999年版，第61页。

(3) [美]约瑟夫•熊彼特：《资本主义、社会主义与民主》，商务印书馆1999年版，第146页。

个代表”重要思想中，无论是“先进生产力”，还是“先进文化”的提法，都是对“先进性”的强调。而所谓先进，是指在历史发展长河中处于前列且可做表率的事物。对先进性的强调实际上是对未来的强调，即体现了一种不断超越的诉求。这种超越精神正是进取思维的最好写照。再次，“三个代表”重要思想对人民根本利益的强调体现了进取思维。通过实践以获取利益进而满足需要，是人们“外求”行为的主要表现。对人民根本利益的强调就是对人们通过不断奋斗取得利益以满足需求的鼓励，这充分体现了进取思维。

第三，“三个代表”重要思想的利益趋向体现了市场经济的价值倾向。爱尔维修认为：“利益是我们的唯一的推动力。”(1) 在市场经济条件下，追求利益行为表现得极为明显。由于资本的自然本性要求其不断扩张，故而，在资本运行机制下，在经济领域，人们的行动表现出强烈的趋利性。寻求利益不仅是人们的正当权利，而且也成为行动的主要驱动力。利益可以分为个人利益和公共利益。在市场经济条件下，每个人都是一个独立的经济个体，其追求的利益是个人利益，而个人利益的寻求与公共利益的实现之间有着千丝万缕的联系。曼德维尔曾运用一种“蜜蜂的寓言”来说明两者之间的关系。他把国家或社会比作蜂巢，把其中生活中的人比作蜜蜂，蜜蜂通过辛勤的劳动来满足自己的生存需求。在此过程中必然产生利己的“恶德”，但整个蜂巢却获得安定和延续。曼德维尔用这一寓言想要说明的是“既享受一个勤勉、富裕和强大的民族所拥有的一切最优雅舒适的生活，同时又具备一个黄金时代所能希望的一切美德与清白，此二者不可兼得”(2)。换言之，社会公利必然通过个人私利才能得以实现。而马克思也同样认为：“共同利益恰恰只存在于双方，多方以及存在于各方的独立之中，共同利益就是自私利益的交换。”(3) 但马克思并没有局限于此，而是将其理论推进一步。他认为，私人利益的实现以达到普遍利益的理论，并不是问题的关键，而且这种抽象的说法容易得出“普遍的否定”的结论，即“每个

(1) 北京大学哲学系外国哲学史教研室：《十八世纪法国哲学》，商务印书馆 1963 年版，第 537 页。

(2) [荷] 伯纳德·曼德维尔：《蜜蜂的寓言：私人的恶德，公众的利益》，中国社会科学出版社 2002 年版，第 3 页。

(3) 马克思，恩格斯：《马克思恩格斯全集》第 46 卷上，人民出版社 1979 年版，第 196 页。

人都互相妨碍别人利益的实现”[1]。问题的关键在于“私人利益本身已经是社会所决定的利益，而且只有在社会所设定的条件下并使用社会所提供的手段，才能达到。”[2] 换言之，私人利益要服从于社会化大生产的条件和手段，即在社会化大生产条件下，只有服从客观社会条件的私人利益才能保证社会整体的健康运转。在这里，马克思从历史唯物主义的角度看待私人利益与公共利益之间的关系，即考察客观的社会条件对两者关系的影响。此方法对考察中国市场经济条件下的利益问题及“三个代表”重要思想的利益倾向有着重要的启示意义。

在中国，市场经济的不断发展使个人寻求私人利益的愿望得以实现，但由于其社会主义的性质，维护共同利益的原则也逐渐突显出来，这表明，在社会主义市场经济条件下，个人利益与公共利益得以内在结合起来。这就意味着人们的行为不仅仅受到谋求私人利益的驱使（承担“经济人”角色），而且还要考虑社会发展的整体利益（承担“社会人”角色）。因此，社会主义市场经济使“社会经济人”得以生成。而“三个代表”重要思想是时代声音的真实反映，体现了私人利益与公共利益的统一。中国共产党要始终代表中国最广大人民群众的根本利益，就是要把涉及人民群众切身生存和生活的利益问题，当作党和国家的工作重心。这里所讲的利益，是指在社会主义市场经济条件下的个人利益与社会利益的统一体，即不仅强调个人在市场中对私人利益的诉求，而且强调社会发展的整体利益。这充分体现了“三个代表”重要思想的利益倾向。

第四，“三个代表”重要思想能够促使市场经济的平稳运行。“三个代表”重要思想不仅是对社会主义市场经济的肯定，而且也起到了促使市场经济健康运行的作用。首先，“三个代表”重要思想指明了党在新时期下的发展方向和途径，为市场经济的平稳运行提供了政治保障。市场经济在能够促进生产力快速发展的同时，也带来了中国社会转型所必然面临的诸多问题。如果不能处理好这些问题，社会主义市场经济的运行也将受到阻碍。在这种情境下，作为执政党的中国共产党要与时俱进，不断提升自身的执政能力，制定出科学的方针政策，以领导社会的整体发展。“三个代表”重要思想从生产力、文化和人民利益三个方面为党在新时期的建设指明了方向，为市场经济的运行提供保障。其次，“三个代表”重要思想概括了社会主义现代化的发展规律，为市场经济

(1)马克思，恩格斯：《马克思恩格斯文集》第 8 卷，人民出版社 2009 年版，第 50 页。
(2)马克思，恩格斯：《马克思恩格斯文集》第 8 卷，人民出版社 2009 年版，第 50 页。

的平稳运行提供了理论支撑。“三个代表”重要思想肯定了生产力的决定作用、人民群众的推动作用、先进文化的启蒙作用以及党的领导作用，这些规律为市场经济的运行、建设及完善提供了重要的理论支撑。再次，“三个代表”重要思想调动了最广大人民群众的积极性，为市场经济的良性发展提供动力。“三个代表”重要思想明确了人民群众在市场经济条件下对生产力迅速发展的诉求、对先进文化的需求以及对根本利益的追求，极大地调动了人民群众的积极性，为社会主义市场经济的良性发展提供了根本动力。最后，“三个代表”重要思想在一定程度上为消除市场经济所产生的负面影响提供理论依据。代表先进文化的发展方向，就是要用先进文化消除市场经济产生的拜金主义、资本至上等腐朽思潮；代表最广大人民的根本利益，就是要尽力使人民能够共享改革的成果，而不仅仅是让改革的成果集中在少数人手中。

正是由于“三个代表”重要思想能够准确把握时代脉搏、反映时代精神和回应时代诉求，中国特色社会主义实践才能在其指引下不断向前发展。

另一方面，文学艺术建设体现市场取向。其一，改革经费投入机制。自1994年开始，财政部、文化部对中央直属艺术院团的拨款方式进行改革，实行演出场次补贴制，即财政经费一部分用于经费和公用经费的基本开支，一部分与院团的演出场次挂钩，多演多得，少演少得，不演不得；其二，组建大型的文化集团，加快市场和资源的整合；其三，完善文化经济政策，为文化改革创造良好环境。尤其是通过税收优惠政策，激发市场资源向文化领域流动。这些实践措施都体现出利用市场机制的作用，实现文学艺术领域的繁荣。

4. 社会建设：适应市场经济发展要求

受到市场机制的影响，人民的主体性得以逐渐彰显。主体性是相对于客体性而言的属性，主要包括自觉性、自为性和自主性。自觉性，是指人们对理性的崇拜和尊重，并按照理性的要求重新认识自己；自为性，是指人们按照自身的权利和利益作出决断；自主性，是指人们能够不依靠外物而成为独立的个体。在市场经济条件下，人民群众主体性逐渐彰显的主要原因在于：首先，市场经济为人民群众提供了相对广阔的自主活动空间，极大促进了人们的自主性。在市场经济条件下，人们会逐渐脱离传统的以血缘或等级为核心的共同体，即逐渐脱离权力本位的控制。而在市场经济社会中，由于市场所需要的经济主体是相互平等的，因此，人们就得到了能够相对自主活动的空间，进而能够获得掌控自身命运的能力。其次，市场经济的趋利性使人们的自为性得以不断增长。

在市场经济条件下，人们的意志逐渐摆脱“权威至上”观念的束缚，而逐渐被资本的无限扩张所引起的个人趋利性所占据，一些人把自身利益作为实践行为的主要驱动力。再次，市场经济的变动性使得人们开始按照理性的要求不断反思，并重新认识自我，增强了自觉性。市场经济是一种极速变动的经济模式，这种变动性使人们不再崇拜传统的观念，而是对传统加以反思，并运用人们所具有的自由意识重新定位自我。

主体性的这种彰显使得人民群众对理性、权利和利益的诉求通过各种方式不断表达出来，其中对利益的诉求表现得最为明显。因此，在这一阶段，社会建设的主要特征，就是要借用市场力量和适应市场经济发展的要求，同时满足人民群众不断增长的利益诉求。这既体现了“市场”因素的导向作用，又体现了“人民”因素的辅助作用。

第一，从公共服务方面看，随着市场经济体制的发展，公共服务建设的步伐也开始逐渐加快，以适应市场经济发展的内在要求。因此，这一阶段公共服务建设的侧重点在于满足人民群众日益增长的利益诉求，而主要路径是借助市场力量实现公共服务建设主体的多元化，即由国家、个人和企业（单位）根据不同公共服务项目的特点承担相应的义务。这种方式能够有效地整合社会资源，有利于快速建立覆盖面广、服务项目多和稳定性强的公共服务体系，使之能够与不断增长的利益诉求相协调。

从教育方面看，全面推行高等教育收费制度与办学主体多元化是这一时期推进教育事业发展的重要举措。高等教育收费制度的大范围推行开始于 1992 年 6 月国家颁布《关于普通高等学校收取学杂费和住宿费的规定》之后，而在 1993 年国家出台的《中国教育改革和发展纲要》更加明确提出“改革学生上大学由国家包下来的做法，逐步实现收费制度”[(1)]。1999 年出台的《中共中央、国务院关于深化教育改革全面推进素质教育的决定》明确提出：“积极鼓励和支持社会力量以多种形式办学，满足人民群众日益增长的教育需求，形成以政府办学为主体、公办学校和民办学校共同发展的格局。”[(2)] 这意味着高等教育发展逐步开始借用市场力量。这种发展高等教育的模式，是在国家财富不足与人民

（1）中共中央文献研究室：《十四大以来重要文献选编》上，人民出版社 1996 年版，第 73 页。

（2）中共中央文献研究室：《十五大以来重要文献选编》中，人民出版社 2001 年版，第 866 页。

接受教育的诉求不断提升的特定时期内采取的重要措施。它在一定程度上促进了教育事业的发展，逐步满足了人们对接受高等教育的诉求，同时，也使国家获得大量的高学历人才，客观上促进了经济发展。当然，在后来的发展过程中，教育的市场化逐渐受到人们质疑，其原因在于教育在市场化的过程中，其应具有的公益性质逐渐减弱，进而造成了许多问题。

在劳动就业方面，反映人民诉求的劳动合同制的全面推行以及劳动力市场的培育成为这一时期建设的重点。1994 年，国家明确提出，建立劳动关系必须订立劳动合同。这不仅映射出市场经济发展的要求，而且也是对人民不断增长的权利诉求的合理回应。劳动合同制的全面实施，逐步“消除了职工的身份差别”(1)，有效地促进了劳动力的流动，进而满足了人民自主选择职业和追求合理利益的要求，进而促进了市场经济的发展。而在 1998 年，国家更是明确提出，要实现“劳动者自主择业、市场调节就业、政府促进就业”的方针。这意味着国家要利用市场的力量实现劳动力市场的完善。

在医疗方面，提升医疗质量，满足人民多样化的医疗卫生服务需求是医疗改革的关键。随着人民群众对身体健康要求的不断提高，医疗制度改革势在必行。而这种改革的方向是要符合市场化的运作，目的在于增强卫生事业的活力，满足人民的需求。其主要措施是要扩大医疗单位的自主权、完善人事制度、打破平均主义以及提升服务质量。1997 年出台的《中共中央、国务院关于卫生改革与发展的决定》明确提出卫生改革的基本原则。在这些原则中，“保证社会效益和经济效益的统一”“合理配置资源”以及“满足人民群众多样化的需求”等，充分体现了人民群众的主体性和市场经济不断发展的倾向。市场化的医疗体制改革在一定程度上促进了医疗卫生服务质量的提高，使人民的健康程度得到提升。这种市场化改革在当时起到了一定的积极效应，但在以后的发展过程中，医疗事业的过度市场化改革，使得医疗卫生事业的公益性质逐渐消失，以致于造成了严重的社会后果。

在社会保障方面，实现多层次的社会保障体系是社会保障制度的核心目标，而实现支付主体的多元化（个人和企业共同承担），则是这一时期社会保障体系建设的主要路径。自 1993 年《关于建立社会主义市场经济体制若干问题的决定》的颁布，逐步实现与市场经济相适应的社会保障制度，就成为这一时期

(1) 宋晓梧:《中国社会体制改革 30 年回顾和展望》,人民出版社 2008 年版,第 19 页。

社会建设的重点之一。而支付主体多元化，一方面能够提高个人缴纳资金的积极性（多缴多得），同时也能使生活困难家庭得到保障（国家和社会承担）。因此，它完全符合市场经济发展的要求。为此，国家颁布了一系列相关规定，如《国务院关于建立城镇职工基本医疗保险制度的决定》和《国务院关于深化企业职工养老保险制度改革的通知》等，以促进新的社会保障体系的建立。实现医疗卫生保险、养老保险的“统账结合”方式就是这种方法的具体化表现。这种新的社会保险体制能够使广大群众的基本生活得到保障，充分体现了满足群众基本生存利益和基本生存权利的取向。同时，在这一时期，社会保障体系的建立也充分利用了市场经济的运作机制。这主要表现为“发展商业性保险业，作为社会保险的补充”[1]。

在收入分配方面，以按劳分配为主体，多种分配方式并存的分配制度成为收入分配制度建设的目标。党的十四大报告明确指出：“在分配制度上，以按劳分配为主体，其他分配方式为补充，兼顾效率与公平。”[2]这是社会主义市场经济的内在要求。所有制结构决定分配结构。我国实行的以公有制为主体，多种所有制经济共同发展的所有制结构，就要求与其相适合的分配制度的设立。而这种分配制度能够有利于充分表达人民群众的利益要求，即满足人民群众对物质利益的追求，促进市场经济不断向前发展。

第二，从社会管理方面看，在这一时期，社会管理改革的侧重点在于践行群众的自治诉求。同时，这也是顺应市场的发展要求的必然结果，充分体现“市场取向”之倾向。随着市场经济的不断发展，政府职能的不断转换以及人民对权利和利益的不断追求，不断深化社会管理体制改革势在必行。如果说在改革发展初期，社会管理体制改革是以政府逐渐放权为标志的话，那么在这一时期，社会管理体制改革是以赋予群众自治权利为标志的，即完善社区和社会组织建设。随着市场机制的不断发展，人民群众对自身所获得的利益和权利的追求逐渐增强，即人们逐渐被市场大潮所吸引，脱离传统体制进入市场环境的趋向突显，进而原先由企业所承担的社会管理职能逐渐削弱。因此，为了顺应群众的诉求，社区和社会组织需要逐渐介入社会管理体制中，进而具有多元化主体的

（1）中共中央文献研究室：《十四大以来重要文献选编》上，人民出版社 1996 年版，第 535 页。

（2）中共中央文献研究室：《十四大以来重要文献选编》上，人民出版社 1996 年版，第 19 页。

社会管理体制逐渐开始形成。在1998年，国家修订并颁布了《社会团体登记管理条例》和《民办非企业单位登记管理暂行条例》。这两个文件的颁布使社会组织的建立得以规范，促进了社会组织的发展。2000年国务院办公厅转发的《关于在全国推进城市社区建设的意见》促成了社区建设的规范性。社区和社会组织的成立能够在一定程度上为人民群众表达诉求提供良好的平台，同时也使人民群众的自治愿望在一定程度上得以实现。因此，有学者认为，这一时期的社会管理体制改革在管理方式（突破行政指令方式）、管理主体（突破政府一元）以及管理手段（实现利益引导）等方面，有着明显进展。[(1)]

5. 生态文明建设：反映市场经济发展要求

随着市场经济的确立与发展，资本对资源的渴求在不断增强，即个人或企业总是想尽办法来提升个人的利益，而忽视自身行为所造成的社会成本。因而，生态资源和环境也只是人们谋取利益的工具。这直接致使中国生态环境遭到严重破坏。而如果任由生态环境恶化下去，国家的长远发展以及国家政权的稳固将会受到严重影响。苏联的悲剧就是典型例子。苏联解体的原因有很多，而对生态环境的破坏就是其中之一。印度学者萨卡曾引用充足的数据来说明这一点。在他看来，苏联对生态环境的破坏主要包括对资源的极度浪费以及对环境的严重污染。1960年左右，苏联的"许多矿场和油井只有50%的资源回收率"[(2)]，这是由于开采者想要获取最大利益，进而总是要想尽办法对开采成本进行控制，所以就导致了开采成本高的油井以及矿场被遗弃。当那些容易开采的资源被消耗以后，就意味着人们的开采成本会不断提高，进而严重影响经济的整体发展。苏联"从1971—1975年到1981—1985年的五年计划时期，国民收入的增长率从28%下降到16.5%……资本的投入率从41%下跌到17%"[(3)]。这也就使苏联遇到了严重的"增长的极限"问题。而在环境破坏方面，"当苏联的生产总量只相当于美国的一半的时候，污染程度近似相等"[(4)]。以土地为例，到1977年，

(1) 宋晓梧：《中国社会体制改革30年回顾和展望》，人民出版社2008年版，第294页。

(2) [印]萨拉·萨卡：《生态社会主义还是生态资本主义》，山东大学出版社2012年版，第28页。

(3) [印]萨拉·萨卡：《生态社会主义还是生态资本主义》，山东大学出版社2012年版，第31页。

(4) [印]萨拉·萨卡：《生态社会主义还是生态资本主义》，山东大学出版社2012年版，第40页。

苏联“人居面积中约10%的145万平方公里的土地被毁掉了”[1]。苏联对生态环境的破坏最终导致了经济危机以及人民的背离。这个惨痛的教训值得我们吸取。故而，在这一时期，中国特色社会主义实践充分考虑到“市场”因素和“自然”因素的要求，并利用“市场”因素的力量予以满足，既体现了“市场”因素的导向作用，又体现了“自然”因素的辅助作用。为了实现可持续发展，保证国家的长治久安，我国加大了生态文明建设的力度，颁布了一系列指导生态文明建设的重要文件，如《中国环境与发展十大对策》《中国环境保护战略》和《中国21世纪议程》等。这些文件重申了生态文明建设的重要意义，明确把可持续发展原则贯穿到我国社会经济发展的各个领域，使我国生态文明建设得以不断深化。

在这一时期，由于市场机制的力量逐渐增大并处于中国特色社会主义实践要素的突出地位，故而，按照“市场”因素要求和利用市场力量保护生态环境是这一时期生态文明建设的主要特点。

第一，按照市场经济的发展要求，实行可持续发展战略，是这一时期生态文明建设的主要内容。可持续发展，是指在满足当代人的需求的同时，又不能损害后代人满足其需求之能力的发展方式。从内容上看，它主要包括生态持续、经济持续和社会持续三个方面，即实现经济效益、社会效益和生态效益的统一。这种发展方式不仅是针对国内生态问题而言，同时也是社会主义市场经济的内在要求。一方面，社会主义市场经济是一种效率经济。因此，它必然要求不断提升资源的利用率以获得最大利润，而这种提升资源利用率的方式能够成为可持续发展的基础。另一方面，社会主义市场经济的价值目标是实现人的全面发展，这就需要对环境保护和社会效益予以高度关注。没有相对良好的生态环境，人的健康生存都会出现问题，而全面发展更是无从谈起。

第二，遵循市场经济的发展趋向，转变经济增长方式，是建设生态文明的基本措施。由粗放型经济发展方式向集约型经济发展方式的转变，不仅是市场经济的内在要求，同时也是保护生态系统的主要措施。相对于粗放型增长方式，集约型经济增长方式的主要优势在于能够提升资源的利用率，而有效地利用资源不仅可以极大地提升生产效率，而且能够使企业主要通过技术革新获得发展，

(1)[印]萨拉·萨卡:《生态社会主义还是生态资本主义》，山东大学出版社2012年版，第40页。

而不是盲目地无限攫取自然资源，进而使环境恶化趋向得以缓解，实现经济发展和生态文明建设的双赢。

第三，利用市场力量实现生态文明建设，是市场取向型生态文明建设实践的内在核心。这主要表现在两个方面：一是利用经济手段进行生态保护，二是鼓励生态产业的发展。在《中国环境与发展十大对策》中，“运用经济手段保护环境”“提高能源利用率，改善能源结构”“大力推进科技进步，加强环境科学研究，积极发展环保产业”是十大对策中的三项，同时也是生态文明建设市场取向倾向的鲜明表现。“运用经济手段保护环境”，是指在市场经济条件下实行税收、财政等经济手段实现对生态文明建设的宏观调控，例如逐渐形成生态环境补偿税，并论证环境税的可实现途径；改造能源结构和环保产业发展的核心，就是要利用市场机制使生态环境保护纳入经济系统领域，使生态环境能够成为市场主体行为的参考变量。这种方式的优势在于，一方面能够增大破坏生态平衡的成本，另一方面刺激环境保护行为的利益倾向，以改变在环境保护过程中政府“独挑大梁”的局面，进而逐步形成市场主体在生态环境中为自身的应有行为负责之局面。

三、市场取向型实践的内在结果

在市场取向型实践的推动下，社会整体呈现快速发展之态势，但资本崇拜等新问题也随之而来。

在市场取向型实践的推动下，中国整体实现了快速发展，而这种快速发展是由社会领域的突显、非对称结构的出现以及主体性的进一步提升所支撑的。

（一）社会领域的突显

在市场取向型实践的作用下，尤其是政府职能转换与市场经济体制建立的促生下，社会领域逐渐从政治领域和经济领域中突显出来。这里所说的社会领域，主要是指以公民的日常生活为主要内容的领域，主要涉及人们之间的非经济交往活动。而社会领域突显的主要标志是社会组织的蓬勃发展以及社会力量的逐渐突显。在我国，随着各方面改革的不断推进，公民所获得的自主性空间不断增大，日常生活方式也逐渐多样化，人民之间的非经济交往也逐渐增多，这也使代表日常生活的社会领域逐渐映入人们的眼帘。而市场经济的力量使社会阶层结构出现分化，穷人和富人之间的界限逐渐明显，这可以从这一时期的消费状况表现出来：富人的炫耀性消费和穷人的生存性消费共存。这种现象的背后蕴含着社会利益结构的不均衡。同时，市场经济所带来的公益性问题，也成为社会领域突显的原因。正如英国著名学者波兰尼指出的，现代社会被一种双向运动所支配："市场的不断扩张以及它所遭遇的反向运动（即把市场的扩张控制在某种确定方向上）。"[1] 而这种反向运动，是指以社会组织（包括社区）为主要载体的社会领域的突显。

进入 20 世纪 90 年代以来，随着中国特色社会主义实践的不断推进，社会各种力量得到重新组合和定型，如民营企业家的迅速崛起、白领阶层的不断扩大、知识分子的社会地位逐年提高和大批失业人员数量不断增长等。这些特定人群之间的交往和利益表达，需要相应的组织载体予以保证，这成为民间组织不断发展的重要动因。除此之外，市场经济所引发的而政府又不能完全解决的社会现象，以及人民对利益的诉求都成为民间组织成立的重要原因。1996 年前后，在民政部注册的民间组织数量达到这一时期的顶峰，约为 18 万个，随后，它们的数量虽然在国家的适度调控下有所减少，但直到 2000 年中国的民间组织仍维持在 15 万个左右。[2]

在这一时期，中国的民间组织主要包括这样几种：一是在市场中展开活动的互助性的行业协会，这些协会不仅能够稳定市场经济秩序，而且能够充分代表中国企业家的利益。如温州的烟具协会与外经贸部代表在 2001 年远赴欧洲各国进行交涉游说，以回应欧盟的反倾销措施对中国产业的打击。它是"中国企业第一次以民间行业组织的名义出国应对国际贸易争端，引起世人瞩目，被誉为'中国民间第一团'"[3]。第二，以兴趣和公益为基础的民间组织。这些组织在稳定社会秩序和提高公共服务方面有着重要的作用。如北京的"自然之友"组织在环境保护方面起到重要作用。"番禺打工族服务部"为维护广东省外来打工者的权益做出了重要贡献。据统计，该部曾到珠江三角洲地区 40 家医院，探访了 7000 多名工伤工友，为他们送去慰问品并提供相应的法律援助。[4]第三，以社区为载体的民间组织。这些组织数量庞大，据统计，截至 2002 年，仅青岛一市的社区基层组织就达到 1.1 万个，其主要功能在于为社区居民提供相应

（1）[英]卡尔•波兰尼：《大转型：我们时代的政治与经济的起源》，浙江人民出版社 2007 年版，第 136 页。

（2）刘求实，王名：《改革开放以来我国民间组织的发展及其社会基础》，《公共行政评论》2009 年第 3 期。

（3）李友梅等：《中国社会生活的变迁》，中国大百科全书出版社 2008 年版，第 322 页。

（4）李友梅等：《中国社会生活的变迁》，中国大百科全书出版社 2008 年版，第 323 页。

公共服务。这些民间社会组织承担起许多社会公共事务，有效地缓解了社会冲突和诸多社会问题，促进了中国改革的稳步发展。同时民间组织的发展为人民群众参与政治活动提供了良好平台。

社会领域的突显在某种程度上也代表了经济领域和社会领域的渐进分工态势开始形成，这种分工也是现代化发展进程中的必然趋向。换言之，现代化过程实际上是一种领域逐渐分工与功能不断分化的过程。

（二）非对称性结构的逐渐产生

在中国特色社会主义实践的推动下，尤其是社会主义市场经济的不断发展，中国社会的发展结构逐渐呈现出一种独有的特点，我们把这种发展结构称为非对称性发展结构。其主要表现为地区发展的非对称、城乡发展的非对称等。地区发展的非对称主要表现为东部和西部地区的经济发展总量、人民生活水平和资源利用率之间存在明显差距，即东部明显优于西部；城乡发展的非对称主要表现为城市发展的速度和质量要优于乡村发展。

非对称发展结构的成因主要有三个方面：一是战略设定。在邓小平明确提出“先富带动后富”的发展构想以来，中国的政策导向和战略布局都是向城市和东部沿海地带倾斜，并以东部和城市的“先富”带动整个中国的“共富”。这种战略设定主要是由中国国情决定的，即地域的广博和人口数量过于庞大以及资源有限的现实。因此，国家发展必须选好改革的突破口。而以东部沿海地区和城市作为改革的突破口，有利于集中有限的资源和力量进行重点建设，以抓住大局。二是市场经济的作用。在建立社会主义市场经济以来，资本在资源配置中所起到的作用不断增大，而资本的本性在于谋得最大的利润，即向获利最多的部门和区域不断集中。在市场和资本的推动下，中国整体的物质资源和人力资源逐渐向东部沿海地带（服务行业以及高技术产业）和城市不断聚集，为其地区和城市创造出巨额的财富。三是社会主义国家强有力的政治主导作用。在社会主义国家进行市场经济改革是一项前所未有的工程，故而，进行这项工程需要一个强有力的国家，能够把握并及时调整社会发展的步伐。而国家要实现这种领导作用，就需要财富和权力的相对集中，这就使得人民所获得的权力和财富相对较少，进而形成国家与社会发展之间的张力。

非对称发展结构在合理的范围内，能够有效地促进市场经济的运转和国家的迅速崛起。其原因在于：首先，区域发展的差距有利于资本运转。地区、城乡发展的差距能够使资本在国内获得良好的利润，即向获利较大区域流动，这就使得财富迅速积累。而积累的巨大财富在国家强有力的主导作用下，能够高效率地运用于国家的整体规划和建设之中，使整体经济取得高速发展。其次，国家能够最大限度集中资源实现积累和建设，进而使社会生产力不断得到提升。

正是这种在一定限度内的非对称发展结构，有效地推动了社会主义市场经济的发展，进而使我国社会主义事业不断向前推进。但同时，我们也要注意这种非对称发展的限度问题。如果这种结构一旦超过社会整体的承载力，那么非对称结构会向"非均衡"方向发展，进而使社会秩序出现动荡。

（三）人的现代化的不断提升

在市场经济推动下，人的现代化趋向得到进一步提升，即人们开始明显关注利益分配以及人与人之间的竞争关系。这意味着传统的血缘权力关系逐步向现代生活关系转变。这主要表现在以下几个方面：

第一，竞争和效率成为社会生活的主题。在社会主义大生产条件下，个人并不是孤立的存在，而是凭借社会化分工逐渐整合在一起。这种整合使人与人之间形成了一种普遍合作的关系。但在这种合作的关系下却隐藏着人与人之间的竞争。在韦伯看来，市场经济条件下的竞争关系是一种"和平的"斗争。如果这种斗争是"个人或者某几类人为了生活或者生存机会而进行的、在意向上没有斗争企图的互相对抗的（不稳定的）生存斗争，应该称之为'选择'"[1]。在这里，虽然韦伯明显带有浪漫主义色彩，即掩盖了竞争的现实残酷性，但他却揭示出市场经济竞争的深刻内涵，即为生存而斗争。随着人民群众主体性的不断提升，每个人都成为市场经济条件下的独立个体。在资本和利益的驱动下，每个人都凭借自身的技能实现各自利益的最大化。而资源的稀缺性必然使人与人之间的关系呈现一种竞争状态，这种竞争状态也促生了竞争心理的产生。正如弗洛姆所说的"经济竞争的需要导致了竞争态度的增长"[2]。在20世纪80年代，随着劳动合同制的推行，中国工人的"铁饭碗"被打破。而进入90年代以来，在市场经济的驱动下，企业为了提升效率和减少成本，对劳动者素质的要求不断提升，这也使竞争上岗成为经济生活中的主旋律，而"下岗"也成为当时的流行词汇。竞争机制全面展开的背后是对效率的追求。对于进入企业供职的幸运者而言，如何能够不断提升自身的能力，有效率地完成本职工作便成为每天

(1)［德］马克斯·韦伯：《经济与社会》上卷，商务印书馆2006年版，第68页。

(2)［美］埃里希·弗洛姆：《健全的社会》，国际文化出版公司2007年版，第80页。

首要考虑的问题。这就使一些人产生一种焦虑感，而这种焦虑情绪在白领阶层身上表现得最为明显。据上海某咨询有限公司2003年对客户样本抽样调查分析表明:“一段时间以来,有68%的白领职业焦虑感严重,自觉‘朝不保夕’。”[1]

第二，平等认同逐渐成为现代社会人与人交往关系的基础。平等认同的前提和基础是人与人之间的平等地位。市场经济通过等价交换的原则，为这种平等地位的产生提供了必要条件，即个人能够在经济领域中同他人保持相同地位。在保证平等的基础上，个人与个人之间能够通过共同语言、知识背景和社会角色等因素，建立起一种相互认同的情境。在这种情境下，个人能够通过他人的相似行为而反观并确证自身的行为，即通过“他者”来确认自我。在市场经济条件下，人与人之间的平等交往关系正是在相互尊重对方的权利、能力和资历的基础上得以维持的。在20世纪90年代中后期，随着市场经济发展的规范性不断增强，个人的素质和能力开始逐渐成为立足于职场的基础。这意味着不同社会阶层之间虽然处境不同，但对于通过后天努力而获取利益的现象能够达成逐步共识，这也成为社会团结的基石。

第三，利益关系逐渐成为社会交往的主要关系。在市场经济条件下，人们为了谋取生存和发展的权利，必然会为利益而不断拼搏。这也是市场关系下人们所具有的追求利益之倾向。马克思把一切社会关系都归结为生产关系，实际上就是肯定了在市场经济条件下利益关系的特殊地位。因此，可以说，在市场经济条件下“人们之间的社会关系说到底是一个利益关系问题”[2]。我们可以根据利益关系的性质，把这种关系分为利益相同和利益相异两种，而利益相异又可分为利益差别、利益矛盾和利益冲突三种形式。在人与人的市场交往过程中，利益相同关系是暂时的、相对的和偶然的，而利益相异关系则是持续的、绝对的和必然的。这也就造成了人与人之间的利益博弈和利益竞争的常态化。这种利益博弈在一定程度上能够充分调动人民群众的生存和发展的积极性，能够使个人不断注重效率的提升，进而有利于生产力的快速发展。但值得注意的是，利益博弈需要控制在一定的范围内。在20世纪90年代中后期，随着社会结构的变化，新的社会阶层正在逐渐形成，而阶层之间的利益冲突也不断升级。根

(1)李友梅等:《中国社会生活的变迁》,中国大百科全书出版社2008年版,第323页。

(2)王伟光:《利益论》，中国社会科学出版社2010年版，第146页。

据全国总工会1997年的统计,“每年发生劳动争议190万人次”[1]。而仅海南一省,截至2002年仍有6911宗土地纠纷未作处理,并不断引起群体性事件。[2] 这就需要国家采取相关措施,尽量避免利益冲突的持续升级,以实现社会的稳定。

随着社会发展效率的提升,许多新的问题也接踵而至。例如,贫富差距急速增大,经济秩序出现混乱,腐败现象大面积出现,以及主导意识形态受到冲击等。这些问题也为下一时期的实践埋下伏笔。

(1)李友梅等:《中国社会生活的变迁》,中国大百科全书出版社2008年版,第327页。

(2)李友梅等:《中国社会生活的变迁》,中国大百科全书出版社2008年版,第327页。

第四章　中国特色社会主义实践的“人民主体”形态

（2002 年后）

在中国特色社会主义实践的推动下，知识经济社会逐渐向我们走来。这意味着中国社会将呈现出一种新的发展特征。这种特征在 2002 前后已初露端倪，即“能力依赖”生存状态初显、“公民参与”的社会运行机制开始登场和“以人为本”的发展理念出场的总体特征。这意味着人民群众在社会结构中逐渐突显出来。而这也成为中国特色社会主义实践形态的选择依据，换言之，人民主体型实践开始登场，即“人民”因素在实践中处于突出地位，发挥突出作用，而“政府”“思想”“市场”和“自然”发挥辅助作用。人民主体型实践不仅使社会发展的整体布局趋于均衡，同时也要面对新问题的挑战。

一、人民主体型实践的依据

在 2002 年前后，中国社会逐渐显露出知识经济社会的些许端倪。具体而言，这主要表现为：从人的生存状态看，人开始依赖于知识、信息和创新能力，这意味着“能力依赖”的生存状态开始显现；从社会运行机制看，人民的整体诉求逐渐开始影响社会运行的规则，这意味着“公民参与”的社会运行机制开始登场；从发展理念看，这时社会的发展理念逐渐呈现为以人为本。因此，这意味着人民群众在社会结构中的地位和作用将要发生变化，进而人民主体型实践应然登场。

（一）生存状态：“能力依赖”显现

能力依赖是人们逐渐摆脱以血缘、权威为基础的权力本位和以金钱、资本为基础的金钱本位，而以知识、信息和创新能力为依赖的生存状态。这种生存状态的出现意味着人们所赖以存在的基础从外在的人脉关系向内在能力素质以及后天作为转向，这也意味着人们获得了真正实现自身价值和尊严的机会。这种生存状态是对前两种生存状态的一次“扬弃”：它不仅吸收了“人的依赖”生存状态所内含的原始形式的“和谐性”以及“物的依赖”生存状态的人的自主性，而且摒弃了人对于共同体以及“物”的全面依赖[1]。这种生存状态是人的发展的未来走向。能力依赖主要表现为三个方面：依赖知识、依赖信息和依赖创新能力。这种生存状态在2002年前后已初露端倪。

依赖知识。按照丹尼尔•贝尔的定义，知识是“一组表明一个推理判断或者一个实验结果的关于事实或想法的有条理的陈述，它可以通过交流媒介以系统化的形式传播给其他人”[2]。而“知识就是力量”是培根的名言，其意指人类能够凭借通过科学实验得到的知识，而获得巨大的改造世界的力量。知识之所以能够转化成力量，是由于人们能够通过对客观规律的认识而不断使外在世界“为我化”，成为人类延伸的“肢体”。随着生产力的不断发展，知识已经在人们的生产和生活中扮演着举足轻重的作用。丹尼尔•贝尔把知识社会的特征概括为两点：一是“研究与开发日益成为创新的源泉”[3]；二是“社会的重心……日益转向知识领域”[4]。如果以这两种标准加以衡量，在2002年前后，中国社会逐渐呈现出知识社会的某种端倪。随着全国教育的普及化以及素质教育的不断推行，人们的受教育程度逐渐提高，各级知识分子如科学家、工程师、教授以及技术人员所占比例逐年增长。同时，自主研究与研发成为各个企业在市场中获得优势的关键。高新技术产业也已经成为中国经济结构调整和深化改革的重要支柱。诸多资本向这些新兴产业大量流动。知识社会意味着人们的生活也逐渐被知识所包围。无论是在生产领域，还是生活领域，知识不仅成为一种人们身份和荣誉的象征，而且也成为生存的主要凭借。例如以学历和能力作为选聘人员的基础条件就是典型例子。因此，学习、掌握和运用知识成为人们能力的体现。

---

(1) 韩庆祥：《面向“中国问题”的马克思主义哲学》，武汉大学出版社2010年版，第503页。

(2) [美]丹尼尔•贝尔：《后工业社会》(简明本)，科学普及出版社1985年版，第58～59页。

(3) [美]丹尼尔•贝尔：《后工业社会》(简明本)，科学普及出版社1985年版，第68页。

(4) [美]丹尼尔•贝尔：《后工业社会》(简明本)，科学普及出版社1985年版，第69页。

依赖信息。如果说知识是人们生存的主要凭借，那么信息则是人们生存的基本条件。信息由符号和意义组成，而符号是意义表达的媒介。信息不仅包括知识，而且包括语言、数据和图像等。在知识社会中，人们的生存和生活被复杂多样的信息所包围。这些信息逐渐成为人们行动的“指南”。换言之，人们正是通过收集、选择和分析这些信息，以设计出最优的行动计划，进而实现行为的合理化。因此，谁掌握足够多的信息，谁就能够在社会竞争中占得先机。获取、占有和整合优质的信息是知识社会人们能力的集中体现。在2002年前后的中国，随着信息产业的不断发展，人们能够通过广播、电视和网络获得大量信息，尤其是互联网的迅速发展更为人们提供接触信息的平台。据统计，截至2001年12月31日，中国上网人数已经达到3370万人，上网计算机已达1254万台，而其中46.1%的上网用户的直接目的是获取信息[(1)]，这充分说明信息在人民群众的生活中发挥越来越重要的作用。

依赖创新能力。创新是人们实践能力的最高体现，也是知识社会人们能力的集中体现。著名经济学家熊彼特在《经济发展理论》一书中提出了著名的“创新理论”。他认为，所谓“创新”就是在生产领域内，通过引入新的生产条件和生产因素以实现一种“新组合”，它包括五个方面：采用新产品、采用新方法、开辟新市场、控制新来源、实现新组合。[(2)] 由此我们可以看出，熊彼特主要把创新看作是生产领域内的新组合。但创新不仅局限在经济领域，也包括政治领域、文化领域和社会领域等相关领域的革新，主要包括科技创新、体制创新、管理创新和思想创新。在知识社会中，人的主体地位逐渐确立，各个主体之间的竞争主要表现为创新能力的竞争，即改变原有结构因素及其相互关系，进而使整体获得新的活力的能力。这种创新能力的获得主要通过对知识的占有和对信息的整合。这也成为衡量自身素质和能力的主要指标。在知识社会中，人们主要通过创新能力实现自身在社会中的价值并获得其应有的尊重和认同。在2002年前后，中国的科技创新项目逐渐呈现规模，自主创新能力也不断提升。其中，最有代表性的是体现中国自主创新能力的“龙芯1号”处理器的问世。这不仅意味着中国计算机行业新时代的到来，同时也表明创新已经成为时代发

(1) 王恩海：《走出低迷的中国互联网——透析CNNIC第九次中国互联网络发展状况统计报告》，《中国信息导报》2002年第2期。

(2) [美]约瑟夫·熊彼特：《经济发展理论》，商务印书馆1991年版，第73～74页。

展的潮流。

（二）社会运行机制："公民参与"初显

"公民参与"社会运行机制的初显是中国特色社会主义现代化发展的必然趋势。"公众参与"的运行机制，是指社会运行规则主要呈现以人民整体诉求为内核的规则，即以涉及大多数人的根本利益为核心的运行机制，其外在表现方式是公民的自主参与。这意味着，社会运行的核心规则不再只是权力原则或是权利原则，同时也包括了公共利益原则，即以对整体利益的关注以及为其承担责任的原则。这种运行方式能够使社会发展与社会均衡相协调，体现了效率与公平的统一。这种运行方式的产生主要有三个原因：一是人民群众主体性的觉醒，并对自身的合理利益有着充分的诉求，并且这种利益诉求逐渐向群体化方向发展，即各个利益阶层逐渐形成。二是随着各个利益阶层的逐渐形成，他们充分表达集体诉求的愿望不断增强，为社区和社会团体的组建提供了内在动因。三是知识经济社会所需要的创新能力成为社会运行的主动力之一，这也需要公民及其团体发挥自身的能力。社区和社会团体，一方面为个人、群体与国家之间建立起一条良好的沟通渠道提供了必要的媒介，同时也起到了整合社会力量的作用。在这些团体之中，为人们的公共利益所建立的公益性团体成为人们关注的焦点。许多不同阶层的志愿者参与其中。这也表明，人民群众的整体利益为缓和各个利益群体之间的矛盾与冲突提供了可能。另一方面，这些团体能够聚合优秀人才的创造能力，进而为社会发展提供动力。在2002年前后，"公民参与"社会运行的端倪开始逐渐出现。

从社会整合角度看，契约性整合和道德性整合相结合的整合机制逐渐出现。随着社会领域的逐渐突显，普遍的生存利益成为人们能够超越利益差别并凝聚在一起的重要中介。在市场领域，人的主体性的不断提升使得个人与个人之间的经济合作愈加规范化，个人的能力成为经济合作的基础。同时，在社会领域中，人与人之间交往的道德化和公益化趋向逐渐增强。这表明，"经济人"与"道德人"的并存开始逐渐显现。

从社会驱动机制看，创新驱动与民生驱动相结合的驱动机制逐渐开始显现。奈斯比特曾经以美国为例，认为美国的发展趋势之一，是从强迫性技术向高技术与高情感相平衡转变。[1] 他认为，技术发展与人性发展必将共存。而在这一

（1）[美]约翰·奈斯比特：《大趋势——改变我们生活的十个新方向》，中国社会科学出版社1984年版，第3页。

时期的中国，这种并行的趋势正在显现。首先，随着知识社会的逐步显现，独立自主的创新能力成为人们获得自身利益的重要途径。这种创新实践就是要敢于突破传统思维模式的束缚，深化对事物的认识，并通过技术革新，使原有事物发生质的变化，借以提升竞争力。创新实践有利于社会整体发展的效率和速度；其次，随着社会领域逐步突显，多数人的生存问题成为社会关注的重点。市场经济所造成的许多人的下岗问题、生态环境问题和贫富分化加大问题直接影响社会的发展与进步。因此，人们开始逐渐为多数人的生存和生活问题，即民生问题而不断做出贡献。创新能力和公益意识成为企业雇佣劳动者所考量的因素；企业所有者所考虑的问题不仅仅是企业的创造能力，而且也包括企业为社会所实现的价值；人们评价个人成功的标准不仅仅是资金拥有的情况，而且也包括个人为社会做出的贡献及其创新能力；等等。

从社会激励机制方面看，物质激励逐渐泛化所引起的“激励失范”现象逐渐显现，进而完善社会激励机制的呼声逐渐增强。这里所说的“激励失范”现象，是指随着物质激励方式的普遍推广，一些人逐渐只关注自身的眼前利益而忽视社会的长远利益的现象。社会激励机制的功能之一，就是要引导和规范人们的行为与价值观，使其与社会发展的目标相契合。[1]而物质激励机制虽然在市场经济条件下起到了一定的积极作用，但其带来的负面影响也是明显的：使一些人逐渐形成了“利益至上”的价值观以及追求利益最大化的行为方式。而这种价值观和行为方式是与社会主义的基本价值理念相违背的。换言之，在这种情境下，社会激励机制的规范功能被遮蔽了。而随着人民群众主体性的不断提升，广大群众的社会责任意识开始逐渐增强，进而能够站在社会整体利益的立场上，对这种失范现象展开了普遍批判。这也使完善社会激励机制的呼声（尤其是倡导荣誉激励和精神激励的呼声）逐渐增强。

从社会管理机制方面看，制度化管理与道德化管理并存的社会管理模式逐渐成为社会的发展趋向。制度化管理模式，是指建立在市场经济条件下，以制度规范为管理标准的管理模式。这种管理模式意味着每个人都要遵循相对稳定的制度规则。随着人与人之间交往的广泛性和普遍性逐渐提升，道德化管理形式也逐渐显现，即依靠道德自律实现自我管理。随着人民群众主体性的不断提

(1) 郑杭生，郭星华：《社会运行激励机制初探——中国社会稳定和发展的一个重要问题》，《社会科学战线》1994 年第 4 期。

升，人与人的交往关系不仅仅是一种“契约性关系”，也表现出一种道德化关系。这充分表明道德化的社会管理模式出现端倪。这种新的社会管理模式也是行政管理模式逐渐弱化、社区自治模式逐渐增强的必然产物。

从社会保障机制看，政府、企业与社会三者共同承担的保障机制逐渐成形，尤其是民间组织在社会保障机制问题上所起到的作用逐渐增大。许多传统民间组织受到的社会认同逐渐增加，获得的捐赠金额也不断提升；许多新的民间组织也在纷纷崛起，公益性活动的数量和参与人数不断增大；许多企业家的公益性募捐行为也不断增多。

（三）发展理念：“以人为本”

第一，利益冲突的逐渐加剧需要“以人为本”的发展理念予以缓解。上文中提到，非对称的发展态势是中国发展的特色之一，而这种非对称发展在合理的范围内有利于国家的整体发展。但同时，我们也要看到非对称的发展很容易导致利益摩擦和利益冲突，使社会运行秩序受到严重影响。“强国家—弱社会”概念就是对国家整体实力提升而人民群众的生活没有得到应有发展的学术化概括。国家发展与社会发展之间的非对称化态势使得人民的不满情绪逐渐增强；贫富差距增大使得一些人的“仇富”心理逐渐增强，普通劳动者与企业家之间的冲突普遍升温；地区之间的差距逐渐增大，也使得地方与地方之间的利益矛盾逐渐凸显。因此，国家要缓和利益冲突不断加剧的态势，必须找到一个可以使各种利益诉求能够达到相对统一的发展理念，以此来缓和各种矛盾冲突。这一理念就是“以人为本”，即以人民群众的利益为社会发展的根本价值指向。而人民的利益首要表现为人民生活的富足。人民生活的富裕不仅是国家发展的目标，而且也是人民的首要诉求。正是在这种理念的指导下，国家的发展与人民的诉求才能得到统一；人民的富足生活不仅对于普通民众而言是美好生活的基础，而且对于企业家而言同样是对其合法利益的肯定，进而贫者与富者的诉求能够得到统一。

第二，社会主义国家的奋斗目标需要以“以人为本”的发展理念予以证明。邓小平认为，实现共同富裕是社会主义的本质，也是社会主义优于资本主义的本质体现。但这并不意味实现共同富裕能够一蹴而就，而是需要相对较长时间的规划与实践。盲目追求共同富裕只能导致“平均主义”。这已经为我国早期社会主义建设所付出的代价所证明。因此，自改革开放以来，我国社会主义建设实行的是国家优先发展的战略，即“先把蛋糕做大”。这种发展战略使中国在二十几年的时间里创造了国家发展的奇迹。但随着国家实力的不断增长，一些人的生活水平并没有得到相应的提高。这种发展状况使得一些人对改革开放的实践行为产生质疑，甚至对中国的社会主义性质产生怀疑，诸如“国家资本主义”“中国特色的资本主义”等词语在社会上广为流传。因此，充分体现社会主义优越性的发展理念急需加以明确，以凝聚人心，鼓舞士气。

第三，中国特色社会主义实践需要“以人为本”的发展理念予以推进。在2000年，中国人均GDP已经达到了1000美元，即实现了总体小康，这意味着中国将进入一个崭新的发展阶段。一些国家的发展历程表明，一个国家人均GDP进入1000美元到3000美元的时期恰恰是社会经济结构急剧变化、社会矛盾增加和社会稳定问题突显的时期。[(1)] 这些问题所造成的影响是人民群众的凝聚力逐渐减弱。因此，为了保证中国特色社会主义实践的顺利进行，就需要整合人民群众的力量。而整合力量的重要途径是满足人民群众的利益诉求。

二、人民主体型实践的主要内容

人民主体型实践，是指随着人民群众主体性的逐渐形成，人民群众在实践结构中处于突出地位，发挥突出作用，即人民群众的生存和生活成为社会发展的核心，而“政府”“市场”“思想”和“自然”发挥辅助作用。这意味着，在这一时期，中国特色社会主义实践的“人民主体”特征表现得较为明显。人民主体型实践形态的确立是基于：“能力依赖”的生存状态，预示着人民的创造能力将成为社会发展的主要动力；“公民参与”的社会运行机制初显，意味着实现利益共享的基础已经出现；“以人为本”的发展理念是人民的利益诉求不断提升的回应。因此，在这种情形下，人民主体型实践应运而生。其主要内容包括：一方面，反映“人民主体”特征的“赶超战略”的设定；另一方面，在具体措施上，各方面建设都体现出“人民主体”的特征和趋向。

（一）“富强战略”的调整：“人民主体”

在人民群众主体性不断提升的基础上，实现“富强战略”的宏观调整是中国特色社会主义实践能够顺利推进的关键。所谓具有“人民主体”特征的“富强战略”，是指人民的需求、利益和能力等因素成为国家发展战略所要考虑的核心问题。它主要表现在以下几个方面：

（1）王蕴辉，姜黎梅：《构建社会主义和谐社会的思想渊源和现实依据》，《赤峰学院学报》2005年第5期。

第一，从实践思维角度看，这一时期中国特色社会主义实践的内在思维是人本思维与物本思维相统一的思维模式。它是保证国家在新时期能够快速而科学发展的思维基础。所谓人本思维，是指要把人的需求、利益、能力、幸福和尊严看作社会发展的终极目标的思维方式。而物本思维，是指要把科技、财富和资本看作社会发展的内在动因的思维方式。两者的有机统一，就是要通过物的发展以实现人的发展，同时以人的发展来促进物的发展的思维模式。正是在非对称结构的推动下，中国经济才能够得以迅速腾飞。但同时，这也使得其他领域的发展相对滞后，尤其是社会领域的发展。这意味着人民群众的基本生存受到影响。物的发展最终要落在人的发展上。这种思维模式既能够在思想上纠正改革开放过程中出现的只见“物”不见“人”的发展问题，同时又避免了只见“人”不见物的发展偏向，顺应了人民群众的主体诉求，进而使人民的利益得到应有的维护，体现了“人民主体”倾向。党的十六大报告明确提出“必须把发展作为党执政兴国的第一要务”[1]，而“发展必须相信和依靠人民”[2]，其原因在于“最大多数人的利益和全社会全民族的积极性创造性，对党和国家事业的发展始终是最具有决定性的因素”[3]；在科学发展观的提出与诠释中，中央明确把发展作为第一要义，把“以人为本”作为核心。2007年党的十七大报告明确提出了“发展为了人民，发展依靠人民，发展成果由人民共享”[4]的战略思想。这些战略思想充分体现了物的发展与人的发展的统一。

第二，从实践目标角度看，这一时期中国发展的目标是实现全面小康。“全面小康”是在“总体小康”基础上提出的又一重大战略决定。所谓“全面”是针对改革开放过程中出现的“片面”而言的，即从全局角度看中国总体已经进入小康社会，但从局部地区看温饱问题仍然存在；从宏观经济发展看，中国经济迅速得以发展，但从结构角度看，经济结构不合理问题仍然严峻；

（1）中共中央文献研究室：《十六大以来重要文献选编》上，中央文献出版社2005年版，第10页。

（2）中共中央文献研究室：《十六大以来重要文献选编》上，中央文献出版社2005年版，第11页。

（3）中共中央文献研究室：《十六大以来重要文献选编》上，中央文献出版社2005年版，第11页。

（4）中共中央文献研究室：《十七大以来重要文献选编》上，中央文献出版社2009年版，第12页。

从总体政治发展看，中国特色社会主义政治文明逐渐确立，但从机制角度看，民主实现机制仍有待完善，腐败问题依然严峻；从总体文化发展看，中国文化呈现大发展大繁荣之景象，但从效果上看，人民群众的文化需求仍然得不到应有的满足；从整体社会发展看，中国社会建设逐渐起步，但从内容上看，社会建设依然任重而道远，等等。这种片面性是改革开放过程中的必然阶段，但如果听之任之，人民群众的不满情绪将会不断积聚，人民群众之间的利益冲突将会逐步升级，社会整体运行机制将会出现紊乱。因此，要实现“全面小康”，就要使整个社会实现均衡发展。这种均衡发展的态势符合人民群众的利益诉求，是社会稳定和实现人的全面发展的重要保证，体现了“人民主体”特征。在党的十六大报告中，中央提出了建设全面小康的战略目标，其中既包括“国内生产总值到2020年力争比2000年翻两番”(1)的具体目标，又包括社会主义民主更加完善、可持续发展能力不断提高等宏观目标，这充分体现了国家对全面小康的重视程度。

第三，从实践原则角度看，这一时期实践的发展原则是人民本位。人民本位的实践原则，是指实践目标的制订需要以人民群众的需求、利益、幸福和尊严为本位，使人民群众生活得更加美好。在人民群众主体性不断提升的前提下，满足人民群众的合理诉求成为中国发展战略的核心问题，而“以人为本”理念的提出正是对人民本位原则的最好诠释。“以人为本”的发展理念，主要是指：在新时期，国家发展战略要以人民群众的需求为本，在不断满足和引导人民群众日益增长的物质文化需求的基础上实现社会发展；要以人民群众的利益为本，不断保障人民群众应得的权益以及谋求发展的机遇，维护社会公平；要以人民群众的幸福为本，在不断赋予其安全感和归属感的同时实现社会稳定；要以人民群众的尊严为本，不断构建满足人民群众获得认同的社会氛围和环境，实现社会和谐。在“以人为本”理念的指导下，中国社会主义实践逐渐调整发展战略，把以改善民生为重点的社会建设作为社会主义实践的重要内容，并强调不断完善社会管理、公共服务和社会保障等社会机制建设，保障人民群众的生活。

第四，从实践布局角度看，这一时期的实践布局是“五位一体”。在经过党的十七大报告把“和谐社会”列入国家的发展布局以及党的十八大报告把“生

(1) 中共中央文献研究室：《十六大以来重要文献选编》上，中央文献出版社2005年版，第15页。

态文明建设”列入宏观战略以后，中国“五位一体”的总体布局已然形成。这意味着中国特色社会主义实践全面而系统地展开。在党的十八大报告中，中国特色社会主义道路概念被表达出来。这一概念不仅系统总结了中国成功发展的经验，而且也为中国在新时期发展指明了路径。中国特色社会主义道路不仅继承了“一个中心，两个基本点”的党的基本路线，而且明确提出“五位一体”的总体布局，即社会主义市场经济、社会主义民主政治、社会主义先进文化、社会主义和谐社会和社会主义生态文明，这是对中国发展面临新情况、新问题的系统阐发和概括。社会建设的提出，一方面是由于人民群众的主体性逐渐增强，其合理诉求不断多样化的必然结果；另一方面，也是群体利益冲突不断增强、贫富差距不断加大、社会稳定受到威胁的内在要求。而生态文明建设也主要是针对当前中国生态环境急剧恶化，致使人民群众的基本生存受到威胁的问题提出的。换言之，社会建设和生态文明建设的提出都是为了满足人民的诉求，体现了“人民主体”特征。

第五，从实践标准角度看，这一时期的实践标准是和谐标准。和谐标准，是指衡量社会发展的内在标准不仅仅是社会生产力、国家综合国力和人民生活水平的提高，而且还包括社会整体发展的均衡状态。和谐标准的提出是对“三个有利于”标准的继承与发展：“三个有利于”标准主要强调社会发展的静态结果，而和谐标准不仅强调静态标准，而且把社会发展的均衡状态体现出来。强调和谐状态不是对发展的否定，而是为了实现更加良好和更加健康的发展。和谐标准的提出主要针对的是国家发展过程中出现的人与自然、社会发展与国家发展，以及区域间发展等失衡问题。这些问题使得人民群众的生活逐渐提高，但其幸福感和尊严感却逐渐降低，因此，保证人民群众生活得更加幸福和更有尊严成为社会发展成功与否的重要标准，而其实现手段是解决人民群众最关心的利益问题。这充分体现了“人民主体”的发展趋向。《中共中央关于构建社会主义和谐社会若干重大问题的决定》明确提出，要“以解决人民群众最关心、最直接、最现实的利益问题为重点”(1)，并强调要“促进社会公平正义”(2)。这就是和谐标准的充分体现。

(1) 中共中央文献研究室：《十六大以来重要文献选编》下，中央文献出版社 2008 年版，第 651 页。

(2) 中共中央文献研究室：《十六大以来重要文献选编》下，中央文献出版社 2008 年版，第 651 页。

（二）人民主体型实践的逻辑

人民主体型实践的逻辑，是指在中国特色社会主义实践中，人民群众处于突出地位，而“政府”“思想”“市场”和“自然”发挥辅助作用，进而各方面建设都呈现出“人民主体”之特征与走向。

1. 政治建设：反映人民主体导向

这一时期，在尊重人民群众的主体地位的前提下，提升党和政府的内在力量，是中国特色社会主义实践的必要措施。这既体现了“人民”因素的突出作用，又反映了“政府”因素的辅助作用。具体而言，这主要表现在提升党的执政能力和服务型政府的建立上。

（1）提升党的执政能力

加强党的执政能力建设，不断提升党领导社会主义事业的能力，是这一时期中国特色社会主义实践的内在要求。党的执政能力建设，是指“党提出和运用正确的理论、路线、方针、政策和策略，领导制定和实施宪法和法律，采取科学的领导制度和领导方式，动员和组织人民依法管理国家和社会事务、经济和文化事业，有效治党治国治军，建设社会主义现代化国家的本领”[(1)]。在这一阶段，加强党的执政能力建设，充分体现了人民主体型实践的内在意蕴。

第一，加强党的执政能力建设是人民群众的新期待。一方面，随着人民群众主体性的不断提升，广大人民群众能够充分认识到中国共产党的执政能力直接关系到国家和社会的整体发展，关系到人民生活水平的不断提升，同时也关系到中国的整体形象和世界地位的提升。改革开放的历程充分证明，正是在中国共产党的领导下，中国特色社会主义现代化建设才能取得举世瞩目的成就。无论改革遇到多大的阻力，我们党总是能够审时度势地作出战略调整，适时制定宏观发展规划，使改革不断向前推进。因此，历经了改革开放过程和享受到改革开放成果的广大群众对党的执政地位是予以认同的。因此，在我们胜利完成“三步走”战略的前两步，开始实现全面建成小康社会的奋斗目标时，人民群众对新形势下党的执政能力的提升有着热切的期望，而这种期望也成为加强党的执政能力建设的重要动力。另一方面，随着世情和国情的不断变化，人民群众所面临的生存状况日趋复杂，尤其是市场经济所带来的竞争压力、贫富分

(1) 中共中央文献研究室：《十六大以来重要文献选编》中，中央文献出版社 2006 年版，第 272 页。

化所造成的心理压力，以及公共服务缺失所带来的生存压力，使一些人处于迷失和彷徨之中。因此，人民急需党能够提升领导社会主义现代化建设的能力，及时应对新情况所带来的新问题。

第二，加强党的执政能力的目的是维护人民群众的根本利益。功利主义代表边沁曾把“最大多数人的最大幸福是正确与错误的衡量标准”这一基本原理引入政治领域，得出了一个基本结论，即人民服从于权威的根本原因在于“服从可能造成的损害小于反抗可能造成的损害”[(1)]。换言之，人们能够服从领导的根本动因在于自身利益。马克思同样认为：“人们为之奋斗的一切，都同他们的利益有关。”[(2)]可见，对人民群众利益的维护是获得权威的重要途径和来源。中国共产党与其他资产阶级政党的根本区别在于，它的利益是与人民群众的利益相一致的，这是社会主义政党的本质属性。因此，党作为社会主义现代化建设的领导力量，需要时刻做到把维护人民群众的根本利益作为提升党的执政能力的根本目标，以维护党的执政地位和人民群众的认同。当前，中国正处于一个从传统社会向现代社会转型的关键阶段，人民群众对利益的诉求空前高涨，而不同诉求之间的冲突也日趋激烈。这就需要党的执政能力不断提升，以实现缓和利益冲突的作用。因此，只有维护好人民群众的根本利益，才能保障党的执政地位的合法性。2004年，中央明确指出，加强党的执政能力建设的总目标是使党“归根到底成为始终做到‘三个代表’、永远保持先进性、经得起各种风浪考验的马克思主义执政党，带领全国各族人民实现国家富强、民族振兴、社会和谐、人民幸福”[(3)]。这种为人民利益和幸福奋斗的宗旨，很好地诠释了党提升执政能力的总目标。

第三，加强党的执政能力建设的重要措施体现了“人民主体”倾向。首先，坚持“一心为民”的理念是提升执政能力的首要措施。在《共产党宣言》中，马克思和恩格斯明确指出，共产党人“没有任何同整个无产阶级的利益不同的利益”[(4)]。这是从根本上明确了共产党的基本属性，即为广大无产阶级服务。邓

(1)[英]边沁：《政府片论》，商务印书馆1995年版，第155页。

(2)马克思，恩格斯：《马克思恩格斯全集》第1卷，人民出版社1995年版，第187页。

(3)中共中央文献研究室：《十六大以来重要文献选编》中，中央文献出版社2006年版，第272页。

(4)马克思，恩格斯：《马克思恩格斯文集》第2卷，人民出版社2009年版，第70页。

小平明确指出，中国共产党的任务概括起来就是“全心全意为人民服务，一切以人民利益作为每一个党员的最高准绳”(1)。可见，“一心为民”的理念是中国共产党的基本要义，同时也是提升执政能力的基本理念。只有在“一心为民”的理念下，党才能在面对纷繁复杂的局面时，寻找到最佳方案，进而解决矛盾并获得人民的认同。故而，中央明确提出“只有一心为民，执政才能执得好”(2)。其次，提升“五种能力”，保障人民群众的主导地位。提升党的执政能力，主要是提升领导市场经济的能力、发展民主政治的能力、建设先进文化的能力、构建和谐社会的能力以及应对国际事务的能力。这五种能力的提升从根本上说，保证了人民群众的权利和主导地位：提升领导和驾驭市场经济的能力可以使人民群众能够机会均等地参与市场竞争，并获得合理的经济利益，保障人民群众的经济权利；提升发展民主政治的能力是要使人民能够自主地参与国家大政方针的讨论，保障人民群众的政治权利；提升建设先进文化的能力是要满足人民群众的文化需求，包括对文化产品的需求和文化创造的诉求，保障人民群众的文化权利；提升构建和谐社会的能力是要保证人民群众的基本生活，维护人民群众的社会权利；提升应对国际事务的能力是要努力营造一个良好的国际环境，有利于人民群众进行国际间的友好交往。

（2）服务型政府的建立

随着人民群众主体性的不断提升，尊重人民权利的政治建设成为中国特色社会主义实践的内在趋向，而建设服务型政府成为这一时期的重中之重。2004年2月，温家宝总理在中央党校第一次明确提出“努力建设服务型政府”的理念。2005年3月，十届人大三次会议把“努力建设服务型政府”写入政府工作报告。在《中共中央关于构建社会主义和谐社会若干重大问题的决定》中，中央再一次提出“建设服务型政府，强化社会管理和公共服务职能”。在2007年党的十七大报告中，中央明确提出“加快行政管理体制改革，建设服务型政府”(3)。由此可以看出，国家对服务型政府建设予以极大关注。从本质上说，服务型政府建设充分体现了这一时期“人民”因素的突出作用和“政府”因素的辅助作用。

（1）邓小平：《邓小平文选》第1卷，人民出版社1994年版，第257页。

（2）中共中央文献研究室：《十六大以来重要文献选编》中，中央文献出版社2006年版，第274页。

（3）中共中央文献研究室：《十七大以来重要文献选编》上，中央文献出版社2009年版，第25页。

第一，服务型政府的内涵充分体现了“人民主体”的内在倾向。自服务型政府理念提出以来，许多学者尝试对其进行科学界定。如有学者认为，服务型政府，是指在公民本位理念的指导下，在民主制度的规范内，把服务作为治理价值体系核心和政府职能结构重点的政府模式。[1]也有学者认为，服务型政府，是指政府遵从民意，把政府的工作目的、内容、程序及方法用公开的方式给公民、社会组织和社会，为其提供方便、周到和有效的帮助。[2]由于这些界定从政府的宗旨、政府与社会的关系以及政府职能等不同视角进行分析，因此，所得的结论自然有所不同。但它们有着共同点，即都强调人民群众的主体地位，即人民群众在服务型政府中处于核心地位。具体而言，服务型政府的宗旨是为人民群众服务，即为最广大人民群众的公共利益服务。这里的公共利益，主要指有保障的优质的公共产品和有效的公共服务。在市场经济不断发展以及人民群众的主体性不断生成的情况下，政府通过提供公共服务和公共产品可以有效地维护群众的根本利益，实现社会健康稳定的发展；服务型政府的价值取向是“以人为本”，即以人民群众的需求、利益、幸福和尊严为本位。这就意味着“人民本位”的价值取向，既是服务型政府建设过程中的指导原则，又是其建设的价值追求，同时也是价值评价标准；服务型政府的实践基石是人民民主，即服务型政府要在社会主义民主制度的框架内予以实现。这里突出强调尊重民意是服务型政府的重要内涵，其原因在于政府的合法性主要源于人民群众的认同。服务型政府的基本特征是民主、责任、廉洁和有限，即满足人民对政府的角色期望。因此，服务型政府充分体现了“人民主体”的倾向。

第二，建设服务型政府的重要动力是满足人民群众诉求多样化。服务型政府的建立是由多种因素促成的，如经济全球化、人民群众诉求多样化和市场经济不断发展等。而其中最为关键的是人民群众诉求的多样化。在中国改革开放四十年之后，人民群众的生活水平得到不断提升，合理诉求也从原先的单一化（温饱）向多样化方向发展。这种诉求主要表现在以下几个方面：一是在经济领域，人民群众对机会均等的普遍诉求，这是市场经济的竞争机制和利益机制对人民群众影响的必然结果；二是在政治领域，人民群众对民主权利的诉求，

（1）施雪华：《“服务型政府”的基本涵义、理论基础和建构条件》，《社会科学》2010 年第 2 期。

（2）吴玉宗：《服务型政府：概念、内涵与特点》，《西南民族大学学报（人文社科版）》2004 年第 2 期。

这是人民群众主体性不断提升的必然结果；三是在文化领域，人民群众对文化产品的需求，这是人民群众自我完善和自我发展的重要体现；四是在社会领域，人民群众对社会和谐与社会基本生存保障的诉求，这是人民群众生活的内在基础；五是在生态领域，人民群众对美丽的自然环境的向往，这是人民群众的基本权利。这些多样化的诉求成为服务型政府建立的重要动力，而服务型政府也成为解决诉求多样化的重要途径。首先，服务型政府为人民群众公平参与市场竞争提供保障。随着中国加入WTO，中国经济与世界体系实现密切接轨。这意味着中国政府要遵守世界贸易组织的规则，即政府不仅要明确自身界限，不能直接干预市场经济运行，而且也需要提供相关服务，进而为市场主体提供相对公平的环境，即使市场经济的参与者能够获得公平参与竞争和获得机会均等的权利，进而推动市场经济的发展。正如达仁道夫所言，"市场只有在人能够作为平等的市场参与者进入市场的情况下，才能发挥功能"[(1)]。其次，服务型政府能够保证民主权利的实现。服务型政府所提供的服务不是由政府机关决定的，而是由人民群众的意愿决定的。因此，服务型政府内含着充分尊重人民群众意愿的倾向。这也使构建能够保证民主参与顺利进行的机制，成为服务型政府建设的重要内容之一。再次，服务型政府能够满足人民群众的文化诉求。服务型政府一方面能够通过履行自身的职能为人民群众提供充足的文化产品和文化服务，另一方面也能够尊重和鼓励群众的文化创作热情。再次，服务型政府能够保证人民群众的基础生活，调节社会冲突和矛盾，实现社会和谐。最后，服务型政府能够提供必要的生态服务，以满足人民群众对生态文明的诉求。中国实现的是一种非对称性发展战略，这意味着在经济急速发展的同时，国家对社会公共利益的管理和服务有所欠缺。服务型政府的建立就是要加强政府的公共服务职能，保证人民群众的公共利益得到保障，实现社会和谐。

第三，建设服务型政府的实践措施体现了人民群众的主体地位。首先，明确服务型政府的执政理念，即从"官本位、政府本位、权力本位"向"民本位、社会本位、权利本位"转向。中央重申"为人民服务是各级政府的神圣职责和全体公务员的基本准则"[(2)]，这是重新明确建设服务型政府的基本理念，意在努

---

(1) [英] 拉尔夫·达仁道夫：《现代社会冲突》，中国社会科学出版社2000年版，第53页。

(2) 中共中央文献研究室：《十六大以来重要文献选编》下，中央文献出版社2008年版，第663页。

力实现从“管制型政府”向“服务型政府”转变。其次，明确政府职责，即以社会服务为重点。明确政府职能一直是社会主义实践的重要环节，但由于客观因素制约，政府职能仍然在很多领域处于“错位”“缺位”和“越位”状态。因此，实现政府职能的“让位”“补位”和“退位”就成为服务型政府建设的目标。故而，中央明确提出，积极推进政企分开、政资分开和政社分开，减少政府对微观经济领域的直接干预，同时要以“发展社会事业和解决民生问题为重点，优化公共资源配置”(1)，完善公共服务体系。再次，实现政府机构建设的效率化和公开化，打造使群众满意和放心的政府。服务型政府同样注重行政效率的提升，只有在有限职权的范围内，才能够更好地提升办事效率。

服务型政府的建立是中国行政体制改革的重要措施，同时也是政治体制改革的重要步骤，它对其他政治体制改革有着重要的推动作用。服务型政府的建立有助于扩大人民民主，保障民主权力。服务型政府的重要特征之一就是尊重民意。它的建立意味着人民能够通过良好的沟通表达自身意愿，监督政府行为，并在一定程度上实现基层自治。这有利于推动中国特色社会主义民主进程。同时，服务型政府的建设也需要完善的法律体系予以维护，进而实现有限法制政府。

2. 经济建设：彰显人民主体价值

在人民群众主体性不断生成的前提下，彰显人民主体价值的市场经济建设，是这一时期中国特色社会主义实践的题中应有之义。此经济建设就是要在满足人民主体价值的框架内，促进市场经济发展。这充分体现了“人民”因素的突出作用和“市场”因素的辅助作用。

第一，以创新型国家战略推动市场经济建设，充分体现了人民群众的创造价值。创新是人类历史发展（尤其是近代以来）的重要动力。18 世纪的蒸汽动力革命使英国迅速崛起，19 世纪的电气化革命使日本、德国迅猛发展，20 世纪的生物、信息技术革命使美国逐渐称雄。进入 21 世纪以来，随着世界科技迅猛发展，自主创新能力成为国家发展的基础和国际间竞争的重要筹码。中国作为发展中国家，既要大力引进世界先进的科学技术，更为重要的是要着力提升自主创新能力，构建创新型国家。在党的十七大报告中，中央明确指出要“提

(1) 中共中央文献研究室：《十六大以来重要文献选编》下，中央文献出版社 2008 年版，第 663 页。

高自主创新能力，建设创新型国家”[1]。创新型国家，是指通过把科技创新作为核心战略，不断提高科技创新能力，形成强大竞争实力的国家。创新型国家战略，主要是针对我国市场经济发展所遇到的困境，如经济发展方式转变缓慢、技术创新能力不强等问题而提出的。以创新型国家战略推动市场经济的快速发展，充分体现了人民主体创造力所具有的价值，是中国特色社会主义实践的必然选择。首先，创新型国家战略要求我国市场经济发展要顺应世界发展的大趋势，即从实物经济向信息经济转变，而这就要求市场经济发展要注重人力资源的开发与运用，充分肯定人民群众的劳动价值。从实物经济向信息经济转变的关键，是合理安排进行信息处理的人员。信息经济的发展不仅需要具有高级技术的顶尖人才（如网络编程人员），还需要中层的管理人员（如职业经理人）以及服务基层的工作人员（如中介组织人员）。我国是一个人力资源充沛的国家，合理开发和利用人力资源能够使国家自身的优势得以不断彰显，实现独特发展之路。其次，创新型国家发展战略要求我国市场经济发展逐步转向依赖科技创新的轨道上来。而实现科技创新的关键在于人民群众的创新能力。因此，创新型国家战略的提出充分肯定了人民群众的创造力所具有的价值。科技创新主要包括三个方面的内容：原始性科技创新、集成性科技创新和引进吸收后的再创新。[2] 而从根本上说，科技创新的关键在于激发人民群众的聪明智慧、积极性和创造力。这种创造力的来源不仅在于部分科技工作者的辛勤劳动，而且在于广大人民群众的创新实践。因此，创新型国家建设的主要路径是“加快建立以企业为主体、市场为导向、产学研相结合的技术创新体系”，[3] 重点是要“进一步营造鼓励创新的环境，努力造就世界一流科学家和科技领军人才，注重培养一线创新人才，使全社会创新智慧竞相迸发、各方面创新人才大量涌现”[4]。再次，创新型国家战略要求加大对教育和科技的投入，以促进市场经济不断发展。

（1）中共中央文献研究室：《十七大以来重要文献选编》上，中央文献出版社 2009 年版，第 17 页。

（2）白春礼：《提高自主创新能力建设创新型国家》，《中国科学院院刊》2006 年第 2 期。

（3）中共中央文献研究室：《十七大以来重要文献选编》上，中央文献出版社 2009 年版，第 17 页。

（4）中共中央文献研究室：《十七大以来重要文献选编》上，中央文献出版社 2009 年版，第 17 页。

这充分体现了对人民群众创造价值的肯定。

第二，以统筹发展原则完善市场经济建设，充分体现了人民群众的本位价值。统筹发展原则，是指通过注重各个方面和各个因素之间的内在联系，以逐渐形成国家经济的良性运行与发展的原则。统筹发展原则是在人民群众主体性生成的情况下，充分考虑人民群众生存状态和利益诉求的基础上提出的。它充分体现了人民群众的本位价值。自文艺复兴以来，“人”的价值不再由神来赋予，人也不是神的附庸，人的价值就在于人的生存和生活之中。康德明确提出“人（以及每一个理性存在者）就是目的本身，亦即他绝不能为任何人（甚至上帝）单单用作手段，若非在这种情况下他自身同时就是目的”[(1)]。因此，体现出以人民群众的生存价值为核心价值的实践原则，才能在人民群众的主体性逐渐生成的情境下，不断推进市场经济建设，进而实现社会主义现代化。统筹城乡发展，统筹效率、资源和环境发展，统筹区域发展，统筹国内和国外两个市场共同发展，是完善市场经济、推进经济发展的重要决策，体现了社会主义市场经济的人本情怀。统筹城乡发展主要是使农民的生活得到基本保障，使农民的生存状况得到显著改善；统筹效率、资源和环境发展主要是保证人民群众的切身利益和整个民族的生存发展；统筹区域发展主要是缩小区域发展差距，实现公共服务均等化，使各个区域的人民生活得到合理的提升；统筹国内外两个市场主要是能够满足人民群众对生活的多样化要求，加快实现人民群众生存方式的现代化。党的十七大报告把统筹城乡发展、加强能源资源节约和生态环境保护、推动区域协调发展以及拓展对外开放，作为促进国民经济又快又好发展的重要措施。而党的十八大报告更是明确提出实现中国经济的健康发展，“要更多依靠节约资源和循环经济推动，更多依靠城乡区域发展协调互动”。[(2)]这些措施充分体现了人民群众的本位价值。

第三，以完善所有权的相关措施推动市场经济发展，充分体现了人民群众的产权价值。自改革开放以来，充分承认私营经济发展，鼓励人们通过合法劳动获得合理报酬成为促进市场经济发展的重要措施。市场经济运行的基础之一就是人们对利益的诉求。这就意味着利益驱动机制成为市场经济的内在机制。

（1）[德]康德：《实践理性批判》，商务印书馆 1999 年版，第 144 页。

（2）胡锦涛：《坚定不移沿着中国特色社会主义道路前进 为全面建成小康社会而奋斗——在中国共产党第十八次全国代表大会上的报告》，人民出版社 2012 年版，第 20 页。

在生产力不够发达、物质财富不够全面丰富的前提下，市场经济制度能够促进人们生产积极性不断提升，有利于财富的不断创造和积累。从理论上看，对个人合法利益的肯定即私人利益的肯定并不是对马克思主义理论的违背。近代以来，许多理论家都对私有利益和私有财产有相关论述。洛克明确提出，只要人们“使任何东西脱离自然所提供的和那个东西所处的状态，他就已经掺进他的劳动，在这上面参加他自己所有的某些东西，因而使它成为他的财产”(1)。卢梭也认为：“不可能设想除了自己双手的劳动以外，私有财产还有别的来源。”(2)这些论述都表达了一个思想，即通过劳动获得的私有财产是正当的。马克思正是继承了这一理论因素，才能够顺利提出剩余价值学说，而且马克思并不反对个人财产。在《共产党宣言》中，他指出：“我们绝不打算消灭这种供直接生命再生产用的劳动产品的个人占有。”(3)因此，在我国社会主义初级阶段，承认人们通过合法途径获得的私有利益和私有财产，是完善社会主义市场经济的内在要求，同时也是充分发展生产力的内在要求。首先，对财产权的肯定能够极大满足人民群众的生活诉求，借以调动人民群众的生产积极性，进而促进市场经济的蓬勃发展。这充分体现了人民群众的产权价值。赋予人民群众财产权意味着“人们有了实现自己合法权利的物质条件”(4)，而这种物质条件的获得，满足了人们在市场经济条件下的诉求，为人们提供了必要的安全感，借以克服市场经济所带来的焦虑。其次，对财产权的肯定为企业家带来安全感，极大地刺激了非公有制经济的蓬勃发展。对财产权的肯定使非公有制经济和公有制经济在法律上获得同等地位，也使私营企业主和普通员工获得同等的国民待遇。这有利于消除现实状况中私营企业主受到的歧视待遇，进而为企业主带来了一剂“定心丸”，极大地刺激了企业主的投资动力。同时，这也体现了人民群众的产权价值。正是考虑到人民的产权价值，中央出台了一系列相关政策措施。十届人大二次会议审议通过的宪法修正案明确规定公民的合法的私有财产不受侵犯。党的十七大报告明确提出“坚持平等保护物权，形成各种所有制经济平等

(1)[英]洛克：《政府论》下篇，人民出版社1964年版，第18页。

(2)[法]卢梭：《论人与人之间不平等的起因和基础》，商务印书馆2007年版，第95页。

(3)马克思，恩格斯：《马克思恩格斯文集》第2卷，人民出版社2009年版，第46页。

(4)高淮成，曹昆斌：《论以人为本完善社会主义市场经济体制》，《学术界》2004年第5期。

竞争、相互促进新格局”[1]。

第四，以完善诚信体系健全市场经济规则，充分体现了人民群众的道德价值。从本质上看，市场经济是一种契约经济，即主体之间通过“签订契约”（商品交换）建立平等互信的相互关系。因此，诚实守信对于市场经济的平稳运行而言至关重要。在我国，诚信精神有着深厚的文化底蕴，儒家、道家和法家都有着关于诚信思想的论述。如《论语》中“言而有信”，《庄子》中以真释诚等。概括而言，在中国古代“诚”，是指真心、真言、真行，不存伪作[2]，而“信”，主要是指信守承诺。而“诚信”则指对人真诚，遵守承诺。中国古代的诚信思想对当代市场经济所要求的诚信体系建构有着重要的借鉴作用。在当代，市场经济所具有的利益驱动机制使一些人为了谋求利益最大化而不惜践踏道德底线，使许多失信行为频繁出现。这就急需国家培育符合市场发展的道德精神。因此，我们需要从当代中国情境出发，充分借鉴古代诚信思想，构建当代诚信体系，以促进市场经济发展。诚信作为道德精神的重要组成部分，在市场经济运行过程中不仅对市场主体起到规范作用，即成为个人、企业和国家行为的道德约束机制，而且起到道德激励作用，即褒奖市场主体的道德行为。这充分体现了人民群众的道德价值。

3. 文化建设：体现人民为本

一方面，思想建设体现人民为本。科学发展观是这一时期思想建设的重要成果，其内在体现着人民为本的特征，即人民群众的生存境遇和内在诉求促生了这一重要思想。这体现了“人民”因素的突出作用和“思想”因素的辅助作用。

第一，人民群众的主体性逐渐生成，促生了科学发展观的核心理念：以人为本。科学发展观的核心是“以人为本”，这里的“人”不是抽象的个人概念，而是建立在客观条件之上的具体的人民群众。这就意味着，科学发展观的提出是针对当代中国的发展状况，尤其是人民群众的生存状态而提出的。在新时期，人民群众的生存境遇可以概述为主体性的逐渐生成。前文提到，正是由于市场经济的发展，人民群众才能够获得自主的发展空间，进而主体性逐渐生成。人民群众的主体性主要包括自觉性、自为性和自主性，其核心要义在于人民群众

(1) 中共中央文献研究室：《十七大以来重要文献选编》上，中央文献出版社 2009 年版，第 20 页。

(2) 张锡勤：《中国诚信思想浅析》，《道德与文明》2004 年第 1 期。

能够认识自身发展的趋向并作出合理的判断和行为。在这样的情况下，中央提出科学发展观是恰逢其时的。首先，主体性逐渐生成的人民群众能够成为社会发展的重要动力。马克思主义认为，历史是人民群众的事业。值得注意的是，人民群众在不同历史时期的作用是不同的。马克思曾经肯定过资本主义社会促进生产力发展的速度，认为“资产阶级在它的不到一百年的阶级统治中所创造的生产力，比过去一切时代创造的全部生产力还要多，还要大”[1]。这句名言实际上既强调了资本主义生产方式比以往其他生产方式更先进，同时也肯定了人民群众主体性得以萌发所产生的强大的创造力。人民群众主体性的逐渐生成意味着：人民群众已经逐渐有能力成为社会发展的重大动力；人民群众的幸福和有尊严的生活成为社会发展的主要目标；人民群众合理诉求的满足成为社会发展的考量标准。

第二，人民群众的心理承受底线，促生科学发展观的基本原则：全面协调可持续。科学发展观之所以称其为“科学”，主要是针对以往发展过程中出现的盲目追求经济发展而忽视资源环境的可承受度，盲目追求经济发展而忽视社会建设，盲目追求城市化进程而忽视农民发展等“不科学”情况而提出的。这种情况虽然在一定范围内能使中国经济迅速发展，但却为国家未来的长远发展埋下隐患。同时，这种状况也在不断地挑战人民群众的心理承受底线。在中国，人民群众的心理承受底线主要包括三个方面：一是保持对“人的自由而全面发展”的憧憬。这是马克思主义理论所设想的共产主义的美好图景，也是社会主义建设的最终目标。虽然在社会主义建设过程中，我们不能把最终目标和现实目标相混淆，同时也要承认发展的过程需要付出代价，但我们要意识到这种代价必须有一定的限度，即不能破坏人民群众对未来发展的渴望。二是保持对中国社会主义发展的认同。中国所取得的辉煌成就，使人民群众能够认同中国特色社会主义的发展模式，这也是中国社会能够持久稳定的重要原因。三是保持对国家维护个人生存和发展的措施的认同。人民群众对生存和发展的要求是随着时代的变化而变化的，即从较低层次的衣食住行到较高层次的尊严等。在人民群众主体性逐渐生成的时代，即人民群众能够在一定程度上运用理性对社会发展的某些问题作出合理判断的时代，国家整体发展的片面性必然会受到人民的诟病。一旦这种片面性突破了人民群众的承受底线，就必然会产生恶劣后果。

(1) 马克思，恩格斯：《马克思恩格斯文集》第2卷，人民出版社2009年版，第36页。

例如贫富差距的增大（对个人发展机会的剥夺）、资源环境的破坏（对国家整体发展的威胁）以及精神世界的虚无（对共产主义理想的漠视）都在不断撞击人民群众的承受底线。因此，国家从发展战略的高度提出“全民协调可持续”的原则，就是要协调好眼前利益和长远利益、整体利益和个人利益以及局部利益和全局利益等之间的关系，缓解现实状况对人民心理承受底线的冲击。

第三，人民群众的利益冲突，促生科学发展观的第一要义：发展。随着中国特色社会主义实践的不断推进，人民之间的利益分化趋势逐渐增强，利益冲突不断增多，以至于影响国家的整体发展。故而，人民群众利益冲突的范围逐渐增大和程度愈演愈烈之态势，成为中国持续发展的重大问题。而解决人民群众之间利益冲突问题的根本途径是发展。这是由于：首先，国家的不断发展是解决人民利益冲突的根本途径。从根源上说，利益之间的冲突问题是由于资源的稀缺性和人民群众需求不断多样化的矛盾造成的，而要解决这种矛盾的方法就是及时顺应世界发展潮流，实现经济发展方式的转变，进而创造出极大的物质财富以满足人民多样化的生存和发展需求。其次，国家的整体发展是人民群众的普遍诉求，故而，以普遍诉求缓和利益冲突，是缓解当代人民利益矛盾的重要措施。在人民群众主体性逐渐生成的形势下，以最广大人民的根本利益为基础，整合不同利益集团的利益诉求，以缓和利益之间的冲突对抗，进而调动最广大人民的积极性，最终把人民群众的力量统一到国家建设和发展中来，这是当代中国发展的重大战略决策。只有把人民群众的目光转移到国家发展和实现小康的战略目标上来，才能使人民群众的利益冲突逐渐缓和。这两点概括起来就是“在发展中解决发展的问题”。

第四，人民群众的生活需求，促生了科学发展观的根本方法：统筹兼顾。在主体性生成的情境下，人民群众的生活需求不仅包括物质利益的需求，而且包括文化需求、交往需求、公正需求和尊严需求等。这些不同的需求层次构成了当代人民群众的总体诉求。因此，要满足人民群众的生活需求就要统筹兼顾不同实践领域、不同地区和不同利益群体，达到科学发展观的要求。尤其是在这一阶段，中国特色社会主义实践需要重点统筹民生状况和经济发展之间的关系，即处理好效率与公平之间的关系。在保证人民基本生活的情况下实现经济的平稳快速发展，不仅是社会主义的本质要求，而且是新时期中国改革开放不断发展的内在要求。由于社会主义的优越性在于能够防止两极分化，实现共同富裕，这就要求在中国特色社会主义现代化建设过程中必须保证社会公平；同时，社会主义的本质是解放和发展生产力，这就要求中国特色社会主义现代化建设必须保证发展效率。因此，兼顾效率与公平成为中国特色社会主义现代化建设过程中的重点。在以前的中国特色社会主义现代化建设过程中，由于客观发展形势的需要，国家对效率的崇尚使公平常常被忽视。而随着人民力量的不断增长，这就要求国家把社会公平放在与发展效率同等地位之上。从本质上看，保证社会公平主要包括三个方面：机会公平、规则公平和结果公平。在以前，中国市场经济改革的重点主要放在机会公平和规则公平之上，而对结果公平有所忽略。这使当代中国贫富差距逐年增大以及社会利益冲突不断增强，不利于社会的长久稳定。因此，适时缩小结果之间的差距，成为当代中国发展的重点。以民生为重点的社会建设就是统筹兼顾方法的重要体现。

另一方面，文学艺术建设体现以人为本。其一，明确了文化产业的重要地位，为人民精神生活的满足提供重要支撑。党的十六大报告明确把文化领域区分为“文化事业”和“文化产业”两个部分，正式确立了文化产业发展的基本方略，促进了文化产品的大繁荣以满足人民需要。其二，明确提出社会主义核心价值体系作为文化建设的重要内容。党的十六届六中全会，明确提出社会主义核心价值体系的内涵，包括马克思主义指导思想、中国特色社会主义共同理想、以爱国主义为核心的民族精神和以改革创新为核心的时代精神和社会主义荣辱观，并把社会主义核心价值体系作为中国特色社会主义文化的重要内容，其目的在于重建当代中国人的精神世界，使受到个人主义、金钱至上等观念污染的精神世界，重新焕发生机与活力，进而推进实践不断前行。其三，文化管理体制逐渐实现了从“办”到“管”、从管微观到管宏观等方面的转变，体现“为人民服务”的宗旨和理念。这些实践措施都是人民主体实践在文化建设方面的重要佐证。

4. 社会建设：注重公共参与和公共服务

人民群众的主体性逐渐生成意味着人民群众的创造力在不断增强，同时也意味着不同的利益群体在不断形成，人民诉求也不断多样化，进而利益冲突也在不断增加。因此，如何引导和满足人民群众的生存和生活诉求，以达到凝聚、整合以及引导人民群众的力量，并使其真正成为推动社会发展的强大动力，已经成为国家发展面临的重要课题，体现了“人民”因素在实践结构中的突出作用。

针对改革开放面临的新课题，国家从“顶层设计”角度提出了两项重大战略决策：和谐社会建设和以民生为重点的社会建设。和谐社会建设有广义和狭义两种理解。广义上的“和谐社会”中的“社会”是在与“国家”相等同的意义上加以使用的。在这种意义上，和谐社会建设包括政治、经济、文化和社会等各个领域的建设活动，其核心是要使国家实现全面和谐可持续发展。狭义理解的和谐社会，就是指“社会层面本身各个环节、各种因素以及各种机制之间的协调，是科学发展观所关注的一个相对单项的问题”[1]。我们这里所提出的和谐社会建设是在狭义上理解的。而要保证社会的和谐，首先要缓解人民群众的利益冲突，并使人民群众的力量凝聚到社会主义现代化建设上来。因此，从人民群众最根本的、最关心的和最直接的利益问题入手，即民生问题入手，不仅能够通过解决人民群众的共同利益诉求以缓解不同利益冲突，而且能够从根本上解决人民群众的基本生存问题，进而使人民群众对社会主义建设充满信心。从这一意义上说，以民生为重点的社会建设是和谐社会建设的重要途径，而其核心目的是要凝聚、整合和引导人民群众的力量。

第一，从公共服务角度看，这一时期公共服务的侧重点是要通过保证人民基本生活，以增强人民群众对社会主义建设的信心。边沁认为，政府只有以“有助于人民幸福的方式来治理人民”[2]，才能保证政府的合法性。而在当代中国，保证人民幸福的主要措施是政府提供合理的公共服务。这也是增强人民群众对社会主义现代化建设信心的重要手段。

从教育方面看，增大教育投资和扩大教育范围成为教育的重点。2002 年国家颁布《民办教育促进法》的作用，就是要通过肯定承办教育事业能够取得合理利润的措施，激发了民间承办教育的热情，扩大教育范围和力量。2006 年国家颁布的《义务教育法》通过规定中央和各省市对义务教育的责任和投入，使义务教育得到极大发展，且逐步实现“学有所教”。

从劳动就业方面看，实现积极的就业政策，尤其是解决弱势群体的就业问题成为这一时期社会建设的重点。保证广大人民群众能够通过合法劳动以改善生活水平，是维护人民权益的重要措施。故而，党的十六大报告指出，“就业是民生之本”[3]。在这一时期，国家通过提供就业培训、开发公益性工作岗位以

(1) 吴忠民：《“和谐社会”释义》，《前线》2005 年第 1 期。

(2) [英] 边沁：《政府片论》，商务印书馆 1995 年版，第 152 页。

(3) 中共中央文献研究室：《十六大以来重要文献选编》上，中央文献出版社 2005 年版，第 23 页。

及改善就业环境等措施，逐步稳定了就业形势。而在解决社会弱势群体的就业问题时，国家主要采用政策引导和就业帮扶制度，以保障弱势群体的生存权益。

从医疗方面看，解决人民“看病难，看病贵”的问题成为这一时期改革的重点。2005 年 7 月国务院发展研究中心在《中国青年报》上发表了关于中国医疗改革的发展报告，其核心论题是中国医疗改革基本上是不成功的，突出表现为人民看不起病。以此为契机，国家开始全面反思医疗改革并采取相应措施对其进行修正。2009 年国务院下发的《关于深化医疗卫生体制改革的意见》明确指出，要突出医疗卫生事业的公益性，坚持以人为本原则，把保证人民群众的健康放在首位。中央还明确提出要从机制和体制方面入手，保证对医疗卫生事业的投入。在这些措施的保证下，中国医疗卫生事业得到快速发展，逐步实现“病有所医”。

从社会保障方面看，统筹城乡发展，建立覆盖全民的社会保障体系是这一时期的重点。自 2002 年以来，国家通过扩大社会保障项目，如完善和扩充失业保险、就业保险、养老保险、医疗保险、工伤和生育保险等项目，逐步扩大社会保障范围，建立覆盖全民的保障体系。尤其在农村社会保障建设方面，通过新型农村合作医疗、新型养老保险以及最低生活保障等项目，实现农村保障体系的跨越式发展。

在收入分配方面，平衡效率和公平成为这一时期建设的重点。十六大报告明确提出“初次分配注重效率，发挥市场作用”[1]，而“再分配注重公平，加强政府对收入分配的调节职能，调节差距过大的收入”[2]，这是把效率和公平放入不同的分配领域，有利于区分和辨别两者所应用的不同范围，但同时也使得效率和公平问题简约化。在十七大报告中，中央对此问题有了进一步认识，提出“初次分配和再分配都要处理好效率和公平的关系，再分配更加注重公平”[3]。值得注意的是，社会公平包括机会公平、过程公平和结果公平三个方面，而在初次分配中的公平主要是机会公平和过程公平，而在再分配过程中所要关注的是结

(1) 中共中央文献研究室：《十六大以来重要文献选编》上，中央文献出版社 2005 年版，第 21 页。

(2) 中共中央文献研究室：《十六大以来重要文献选编》上，中央文献出版社 2005 年版，第 21 页。

(3) 中共中央文献研究室：《十七大以来重要文献选编》上，中央文献出版社 2009 年版，第 30 页。

果公平，这样区分才有利于正确认识两者之间的关系，才能保证理顺分配关系。

第二，从社会管理方面看，在这一时期，社会管理的侧重点在于实现社会管理的制度化构建，以缓解社会矛盾和冲突，进而维护社会稳定。在历经上一阶段的实践活动后，社区建设和农村基层管理开始浮出水面，公民基层自治模式开始逐渐突显。但随着相对灵活的自治模式的形成，人民群众之间的矛盾与冲突也逐渐突显出来。达仁道夫认为："现代的社会冲突与在一个日益多彩和日益富足的选择机会的世界里为所有人争取公民权利息息相关。"[1]随着人民群众主体性的不断提升，人们逐渐开始争取自身的应得权利。这种应得权利不仅指政治权利，而且也包括获得公平机会等方面的权利。这就使得在社会中获得权利的人群与没有得到相应权利人群之间的矛盾日益激化。这种矛盾与冲突在当代社会表现得极为明显，并且会对社会的整体发展造成不利影响。因此，在这一阶段，建立完善的社会管理制度模式，缓和人民内部矛盾，成为社会建设的重点。党的十六届四中全会明确提出，要不断加强社会建设和管理，推进社会管理体制创新，其主要目标是"建立健全党委领导、政府负责、社会协同、公众参与的社会管理格局"[2]。党的十七大报告明确提出，社会管理的目标是要实现"最大限度激发社会创造活力，最大限度增加和谐因素，最大限度减少不和谐因素"[3]。党的十八大报告也明确提出，要加强和创新社会管理，提高社会管理科学化水平。[4]在创建社会管理机制的过程中，要明确党、政府、社会和公民的角色和职责，形成一种良性的沟通渠道，使信息能够及时反馈，进而解决最广大人民群众的利益诉求，最终缓解群众内部的利益冲突。

5. 生态文明建设：体现"以人为本"理念

随着人民群众主体性的不断提升，人们对自身生存环境的要求也在不断提

---

(1) [英]拉尔夫·达仁道夫：《现代社会冲突》，中国社会科学出版社2000年版，第140页。

(2) 中共中央文献研究室：《十六大以来重要文献选编》中，中央文献出版社2006年版，第287页。

(3) 中共中央文献研究室：《十七大以来重要文献选编》上，中央文献出版社2009年版，第31页。

(4) 胡锦涛：《坚定不移沿着中国特色社会主义道路前进 为全面建成小康社会而奋斗——在中国共产党第十八次全国代表大会上的报告》，人民出版社2012年版，第38页。

高。同时，虽然国家在生态环境保护方面采取了诸多措施，客观上也起到了一定的效果，但我国的生态环境形势依然严峻。2000 年，全国生态环境质量评价结果显示，中国 1/3 的国土生态环境处于差或者较差水平，90% 的天然草原出现退化或沙化。而由于农药的大量使用，农田周围的生态系统也受到破坏，沿海滩涂以及湿地生态破坏加剧，等等。[1] 这意味着，在中国，人们赖以生存的自然环境已经遭受到毁灭性的破坏。同时，这也表明人们的生存受到严重威胁。故而，通过借用“人民”因素的力量，满足“人民”因素和“自然”因素的要求，是这一时期生态文明建设的特征。推进生态文明建设，以维护人们的生存环境，进而实现人与自然的和谐共处，是“以人为本”核心理念的应有之义。2002 年十六大报告明确把可持续发展能力纳入全面建设小康社会的范畴；2003 年《中国 21 世纪初可持续发展行动纲要》出台；同年，党的十六届三中全会明确提出科学发展观，其中人与资源、环境的关系问题是其重点关切的对象；2007 年党的十七大报告明确提出建设“生态文明”。这意味着在这一阶段，生态文明建设总体呈现出“人民主体”之趋向。

第一，人与自然的和谐共存是这一时期生态文明建设的主题，同时也是人民群众的内在要求。由于中国生态问题的日趋严峻以及人民群众主体性的不断提升，广大人民群众对生态文明建设的关切和诉求也愈加强烈，即对自身及后代良好生存环境的渴望不断增强。因此，满足人民群众的诉求，实现人与自然的和谐共生是社会主义建设的题中应有之义。《中国 21 世界初可持续发展行动纲要》明确指出，生态建设要“以提高人民群众生活质量为根本出发点”，就是其充分体现。

第二，这种人与自然和谐共处的生存状态，是对世界现代化进程进行反思的结果，同时也是维护人民利益的重要措施。自世界现代化进程开始以来，经济的高速增长往往伴随着生态资源的恶化，理性不断高扬的背后恰恰是对自然环境的漠视。表面上，人们似乎能以主人的姿态奴役自然，而实际上自然的每一次反击都使人类付出难以承受的代价。因此，人在自然中的地位开始成为世人反思的焦点。从 1962 年《寂静的春天》和 1972 年《增长的极限》的出版，到 1992 年联合国的“环境与发展大会”以及 2002 年联合国“可持续发展世界首脑会议”的召开，再到生态学马克思主义以及生态社会主义运动在世界上的

（1）陈寿朋，杨立新：《生态文明建设论》，中央文献出版社 2007 年版，第 140 页。

兴起，等等，这些现象无不证明人与自然的关系已经成为当代人们反思的主题。对生态环境的破坏不仅阻碍人们的发展，而且威胁到人们的生存，即影响到人们的现实和长远利益。因此，维护人们的生态利益，实现人与环境之间的良性互动，使人们共享良好的生态环境，便成为国家发展的重要目标。

第三，鼓励人民群众参与生态文明建设，维护人民群众的主体地位。生态文明建设不仅需要政府和市场的驱动，而且需要人民群众的广泛参与。在这一时期，随着人们生态保护意识的不断增强，促使人民群众积极参与生态建设成为可能。在 2001 年，中国环境新闻工作者协会和北京大学中国国情研究中心共同完成一项《中国青年报》读者环境意识的调查，其结果显示：有 65% 的受访者认为环境问题成为当前世界面临的最重要的问题，而有 48% 的受访者认为公民个人应当在环境保护环境方面起着最为重要的作用。(1) 因此，国家和地方政府鼓励公民以个人身份或团体身份参与环境保护工作。近些年不断出现的“生态文明建设形象大使”以及生态保护团体，就是重要例证。鼓励人民参与生态文明建设，不仅能够起到重要作用，而且也是维护人民应有权利和主体地位的表现。

三、人民主体型实践的内在结果

在人民主体型实践的推动下，中国既产生了发展的正向效应，同时也出现了急需解决的问题。

（一）领域分工逐渐显露

随着社会建设的不断推进，社会领域的力量开始不断得到提升。这种提升使得政治领域、经济领域和社会领域相互分工的格局逐渐形成，这种分工意味着三大领域将各归其位，各负其责。

政治领域与公共权力相连接，以产出规则（制度）和获取合法性为主要任务，对人民生活的影响十分巨大。政治领域作为公共领域的主要承担者，其核心价值在于公正。这就要求政府在运用公共权力的同时，要保证公民权利的正当性，防止公共权力的肆意扩张，使之能够以公共利益为其出发点和落脚点。政治领域的实质，不仅是在消极意义上维护社会秩序得以存在的“利维坦”，而且也是实现公众联合的重要手段。正如霍布豪斯所言：“我们可以正当地把国家当

(1) 陈寿朋，杨立新：《生态文明建设论》，中央文献出版社 2007 年版，第 140 页。

作是人类维护和提高生活的许多种联合中的一种，这是一个总的原则。”(1)

经济领域与人们的物质生产相联系，是人类生活的基础领域，其目的主要是满足人类的物质生活需要。经济活动是人类发展最为基础和最为根本的活动，也是历史得以演进的最为根本的活动。马克思正是在这种意义上把它称为“经济基础”。经济领域的核心价值主要是效率，即“在相同水平的成本情况下，已不能获得更大的利润”(2)，这就要求经济运行机制能使资源（人力资源和物力资源）的消费收获到最大的回报。尤其是在市场运行机制出现以后，获取最大效益和提升效率成为经济领域的“金科玉律”：经济领域中的个人和组织通过理性计算的行为获取最大收益和回报。

社会领域是介于经济领域和政治领域之间的中介领域，它的主要内容是人们的日常生活，其主要载体是基于共同志趣和共同利益并以自愿交往为原则所组成的社会团体。社会领域的内在价值在于权利和责任，其出现意味着个人已经逐渐摆脱单子化的存在状态，自觉地实现联合并在获取权利的同时履行义务并承担责任。

从本质上看，三大领域的分工协作是现代化过程的产物，其内在驱动力在于人类实践的广度和深度的增强、所面临问题的复杂化程度增强以及人们需求的多样化程度增强。这种领域分工使得三大领域能够以自身的力量贡献社会，使社会活力不断增强。

经过四十年的改革开放，中国社会主义现代化建设取得了显著成效，其重要表现在于三大领域各司其职的局面正在逐渐出现：政治领域不仅保证政策和制度的供给，而且提供相应的公共服务；经济领域通过市场经济的运行机制，能够不断提升人们的创造性和工作效率；社会领域作为政治领域和经济领域之间的“缓冲剂”，不仅有利于对经济领域和政治领域的实践做出回应，而且有利于保证人民的主体地位，实现社会和谐。

（二）整体发展逐渐成形

随着改革开放的不断推进与中国取得的辉煌成果，中国发展模式已成为世界学术界探讨的热点。这种探讨充分说明，随着中国在世界上的地位不断提升，

(1) [英] 霍布豪斯：《自由主义》，商务印书馆 1996 年版，第 67 页。

(2) [美] 查尔斯·沃尔夫：《市场或政府——权衡两种不完善的选择 / 兰德公司的一项研究》，中国发展出版社 1999 年版，第 15 页。

中国的发展方式逐渐成为世界关注的焦点。从现实上看，虽然中国的发展模式没有成型，但自改革开放以来的发展道路，却也使中国的发展呈现自身的独特性。正如有学者认为，中国模式并不能成为一种替代西方自由主义的发展模式，但它的独特性却也使中国与世界其他国家区别开来。[1]在历经改革开放四十年之后，中国逐渐形成一个整体发展的格局，即"五位一体"的整体布局。之所以说它是整体，是由于这种布局包含了人与自身（文化领域）、人与他人（经济领域与社会领域）、人与社会（政治领域）和人与自然（生态领域）等方面，并形成了一个系统发展之图景。党的十八大报告明确指出，中国特色社会主义道路，是指"在中国共产党领导下，立足基本国情，以经济建设为中心，坚持四项基本原则，坚持改革开放，解放和发展生产力，建设社会主义市场经济、社会主义民主政治、社会主义先进文化、社会主义和谐社会、社会主义生态文明，促进人的全面发展，逐步实现全体人民共同富裕，建设富强民主文明和谐的社会主义现代化国家"[2]。这段经典论述不仅为中国特色社会主义实践指明方向，同时也是对中国整体发展格局的系统阐述。

具体而言，中国整体发展格局主要包括以下几个方面：在经济方面，中国实现以公有制为主体，多种所有制经济共同发展和以按劳分配为主，多种分配方式并存的社会主义市场经济体制，即实现了市场经济与社会主义制度的结合；在政治方面，中国在坚持四项基本原则的基础上，逐步完善民主法治，进行政府职能转变，逐渐实现党的领导、依法治国和人民当家作主的统一，保证了政治环境的稳定；在文化方面，中国能根据党情、世情和国情的变化，实现思想建设的与时俱进；在社会方面，中国实现社会建设主体的多元化和形式的多样化，逐步完善社会管理和公共服务机制；在生态文明方面，中国在尊重自然、顺从自然和保护自然的理念指导之下，逐步实现资源、环境及发展的有机统一，保证民族的永续发展。整体发展格局的逐渐成形意味着中国特色社会主义实践能够统筹兼顾各个领域，进而实现中国的全面发展。

（1）Shaun Breslin, "The 'China model' and the global crisis : from Friedrich List to a Chinese mode of governance?", International Affairs, 87（November 2011）, pp.1323-1343.

（2）胡锦涛：《坚定不移沿着中国特色社会主义道路前进 为全面建成小康社会而奋斗——在中国共产党第十八次全国代表大会上的报告》，人民出版社 2012 年版，第 12 页。

（三）主体性的进一步发展

随着社会发展的不断推进，人的现代化程度也在不断提升。人与社会的关系成为这一时期主体性发展的关键，即一方面人们逐渐意识到要承担社会责任，另一方面人们对社会的期望也在不断提升。

第一，人们的社会责任意识得到提升。社会责任意识，是指人们对社会整体利益能够自觉予以关注的意识，其外在表现为个人不顾自身利益的得失，进而参与到共同体活动之中的实践行为。社会责任意识的提升是人的现代化得以发展的重要特征，即在人与社会的关系中，人们可以自觉意识到自身在社会中的地位，不断承担应有的责任。社会责任意识的提升与网络技术的发展、社会组织的壮大以及公共利益问题的频繁出现密切相关。首先，随着网络技术的迅速发展，人们不仅可以足不出户地了解和共享充足的信息，而且在虚拟世界中人们之间的交往逐渐成为人们生活中不可缺少的部分。人们在这种相互交往过程中逐渐把自身社会化，即意识到自身不是一个孤立的“单子”，而是一个在社会之中的人。这意味着人们的社会责任意识得以不断提升。其次，随着社会组织的蓬勃发展，人们能够较为顺利地结成某种联盟，为某种公益目标而共同行动。共同的公益行动成为人们提升社会责任意识的重要基础。再次，随着贫富分化的日趋严重、生态环境的不断恶化以及社会老龄化不断加剧等社会问题的出现，使人们不得不重新思考自身的社会角色以及社会行为。正是在这种反思过程中，人们的社会责任意识得到不断增强。在当代，中国人所应承担的最大的社会责任就是提升能力，尤其是创新能力。要解决中国发展的问题，需要具有不断创新的精神、创新的思维和创新的能力，进而在改革中推动中国不断向前发展。

第二，重建共同体的愿望日趋强烈。完善的共同体一直是人类的共同向往，无论是中国的“大同社会”，还是西方的“理想国”抑或是“共产主义”，都体现了人们对未来的美好憧憬。因此，有学者认为，共同体不是人们在现实中可以实现的世界，而是一个“我们将热切希望栖息、希望重新拥有的世界”[(1)]。诚然，完善的共同体似乎遥不可及，但建立一个能够给予人们安全感和幸福感的社会共同体则完全有实现的可能。

在当代中国，随着人们社会责任的不断提升，重建共同体的愿望日趋强烈。究其原因，这主要包括两个方面：首先，人们交往关系的“脱域”与“重组”趋向，

(1)［英］齐格蒙特•鲍曼：《共同体》，江苏人民出版社2003年版，第4页。

使人们的焦虑感逐渐增强，因此，人们迫切希望重建共同体，进而能够为其带来安全感。“脱域”与“重组”是对全球化视野下人们交往关系的概括和描述。所谓脱域，是吉登斯对现代社会关系的一种描述。它是指“社会关系从彼此互动的地域性关联中，从通过对不确定的时间的无限穿越而被重构的关联中‘脱离出来’”[(1)]。换言之，脱域，是指在现代化过程中，人与人之间的关系逐渐超越了地方性的时间和空间，逐渐进入一种抽象的、统一的信息化过程之中，进而人们之间的交往被纳入一种符号化的象征系统和专家系统之中。这种脱域状况使得人们之间的交往关系变得规范化和形式化。脱域与重组是并生的：脱域是强调人与人之间交往关系逐渐突破传统，是“破”的过程；而重组则是在新的社会背景下人与人之间的交往关系重新确立过程。进入新世纪以来，中国与世界之间的交流不断增强，经济全球化水平不断提升，人与人之间的交往关系在世界化的进程中不断变动与重组，这主要表现为生活方式与理念的“西方化”趋向与反西方化倾向并存。这种急剧变动的生活状态加剧了人们之间价值观念与存在状态之间的冲突，使人们的焦虑感不断增强。因此，人们迫切希望一种相互和谐的共同体的诞生。其次，社会问题的突显，使人们认识到重建共同体的必要。面对日益增长的房价、不断扩大的贫富差距、不断增多的社会冲突以及日益强烈的竞争环境，人们开始重新审视自己的生活状态，“幸福感”成为新的衡量生活质量的标准。在这种状态下，以民生为重点的社会建设成为人们关注的核心问题。人们对社会问题的关注逐渐使和谐共同体的建设成为时代和人民的呼声。总体来看，这一重建愿望并不是要实现某种“乌托邦”，而是要建立一种社会，在其中人们能够更好地实现人的价值与体现人的尊严。这充分体现了人们主体性的进一步提升。

人民主体型实践在一定程度上增进了人民的福祉，同时随着人民对美好生活的向往日益迫切，新产生的问题也迎面而来。例如，对政府实践供给的质疑所产生的政治认同的降低，虚无主义思潮影响下的精神活力下降，利己主义行为的泛滥等现象更加突显，等等。这也成为新时代实践所要解决的重要问题。

---

(1)［英］安东尼·吉登斯：《现代性的后果》，译林出版社 2000 年版，第 18 页。

第五章　新时代中国特色社会主义实践的独特形态

（2012 年后）

党的十八大以来，中国特色社会主义进入新时代。这意味着新时代中国特色社会主义实践将呈现新的特有形态。由于新时代的实践尚处于起步阶段，我们只能以现有实践的特征为基础对实践形态加以概括。从现有的实践特征来看，新的实践形态可以从两个方面加以揭示：其一，实践的理论基础，即习近平新时代中国特色社会主义思想；其二，实践的内在逻辑，即力量平衡。两个方面相互支撑、相互印证，共同彰显着新时代中国特色社会主义实践的独有特征。

一、理论基础：习近平新时代中国特色社会主义思想

作为马克思主义中国化的最新成果，习近平新时代中国特色社会主义思想为新时代中国特色社会主义实践指明方向。

（一）习近平新时代中国特色社会主义思想遵循的视角、路径和原则[1]

任何理论的形成和构建，都要遵循一定的视角、路径和原则。作为马克思主义中国化的重要成果，中国特色社会主义理论体系形成和构建遵循着中国问题视角，选择从中国实践到中国理论、从世界文明到中国方案的基本路径，坚持整体性、现实性、真实性、人民性和本土性原则。作为中国特色社会主义理论体系的重要组成部分，习近平新时代中国特色社会主义思想也遵循着这些视角、路径和原则。

1. 理论视角

一个理论体系具有两种基本功能：分析问题和解决问题，其中更重要的是解决问题。构建中国特色社会主义理论体系的目的就是要抓住“中国问题”，

(1) 此部分内容是根据笔者在《中共天津市委党校学报》2012 年第 2 期刊发的《构建中国特色社会主义理论体系的视角、路径和原则》一文修改而成。

分析“中国问题”，破解“中国问题”。因此，中国特色社会主义理论体系的构建具有“中国问题”的视角，这也是习近平新时代中国特色社会主义思想的理论视角。

“中国问题”的视角有两个部分组成：一是“中国”即中国特色，二是“问题”。因此“中国问题”的视角大体分为两个方面：一是“问题”的中国特色，二是中国特色的“问题”。

“问题”的中国特色包括三个含义：首先它是以中国土壤为根基诞生的问题。从历史起源角度看，中国所处的地理环境，具有的人口模式，诞生的土地所有制结构及人际关系模式等方面都与西方相距甚远，这就决定了中国土壤具有独特的“基因”，因此在这块土地上产生的问题自然与众不同；从历史发展的角度看，按照历史唯物主义观点，中国的发展模式属于“跨越式”发展，即从封建生产关系跨过资本主义生产关系直接进入社会主义生产关系模式，这种跨越式发展使中国发展模式具有自身的特点；从当代实践角度看，中国改革的核心是把市场经济作为促进生产力的一种方法“植入”中国本体，这就使得中国土壤愈发具有自己的特色。其次是以中国人民独特的交往方式为主线诞生的问题。中国人民的交往方式从传统的“差序格局”(1)，到新中国成立之初的“同志式格局”(2)，再到当代的“复合式格局”，即“差序格局”“同志式格局”与平等交往模式相互混合的交往模式，每一个时期都有着自己的特点，这些特点使得中国出现的“问题”具有中国特色；再次它是以中国文化为辅助诞生的问题。中国近代化转向的历史是一部血和泪交织的历史，同时也是中国传统文化不断受到侵袭，不断破碎又不断重组的历史。因此，中国近代文化从根本上说是一种中西方交织融合的产物，其中马克思主义理论在其中处于主导地位，在这种文化的引导辅助下，问题的产生也具有自身的特色。中国共产党正是准确把握了“问题”的中国特色才破除传统思想的束缚，使马克思主义在中国的土壤上生根发芽，才能诞生出解决“中国问题”的“中国理论”，才能分析出“问题”的中国特色，使理论的分析功能与实践功能得以发挥。

中国特色的“问题”具有三个特征：首先，深层次问题的根深蒂固。任何问题的出现都有其深层次原因，即深层次问题。捕捉“中国问题”需要透过现象，

（1）费孝通：《乡土中国》，人民出版社 2008 年版，第 25 页。

（2）孙立平：《“关系”、社会关系与社会结构》，《社会学研究》1996 年第 5 期。

敏锐观察到深层次问题。韩庆祥教授把中国内在的深层次问题归结为自上而下的金字塔形社会层级结构[1]，这种归纳为我们把握中国深层次问题提供了启示。中国特有的社会层级结构是中国封建社会固有的交往结构在当代的延续。这种延续一方面是由于中国农业经济没有完全现代化，另一方面是由于改革开放前期政府职能过分集中导致的。而要想改变中国传统的农业经济生产方式，实现全面的现代化是一个漫长而艰苦的过程，不可能一蹴而就，再加上传统政治运行模式和人民交往方式的惯性，使得深层次问题根深蒂固。其次，表层问题的错综复杂。表层问题是深层次问题在中国当代改革实践中的映射，这种映射主要表现在：经济运行的“类政治化”倾向，即经济主体要获得合理的资源，较少地取决于市场，而较多地取决于政府职能部门的审批，市场运行机制没有完全建立起来；政府职能部门的利益化，即政府职能部门以经济利益为主要目标所进行的寻租行为；社会阶层的凝固化，即社会阶层的上下流动难以进行；思想的保守化，即“唯上”“唯书”而不“唯实”，思想的创新和解放难以为继。这种全方位的表层问题相互影响，相互作用，错综复杂。再次，新旧问题的交织缠绕。随着改革的不断深入，过去改革所遗留的问题（创新能力不强等）与中国特色社会主义新时代所呈现的新问题（发展不平衡不充分等）交织缠绕在一起，使得新问题的解决也变得艰难与复杂。中国共产党敏锐地捕捉到中国特色的“问题”所具有的特点，在构建中国特色社会主义理论体系时，把明确时代的主要矛盾和核心问题作为关键点，使理论体系具有极强的时代性与针对性。正是在这样理论体系的指导下，中国改革实践呈现出从易到难、从浅入深、循序渐进、逐步深化的特征，也只有这样的实践才能逐步解决“中国问题”。

“中国问题”视角的独特内涵与独特表现方式决定了破解“中国问题”理论的独特性。中国共产党正是从“中国问题”视角出发，才构建出指导中国实践的中国特色社会主义理论体系。党的十八大以来，以习近平同志为核心的党中央更是以“中国问题”为基点，不断凝练出指导中国实践的新思想、新观点、新论断。正如习近平同志指出的，“要有强烈的问题意识，以重大问题为导向，抓住重大问题、关键问题进一步研究思考”[2]，才能提出新思想，指导新实践，

（1）韩庆祥：《面向“中国问题”的马克思主义哲学》，武汉大学出版社2009年版，第539页。

（2）中共中央文献研究室：《习近平关于协调推进“四个全面”战略布局论述摘编》，中央文献出版社2015年版，第57页。

破解新问题。习近平新时代中国特色社会主义思想，就是围绕“新时代坚持和发展什么样的中国特色社会主义，怎样坚持和发展中国特色社会主义”[1]这个时代提出的重大课题形成并不断发展着的。

2. 理论路径

理论的构建需要遵循一定的路径为自身指明方向。中国特色社会主义理论体系的构建同样遵循着两条路径：

第一，构建中国特色社会主义理论体系遵循着从“中国实践”到“中国理论”的路径。从“中国实践”到“中国理论”的路径是理论与现实相统一的历史唯物主义原则在中国的具体应用。在此路径中，“中国实践”是起点，“中国经验”“中国规律”和“中国方向”是重要环节，而“中国理论”即中国特色社会主义理论体系则是理论终点。“中国理论”的最终作用是要指导“中国实践”，以促进中国的不断向前发展。

“中国实践”是指在改革开放时期，在中国共产党的领导下，中国人民不断探索社会主义建设道路和为建设中国特色社会主义所进行的全方位实践活动，其中主要包括经济建设实践、政治建设实践、文化建设实践、社会建设实践和生态文明建设实践。正是在不断的、长期的、艰苦的实践活动中，人们不断总结建设的经验，探索建设的规律，展望建设的走向，为形成中国特色社会主义理论体系提供基础。在改革开放的不同阶段，中国共产党正是从具有时代特色的“中国实践”出发，明确“中国实践”所具有的时代特点，针对时代问题，采用时代方法，构建出具有创新意义与时代特征的“中国理论”。无论是邓小平理论、“三个代表”重要思想，还是科学发展观，无不是为了指导具有时代特征的“中国实践”构建而成的。

“中国经验”是指从“中国实践”中总结出来的经验和教训。这种经验和教训既是对中国建设的真实反映，也是中国人民的宝贵财富。只有不断总结“中国经验”，才能继承中国建设过程中的优良传统和科学方法，剔除中国建设过程中的失范举措，才能为以后的中国建设提供借鉴意义。中国共产党正是在不断总结“中国经验”的基础上，不断提升自身的执政素质，不断调整建设的政策，才保证中国建设的有序进行；“中国规律”是在“中国经验”总结的基础

(1) 习近平：《决胜全面建设小康社会 夺取新时代中国特色社会主义伟大胜利》，人民出版社 2017 年版，第 18 页。

上对“中国经验”进行理论抽象所得出的建设框架。“中国规律”抽象掉了建设过程中的偶然性因素，从建设过程中的基础要素以及要素之间的相互关系探讨中国建设的必然性因素，符合历史唯物主义从现象到本质的基本原则，对“中国理论”的建设和发展有着十分重要的指导意义。值得注意的是，“中国规律”不是一成不变的结构，它会随着“中国经验”的变化而变化，而且“中国规律”也不是“万灵丹”，不能解决所有问题，更不能成为各国效法的对象；“中国主线”是指在总结“中国规律”的基础上，进行更深层次的理论抽象，寻找到贯穿中国建设过程始终的一条主线，即它不仅决定着中国建设已经经历的和正在经历着的过程的性质，并且预示着中国建设将要经历的过程及未来发展走向。“中国经验”“中国规律”和“中国主线”构成“中国理论”的重要环节。三者不仅是一种层层递进的关系，而且有着共存性的横向结构，三者紧密地结合在一起，为“中国理论”的形成奠定基础。中国共产党正是遵循着从“中国实践”到“中国理论”的路径，不断从经验中提升规律和主线，透过现象抓住本质，使得中国特色社会主义理论具有内在的逻辑性和结构性，正是这样的理论引领着中国改革的蓬勃发展。习近平新时代中国特色社会主义思想，正是以新时代中国特色社会主义实践为基本立足点，在不断吸收改革开放以来的经验，尤其是党的十八大以来的历史经验的基础上，“以全新的视野深化了对共产党执政规律、社会主义建设规律、人类社会发展规律的认识”[1]，从而诞生出来的理论成果。

第二，中国特色社会主义理论体系的构建遵循着从“世界文明”到“中国理论”的路径。从“世界文明”到“中国方案”的路径是历史唯物主义的普遍性与特殊性原理在现实中的应用。在此路径中，“世界文明”为起点，“世界文明中国化”为中介环节，“中国方案”为理论终点。

“世界文明”是在国外特有的环境中形成的理论体系的总称。与“中国理论”相对应，“世界文明”的形成经历了“国外实践”“国外经验”“国外规律”“国外主线”的环节。这就意味着“世界文明”同样包含有现实建设的因素。从历史进程的角度看，中国正处于从农业国向工业国转型的关键期，而在国外，尤其是在欧洲等发达国家，这种转型已经基本完成。换句话说，中国实现的建设

(1) 习近平：《决胜全面建设小康社会　夺取新时代中国特色社会主义伟大胜利》，人民出版社 2017 年版，第 18 ~ 19 页。

或遇到的问题，在某种程度上，是这些发达国家所经历过的。虽然由于各国的国情不同，理论模式各具特色，不可完全照搬照抄，但在国外建设所取得的经验、规律和主线中同样蕴含着建设过程中应注意的问题、方式和原则等共性的东西，而这些共性能够为中国现代化建设提供借鉴。因此，学习“世界文明”，对形成“中国理论”有着重要的借鉴意义。

“世界文明中国化”是吸收引进“世界文明”所必须进行的中间环节。“世界文明中国化”主要包括“世界文明”的中国检验，“世界文明”的中国转化以及“世界文明”的中国认同。“世界文明”的中国检验是指通过实践检验“世界文明”在中国的适用性，通过中国特有的实践活动对“世界文明”实行去粗取精，去伪存真，以实现“洋为中用”。“世界文明”的中国转化是指“世界文明”需要通过中国符号加以转化，这里的中国符号不仅包括中国的语汇，而且包括中国传统文化的运思模式、逻辑前提、理论旨趣与分析框架等。通过这种转化使中国文化与世界文明相融合，形成中国特有的理论样态。“世界文明”的中国认同是指运用通过中国检验和中国转化的“世界文明”合理地分析中国现状，切实破解“中国问题”，使人民对之认同。在通过“世界文明中国化”的学术路径之后，适合中国国情的“中国理论”便得以产生。中国特色社会主义理论体系的构建从来不是“闭门造车”，而是在不断吸收引进“世界文明”的基础上，经过实践检验和转化等中介环节，最终得以完成的。习近平新时代中国特色社会主义思想，也是在尊重和借鉴世界优秀文明的基础上而不断形成的理论体系，是具有国际视野和人类文明意义的“中国话语”。

值得注意的是，两条路径并不是相互独立的，而是相辅相成、相互配合的。从实践到理论的路径为构建中国特色社会主义理论体系（也包括习近平新时代中国特色社会主义思想）提供内在机制，而从世界到国内的路径则为其提供外在借鉴材料。

3. 理论原则

合理原则的树立是构建理论体系的重要保障。构建中国特色社会主义理论体系同样遵循五个基本原则。

第一，整体性原则。整体性原则是指理论体系的建立要与各个符号象征系统相联系，使之成为一个整体。要想形成一个整体，就需要对整个理论体系的层次进行划分，形成一个相对完整的序列。从意识形态的角度看，哲学是意识形态的“顶层理论”，为其他理论和现实问题提供世界观和方法论基础；经济学、政治学、历史学、法学等是意识形态的“中层理论”，为实际问题提供学理分析，形成分析框架；国家学说是意识形态的“底层理论”，直接指导社会实践。这三个重要组成部分相辅相成，共同构成意识形态的整体。马克思主义理论之所以能够成为“一块整钢”，就是因为马克思主义哲学、马克思主义政治经济学和科学社会主义学说三者构成一个整体。也正是这个整体才能为人们认识世界和改造世界形成完整的分析框架。中国特色社会主义理论体系是以马克思主义理论为指导的一种政治意识形态，能够指引着中国实践不断向前发展，其重要原因之一就在于其构建遵循整体性原则。同时，构建理论体系要充分考虑意识形态的整体性，其原因在于只有保持这种整体性才能使之真正反映现实，才能抓住群众。相反，如果三者之间出现矛盾，那么理论体系就会逐渐与现实相脱离，不仅不能指导人们认识现实，而且会造成人们的不认同，也就不能说服群众。中国特色社会主义理论体系的形成不仅坚持着辩证唯物主义和历史唯物主义，同时也吸取马克思主义的“中层理论”即马克思主义政治学、马克思主义经济学、马克思主义历史学，以及马克思主义的“底层理论”即国家学说等理论，使之成为一个整体，能够真实地反映现实、分析现实和解决现实问题。习近平新时代中国特色社会主义思想，不仅坚持着马克思主义基本原理，而且对马克思主义政治经济学有着重大发展，同时发展着科学社会主义基本理论，它不仅有指导思想上的表述，而且有行动纲领上的表述，充分体现了整体性原则。

第二，现实性原则。中国特色社会主义理论体系的主要内容来自于现实实践，最终为现实服务。这就需要我们能够倾听时代声音、把握时代脉搏、掌握时代材料、紧跟时代脚步，在不断变化的实践中发展自身的理论，以起到为实践服务的目的。只有从现实出发的理论才能指出实践出发的起点，明确实践发展的前进方向，纠正实践过程中出现的偏差，推动实践不断深化，取得举世瞩目的实践成果。改革开放四十年之所以能取得令世人震惊的成果，其中一个重要因素就是中国特色社会主义理论体系的引领作用。无论是邓小平理论、“三个代表”重要思想，还是科学发展观都是经过对现实的谨慎考察得出的适应中国现实发展的理论，也正是在这种理论的引领下中国抵御住了金融风暴、西方的和平演变以及各种自然灾害的侵袭，在社会主义道路上不断前进。因此，不断从实际出发，捕捉中国发展的内在轨迹，提出适合中国发展的分析框架，解决中国面临的主要问题是构建中国特色社会主义理论体系的题中之意。党的十八大以来，正是在习近平新时代中国特色社会主义思想的引领下，中国才能在发展关键期、改革攻坚期和矛盾凸显期的情境下，突破诸多艰难险阻，取得了历时性的成就和历时性的变革。

第三，真实性原则。真实性原则就是我们常说的“实事求是”原则，这是马克思主义理论的内在精髓。构建中国特色社会主义理论体系要保证能够真实地反映现实，成为认识和改造现实的一个工具。随着近代理性的萌发，各个时代的人们都对理性推崇备至。究其原因，是由于人们认为只有理性才能真正反映现实，并在实践中突显人的力量。而思想要想具有力量，就需要能够真实反映现实。因此，要想使思想体系能够真正引领时代发展，其基本要求就是摒弃从观念到现实的思考模式，真正从现实的感性基础出发，寻找现实发展的轨迹，并从中提升出认识现实的框架。只有这样才能够真实地反映现实，为人们认识和改造世界提供基础，也只有真实反映现实的价值体系才能说服人。马克思在创立唯物史观之时，正是本着真实反映现实的原则，从根本上揭露了资本主义的剥削本性以及无产阶级的历史使命，他认为“在当前同资产阶级对立的一切阶级中，只有无产阶级是真正革命的阶级”(1)，才能获得广大劳动者的认可。邓小平同志正是从国内发展的状况出发，看到生产力发展的缓慢与人民的贫苦，才能果断地实行改革开放，并认为改革的目的是“解放生产力，发展生产力”(2)。可见，正是在真实性原则基础上形成的理论才能获得人民的支持，并取得举世瞩目的实践成果。正如马克思所说：“理论只要彻底就能说服人。所谓彻底，就是抓住事物的根本。”(3)相反，虚假的思想可能迷惑人们一时，但随着现实的发展，人们认识的不断增强，以及现实中出现的问题不能为理论所解释，那么人们对虚假思想就产生不认同，这就造成了认同危机。中国“文革”时期提出的“宁要贫穷的社会主义，也不要富裕的资本主义”的口号及“两个凡是”观点就是鲜明的例证。因此，中国特色社会主义理论体系正是遵照真实反映现实问题的原则，才使自身能够成为中国实践的路标，以指引现实不断发展。习近平新时代中国特色社会主义思想始终坚持解放思想、实事求是、与时俱进、求真务实的基本原则，能够直面新时代出现的新情况、新问题，不仅体现出中国共产党和中华民族的自信，而且也是保持真实性原则的重要体现。

---

(1)马克思，恩格斯:《马克思恩格斯文集》第2卷，人民出版社2009年版，第41页。

(2)邓小平：《邓小平文选》第2卷，人民出版社1994年版，第231页。

(3)马克思，恩格斯:《马克思恩格斯文集》第1卷，人民出版社2009年版，第11页。

第四，人民性原则。中国特色社会主义理论体系的内涵便是以人为本，即以人民群众为本。中国特色理论体系是中国主导的意识形态，意识形态的本性就是与领导与统治相联系。在社会主义中国，广大人民群众是国家的主人，因此，理论体系要维护广大人民群众的利益。从近期看，中国特色社会主义理论体系是以人民的利益为本。在当代，广大人民群众的利益在经济上表现为对财富以及能力的追求；在政治上表现为对政治参与意识的增强以及对自身权利的维护；在文化上表现为对文化产品的要求不断提高以及自主参与文化创作的意识；在社会上表现为对社会福利与社会保障的诉求；在生态环境上表现为对“美丽中国”的向往。因此，理论体系要全面考虑人民群众的利益，以期能够实现自身功能。江泽民同志正是从人民利益的角度出发，提出了中国共产党要“代表着中国最广大人民的根本利益”(1)的理论命题。胡锦涛同志同样从人民群众的维度出发，提出了“以人为本”作为科学发展观的核心。从长远看，中国特色社会主义理论体系是以人民群众的全面发展为本。实现人的自由全面发展是社会主义发展的终极价值取向，也是社会主义发展的现实目标。马克思把“每一个人的自由发展是一切人的自由发展的条件”(2)的联合体看作是共产主义，并认为这样的联合体能够实现“建立在个人全面发展和他们共同的、社会的生产能力成为从属于他们的社会财富这一基础上的自由个性”(3)，这就是对人的全面发展的最好诠释。因此，构建中国特色社会主义理论体系始终坚持人民性的原则，使理论本身成为“为人民立言”的理论，只有这样的理论才能维护好社会的稳定与发展。习近平新时代中国特色社会主义思想，始终坚持以人民为中心的发展的重要理念，把实现人的全面发展和全体人民的共同富裕作为重要目标，充分体现了人民性的原则。

第五，本土性原则。中国特色社会主义理论体系是在中国实践过程中生成、发展和升华的，因此“中国特色”是理论体系形成的主要特点。“中国特色”对于理论体系之所以重要是因为：从理论体系的基础层面看，正是有着中国改革实践的丰厚土壤，才能生发出适合中国情况的理论体系，才能破解中国问题；从理论体系的目的看，理论体系的建立是为了引领中国未来发展，激励中国人

(1)江泽民：《江泽民文选》第3卷，人民出版社2006年版，第2页。

(2)马克思，恩格斯：《马克思恩格斯文集》第2卷，人民出版社2009年版，第53页。

(3)马克思，恩格斯：《马克思恩格斯文集》第8卷，人民出版社2009年版，第52页。

民热情，团结中国人民力量，只有适应中国情况的理论才能发挥其应有的功能；从理论体系的认同层面看，只有本土性的理论体系才能抓住人民的内在心理，才能保证人民理解和认同，并形成共同信念，指导自己的实践活动。习近平新时代中国特色社会主义思想，能够以人民群众最关心的问题入手提出切实的解决之道，能够站在人民幸福和民族复兴的立场上规划新时代中国发展的蓝图，故而，能够“接地气”，获得人民群众的普遍认同。

（二）习近平新时代中国特色社会主义思想的内容逻辑[(1)]

习近平新时代中国特色社会主义思想的内容逻辑可以从思维方式、内容构架与价值导向三个方面予以诠释。

1. 思维方式

不断学习和运用马克思主义哲学尤其是辩证性思维，进而成为发现问题、分析问题和解决问题的重要工具，是中国共产党的优良传统，也是习近平治国理政的基本思维模式。正如习近平所言，要处理好实践中的各种关系，“就需要我们多讲一些辩证法”[(2)]。所谓辩证思维，是唯物辩证法在思维模式上的具体映现，其主要内容包括矛盾思维、系统思维、生成思维和创新思维。

矛盾思维，其本质在于运用对立统一的眼光看问题，并寻求矛盾双方的平衡点。习近平在阐述闽东经济发展的战略规划之时，就能够充分运用矛盾思维化解实际问题。他提出，闽东地区经济发展要实现“长期目标和近期规划的相互结合”[(3)]，要“在追求更高效益的基础上来促进发展速度与经济效益的统一”[(4)]，要遵循“产业结构的调整应主要依据本地资源的现状”的原则，要走“差异布局的路子”以协调山区和沿海之间的关系，要“用开放意识来推动扶贫工作和在扶贫工作上运用开放政策”以实现两者相互促进，要明晰“科技教育和经济发展是互为因果的关系”[(5)]以实现双方有机统一。而在评析浙江经济发展之际，习近平更加强调矛盾思维的重要性。他提出，在实践过程中，要处

（1）此部分内容是根据笔者在《宁夏党校学报》2015 年第 6 期刊发的《习近平治国理政思想的内在逻辑》一文修改而成。

（2）习近平：《摆脱贫困》，福建人民出版社 1992 年版，第 101 页。

（3）习近平：《摆脱贫困》，福建人民出版社 1992 年版，第 91 页。

（4）习近平：《摆脱贫困》，福建人民出版社 1992 年版，第 92 页。

（5）习近平：《摆脱贫困》，福建人民出版社 1992 年版，第 99 页。

理好部署与落实的关系、坚持和深化的关系以及当前和长远的关系，尤其要“认识和处理好转变经济增长方式与实现经济平稳较快与推进经济增长方式转变具有高度的内在统一性”[1]。同时，他强调，为了减缓经济结构调整的“阵痛”，需要“在制定有关政策、确定有关举措时把握好度，掌握好平衡点”[2]。因此，习近平在全面深化改革之际，才着重提出“要坚持把改革的力度、发展的速度和社会可承受的程度统一起来，把改善人民生活作为正确处理改革发展稳定关系的结合点”[3]。

系统思维，其精髓是突出客观事物的内在联系性，并以全面的观点探求事物的发展规律。系统思维是习近平治理地方和国家的重要运思框架。在主政宁德时，习近平提出要使地区从根本上脱贫，需要摆脱“只是满足自给的自然经济”之小农业的发展道路，代之以多功能、开放式和综合性的“大农业”。所谓“大农业”，就是要注重农林牧副渔之间的相互联系和相互促进，强调综合发展，即“要提倡适度规模经营，注重生态效益、经济效益和社会效益的统一”[4]。在阐述浙江发展战略时，习近平运用唯物辩证法的基本观点深刻批判了只重视“平安”而放慢发展的“平庸”观念。他明确指出：“我们在推进改革开放和现代化建设过程中，如果孤立地、片面地、简单地看问题，就会犯形而上学的错误。”[5]同时，他深刻指出，面对纷繁复杂的事物，“要始终把全局作为观察和处理问题的出发点和落脚点，以全局利益为最高价值追求”[6]。因此，在其作为新一届领导集体的核心之后，他更加突出强调“五位一体”总布局的重要意义，提出“中国特色社会主义是全面发展的社会主义”[7]，“我们要按照这个总布局，促进现代化建设各方面相协调，促进生产关系与生产力、上层建筑与经济基础相协调”[8]。

(1) 习近平：《摆脱贫困》，福建人民出版社1992年版，第158页。

(2) 习近平：《摆脱贫困》，福建人民出版社1992年版，第159页。

(3) 习近平：《习近平谈治国理政》，外文出版社2014年版，第68页。

(4) 习近平：《摆脱贫困》，福建人民出版社1992年版，第179页。

(5) 习近平：《摆脱贫困》，福建人民出版社1992年版，第158页。

(6) 习近平：《摆脱贫困》，福建人民出版社1992年版，第20页。

(7) 习近平：《习近平谈治国理政》，外文出版社2014年版，第11页。

(8) 习近平：《习近平谈治国理政》，外文出版社2014年版，第11页。

生成思维，是与把事物看作本质不变之存在的既成性思维模式相区别的思维模式，其本质是把事物看作一种不断生成的有机体。故而，以历史（发展）的眼光透视事物的本质，进而制定具有继承性和前瞻性的实践策略是其重要的方法论意义。生成思维在习近平治国理政思想中贯彻始终。例如习近平一方面强调，我们要警惕历史虚无主义对中国的侵袭，“不能用改革开放后的历史时期否定改革开放前的历史时期，也不能用改革开放前的历史时期否定改革开放后的历史时期”(1)，要看到两个历史时期的前后相继性；另一方面，又能够顺应时代发展，提出国家治理现代化的改革目标，不断完善中国特色社会主义制度。又如习近平在充分尊重和弘扬中国传统文化的同时，又强调要“以世界眼光去认识政治形势，把握经济走势，了解文化态势”(2)，以“马魂、中根、西鉴”为原则，吸收西方优秀文明成果，推动文明之间的交流互鉴，进而实现文明和谐。

创新思维，其内在意蕴是要在把握发展规律的前提下，破除旧事物、旧观念、旧思维、旧模式的束缚，勇于开拓进取。无论是“中国梦”的宏观理念，或是“市场决定”的实践原则，抑或是“国家治理现代化”的改革目标，无不体现着习近平治国理政思想中的创新思维。也正是在创新思维的指导下，中国特色社会主义实践才能突破阻碍改革的诸多藩篱，以理论创新、制度创新和道路创新为标志，实现中华民族的伟大复兴，重新屹立于世界民族之林。正如习近平所言，“在激烈的国际竞争中，惟创新者进，惟创新者强，惟创新者胜”(3)。创新思维不仅意味着要敢于创新，而且也意味着勇于开拓。面对中国改革进入深水区，习近平提出，“改革再难也要向前推进，敢于担当，敢于啃硬骨头，敢于涉险滩”(4)。这也成为习近平治国理政思想的重要品格。

2. 内容构架

习近平新时代中国特色社会主义思想有两种不同表述形态：指导思想层面的表述（“八个明确”）与行动纲领层面的表述（“十四个坚持”）。两种表述形态针对不同的理论目标：指导思想层面的表述为新时代中国特色社会主义实践

(1)中共中央文献研究室《十八大以来重要文献选编》上，中央文献出版社2014年版，第112页。

(2)习近平：《之江新语》，浙江人民出版社2007年版，第20页。

(3)习近平：《习近平谈治国理政》，外文出版社2014年版，第59页。

(4)习近平：《习近平谈治国理政》，外文出版社2014年版，第101页。

提供理论支撑；行动纲领层面的表述（新时代坚持和发展中国特色社会主义的基本方略）为新时代中国特色社会主义实践提供具体的行动指南。两者在不同层面构成习近平新时代中国特色社会主义思想的内容架构。

“八个明确”是十九大报告对习近平新时代中国特色社会主义思想内容的主要界定。总体上看，它可以分为三个层面：

其一，为新时代中国特色社会主义实践描绘蓝图。蓝图主要由四个方面构成：首先，明确坚持和发展中国特色社会主义的主题和总任务、总目标，为中国特色社会主义“举旗”“定标”。“举旗”是指紧紧抓住中国特色社会主义这个主题，这也是从 1984 年邓小平提出“建设有中国特色的社会主义”以来历届党代会的主题词，表明我们党的旗帜是一以贯之的，也正是由于树立起不倒的“旗帜”，我们的事业才能不断接力前行；“定标”是指确定新时代中国特色社会主义要实现的总任务和总目标，总任务是社会主义现代化和中华民族的伟大复兴，总目标是通过“两步走”实现“五位一体”的社会主义现代化强国，为新时代中国特色社会主义实践指明方向。其次，明确新时代我国社会主要矛盾和实践的价值遵循是为新时代中国特色社会主义的“定位”“立像”，“定位”是明确提出新时代我国社会的主要矛盾是人民日益增长的美好生活需要与不平衡不充足的发展之间的矛盾，它清晰诠释了新时代的基本特征与基本方位。“立像”是指我们所要坚守的基本价值遵循，即以人民为中心与实现人的全面发展，这也是我们党的宗旨和形象。再次，明确总体布局、战略布局和明确“四个自信”是为新时代中国特色社会主义“定向”“立信”。“定向”是强调统筹推进“五位一体”总布局、协调推进“四个全面”战略布局，这是我们实践的基本路径和基本方向，“立信”就是确立对中国特色社会主义的信心，以凝聚民力，不断前行。最后，明确全面深化改革的总目标是为新时代中国特色社会主义“定法”“增力”。“定法”是指要实现新时代中国特色社会主义必须通过全面深化改革这个主要方法，“增力”是指全面深化改革的总目标为完善中国特色社会主义制度，实现治理体系和治理能力现代化，而这个目标的确立的实质是通过制度的完善，治理体系的现代化和治理能力的提升，释放改革红利，激发民众的积极性，实现“善治”的目标，为实践增加力量。以上四个“明确”描绘了新时代中国特色社会主义基本蓝图，即设定目标（“举旗”“定标”）—确定基点（“定位”“立像”）—明确方向（“定向”“立信”）—规划方法（“定法”“增力”），为新时代中国特色社会主义实践指明方向。

其二，为新时代中国特色社会主义实践提供保障。要想使实践顺利推进，仅仅规划蓝图是不够的，还需要提供重要保障。明确推进依法治国的总目标是为新时代中国特色社会主义实践提供法治保障，即以法治的力量保证实践的连续性；明确党在新时期的强军目标是为新时代中国特色社会主义实践提供军事保障，即以强大的国防保证实践的稳定性；明确中国特色大国外交的基本目标，即以构建人类命运共同体为平台保证实践的开放性。

其三，确立新时代中国特色社会主义实践的领导力量。明确了中国特色社会主义的最本质的特征是党的领导，中国特色社会主义制度的最大优势就是中国共产党领导，为新时代中国特色社会主义明确了领导力量和核心指南。同时也突出党的建设中政治建设的首要地位，强调维护中央权威的重要性。

与之相对应，“十四个坚持”的逻辑架构也可以分为三个层面：其一，为新时代中国特色社会主义实践明确领导核心。“坚持党的领导”不仅是中国共产党在革命、建设和改革时期获得举世瞩目成就的重要原因，而且还是新时代中国特色社会主义实践顺利推进的政治保证，更是实现民族复兴和人民幸福的根本基石。其二，为新时代中国特色社会主义实践提供价值导向和突破路径。“坚持以人民为中心”不仅是中国共产党根本宗旨的体现，也是新时代中国特色社会主义实践的价值导向；“坚持全面深化改革”不仅是改革开放取得辉煌成就的根本路径，也是新时代中国特色社会主义实践的突破口和切入点。其三，为新时代中国特色社会主义实践提供具体指南。“坚持新发展理念”“坚持人民当家作主”“坚持全面依法治国”等具体方略是在系统总结改革开放以来的经验的基础上形成的规律性认识，为推动实践的发展具有重要的指导意义。

3. 价值导向

人民导向，是指以人民群众的诉求、利益和力量作为制定实践策略的价值遵循。党的全心全意为人民服务之宗旨，不仅是马克思主义群众观的集中表现，而且也是人民导向的核心概括。中国共产党正是在人民导向之价值遵循的指导下，以人民群众的根本利益为出发点和立足点，以人民群众的内在力量为基础和动力，实现了新民主主义的胜利，进行了社会主义建设的有益探索，开启了中国特色社会主义道路。党的十八大以来，习近平更是突出强调人民导向的重要意义。无论是强调“‘中国梦’归根到底是人民的梦”(1)，或是提出全面深化

(1) 习近平：《习近平谈治国理政》，外文出版社 2014 年版，第 40 页。

改革要以群众是否满意为标准，或是突出“党的根基在人民、血脉在人民、力量在人民”[1]，抑或是指出“人民安全是国家总体安全观的宗旨”[2]，无不是其重要佐证。概言之，习近平新时代中国特色社会主义思想价值导向是人民导向，主要包括“心系人民”“依靠人民”“为了人民”。

明晰人民群众的主体地位，增强对人民群众的深厚情感是心系人民群众的内涵。坚持人民主体地位，不仅是马克思主义实现人类解放之最高目标的内在要求，也是马克思主义政党同其他一切政党的根本区别。中国共产党自成立之日起，就把实现人民当家作主作为奋斗目标，并在中国革命、建设和改革时期贯彻始终。因此，习近平指出，“始终坚持把最广大人民的根本利益放在首位，自觉用最广大人民的根本利益来检验自己的工作和政绩”[3]，是党执政为民的根本要求。而要做到心系人民，不仅要明确人民群众的主体地位，更要予以情感付出，即需要增强对人民群众的深厚情感。习近平认为，要培养和增强对人民群众的深厚情感，需要以党的先进人物为榜样，学习情怀感（邓小平）、幸福感（雷锋）、境界感（雷锋）、责任感（郑培民）以及光荣感（钱学森）[4]，进而做到“情为民所系”。

肯定人民群众的创新力量，充分调动人民群众建设中国特色社会主义事业的积极性，是依靠人民群众的精髓。习近平深刻指出，“改革开放是亿万人民自己的事业，必须尊重人民首创精神”[5]。换言之，正是在人民群众的创造性实践中，改革开放才能取得令世人瞩目的辉煌成就。而面对日益复杂和繁重的任务，只有“善于从人民的实践创造和发展要求中完善政策主张”[6]，才能满足人民的合理诉求。首先，大力推进调查研究，以倾听民众呼声（意见）。习近平指出，坚持科学的调研方法，是制定科学决策的前提。故而，他提出，调研工作要做

(1) 习近平：《习近平谈治国理政》，外文出版社2014年版，第367页。

(2) 习近平：《在中央国家安全委员会第一次会议上的讲话》，《人民日报》2014年4月16日。

(3) 习近平：《之江新语》，浙江人民出版社2007年版，第33页。

(4) 习近平：《之江新语》，浙江人民出版社2007年版，第7页。

(5) 习近平：《习近平谈治国理政》，外文出版社2014年版，第68页。

(6) 习近平：《习近平谈治国理政》，外文出版社2014年版，第68页。

到“深、实、细、准、效”。“深”是要“深入群众、深入基层”[1]。“实”是指作风要实。“细”，“就是要认真听取各方面意见，深入分析问题，掌握全面情况”[2]。“准”是要透过现象看本质，把握规律。“效”，就是“提出解决问题的办法切实可行”[3]。也只有坚持科学的调研方法，才能真正回应群众诉求。其次，以深化改革为契机，汇聚民众力量。习近平指出 :“群众的实践是最丰富最生动的实践，群众中蕴藏着巨大的智慧和力量。”[4]因此，破除制约人民创新性实践的阻碍，成为深化改革的内在意蕴，尤其要“破除一切制约科技创新的思想障碍和制度藩篱”[5]，让创新活力得以迸发，进而使群众智慧和力量汇聚到改革创新上来。

从人民立场出发，为人民利益谋事，是为了人民群众的主旨。习近平指出，“推进任何一项重大改革，都要站在人民立场上把握和处理好涉及改革的重大问题，都要从人民利益出发谋划改革的思路、制定改革的举措”[6]，进而实现改革成果的人民共享。首先，制定实践策略不仅要从长远利益入手，更要兼顾群众的眼前利益，因为“群众的一桩桩‘小事’，是构成国家、集体‘大事’的‘细胞’，小的‘细胞’健康，大的机体才会充满生机与活力”[7]。其次，落实领导责任制，实现为民办实事。习近平指出，要使群众需求得到满足，关键在于办实事，即“着力解决民生问题”[8]，以促进社会公平，同时还要见实效，即“真正使广大人民群众得到实惠、感到幸福”[9]。再次，以群众满意为最终评价标准。由于利益是群众生活中“最敏感的神经”，因此在评价政策是否有效（即为人民谋得利益）时，广大人民群众最有发言权。故而，习近平指出 :“在全面深化改革进程中，遇到关系复杂、难以权衡的利益问题，要认真想一想群众实际情况究竟怎样？

(1) 习近平 :《之江新语》，浙江人民出版社 2007 年版，第 1 页。
(2) 习近平 :《之江新语》，浙江人民出版社 2007 年版，第 1 页。
(3) 习近平 :《之江新语》，浙江人民出版社 2007 年版，第 1 页。
(4) 习近平 :《之江新语》，浙江人民出版社 2007 年版，第 61 页。
(5) 习近平 :《习近平谈治国理政》，外文出版社 2014 年版，第 125 页。
(6) 习近平 :《习近平谈治国理政》，外文出版社 2014 年版，第 98 页。
(7) 习近平 :《之江新语》，浙江人民出版社 2007 年版，第 26 页。
(8) 习近平 :《之江新语》，浙江人民出版社 2007 年版，第 248 页。
(9) 习近平 :《之江新语》，浙江人民出版社 2007 年版，第 247 页。

群众到底在期待什么？群众利益如何保障？群众对我们的改革是否满意？”[1]

二、内在逻辑：力量平衡

党的十八届三中全会明确提出，全面深化改革的总目标是完善中国特色社会主义制度，推进国家治理体系和国家治理能力现代化。从“国家管理”到“国家治理”虽只一字之差，但代表着中国共产党对社会主义建设规律认识的不断深化。国家治理是党的十八届三中全会报告的重大亮点，其背后所蕴含的实质也揭示出新时代中国特色社会主义实践的内在逻辑。治理理念兴起于20世纪30年代，原意是指“统治者或管理者通过公共权力的配置和运作，管理公共事务，以支配影响和调控社会”[2]。20世纪90年代以来，随着西方政府权力膨胀导致的问题越来越多，治理理念逐渐成为政治学、哲学、管理学领域中的重要概念。虽然诸多学者对其内涵有不同的阐释[3]，但治理主体的多元化成为学界的基本共识。多元主体共同治理的实质是政府力量、市场力量和人民力量的平衡互动。有学者认为，中国特色社会主义能够取得辉煌成就的重要原因在于，逐渐实现政府力量、市场力量和人民力量的平衡，即力量平衡。[4]力量平衡不仅是改革开放四十年所取得的重要成果，也是新时代中国特色社会主义实践的发展趋向。换言之，“力量平衡”是新时代中国特色社会主义实践的逻辑。

（一）“力量平衡”的学理分析

政府力量、市场力量和人民力量的良性互动是当今学界讨论的热点。在激烈的争论中，学术界逐渐形成了关于政府力量、市场力量和人民力量良性互动的理论模型，即从应用层面设想出三者良性互动的可能性图景。

（1）习近平：《习近平谈治国理政》，外文出版社2014年版，第98页。

（2）徐勇：《GOVERNANCE：治理的阐释》，《政治学研究》，1997年第1期。

（3）例如让•皮埃尔•戈丹在《何谓治理》中认为，治理是被一种新的权力配合使用的一种新政治鸡尾酒，促进机构、企业和协会之间的谈判过程多样化；詹姆斯在《没有政府的治理》中提出，治理是一种内涵更为丰富的现象，既包括政府机制，也包含非政府机制；俞可平在《治理与善治引论》中认为，治理的目标是善治，治理的权力运行向度是平等协作；陈春常在《转型中的中国国家治理研究》中认为，治理是指在一定范围内运用权威来维持某种特定秩序，等等。

（4）张维为：《中国超越：一个“文明型国家”的光荣与梦想》，上海人民出版社2014年版，第2页。

1. 政府力量、市场力量与人民力量互动之依据

政府力量、市场力量与人民力量的互动是近代以来经济学、政治学和社会学所关注的主要论题。自工业革命以来，资本主义经济得以迅速发展。伴随着物质财富不断增长的是，资本主义市场经济的迅速发展和扩张。这也使崇尚个人自由并充分肯定市场力量的自由主义思潮得以兴盛。亚当•斯密、李嘉图、穆勒都是这种思潮的重要代表人物。这种思潮明确肯定市场经济具有一种完善的运行机制，能够实现资源配置的最大效用。同时，它也肯定市场经济能够使个人权利得以保障，而国家的过度干预则会对其产生负面影响。但随着资本主义经济危机的周期性出现，市场经济的“完善形态”被人们广泛质疑，致使提倡国家干预经济的凯恩斯主义应运而生。凯恩斯认为，国家不应当只是市场经济的“守夜人”，而是应当通过“刺激总需求”参与到市场经济中来。凯恩斯主义是对传统自由主义经济学的一次反叛，同时也明确了国家在市场经济中的重要作用。此理论在 19 世纪五六十年代对西方整体的经济发展起到了重要推动作用。进入 19 世纪 80 年代以来，由于国家权力的肆意扩张，人民群众的参与权和知情权受到严重破坏。人们又逐渐开始反思社会运行的良性秩序问题，这就使“国家—市场—社会（人民）”三分法应运而生。虽然中国在改革开放过程中出现的诸多问题与西方现代化过程中的问题不尽相同，但由于两者都属于世界现代化进程中的重要组成部分，故而“中国问题”与“西方问题”也有着某些共性。在诸多问题中，“市场失灵”和“政府失灵”现象以及人民群众应得权利的保障问题是东西方现代化过程中面临的共同问题，这也成为政府力量、市场力量和人民力量互动的重要依据。

第一，市场与政府的“失灵”现象需要政府、市场和人民（社会）三者的良性互动。所谓“市场失灵”，是指市场经济的运行机制存在着内在的不完善性。这一不完善性主要表现在以下几个方面：一是市场经济内在的自发性、盲目性和滞后性。市场机制之所以能够自动调配资源达到优化效果，其内在核心在于价格机制、竞争机制和供求机制等机制作为某种“信息指南”指导着人们的经济行为。但这种“指南”总是存在着某种滞后性。这种滞后性意味着人们的经济行为往往不能完全按照理性计算而活动，投资者和生产者的盲目性和自发性由此而来，这也使市场经济本身并不能完全实现资源之优化。二是市场自身的发展趋向可能产生垄断。垄断组织通过垄断价格获得高额利润，致使竞争机制难以为继，资源优化配置难以实现。三是市场经济的不完全性。在现实中，常

常由于种种原因，市场信号会遭到扭曲，如生产者和消费者之间的信息不对称、生产要素受到限制和利率扭曲等情况时常出现。这也造成市场机制的失灵。四是市场经济所造成的外在性。在市场经济中，由于投资者并不把市场经济所造成的外在弊端，如环境污染、公共设施的供给以及贫富差距的增大等社会成本作为生产成本考虑在内，故而市场机制难以真正实现合理配置资源。这些“市场失灵”现象为政府干预提供广阔的操作空间。但政府干预行为本身也存在自身的缺陷，这就是“政府失灵”。

“政府失灵”主要有这样几种表现形式：一是政府干预的成本和产出之间的分离，往往使政府干预的成本过高。政府干预经济的主要依据除了国家的统计数据以外，就是普遍性的群众需求，但有时这两种信息出现扭曲的可能性较大，致使政府提供的制度或服务性产出与人民的需求之间产生巨大差距。这就使政府干预成本与供给之间产生了不均衡态势，进而使政府的财力和人力没有能够实现优化配置。二是政府的寻租行为，使政府的行为与效果产生偏差。由于利益的驱使，部分地方政府和权力部门常常为了谋取地方利益而使公权力逐渐“私有化”和“利益化”，进而出现了许多寻租行为和腐败现象。这就使政府的干预行为往往不断增大成本。而这种增大投入成本的行为往往也难以达到应有效果。三是政府干预行为很可能产生额外效应。政府干预行为可能会产生一些意想不到的外在结果，如过多干预市场，可能会使投资者对投资环境产生质疑，等等。

“市场失灵”和“政府失灵”的双重出现使社会发展难以平稳运行，这就需要寻找到介于两者之间的缓冲剂，而人民群众便是最好选择。一方面，人民群众能够通过适时反映相关信息、承接政府的相关服务，弥补政府之不足；另一方面，人民群众能够通过某种途径反馈信息，与相关部门协商制定行业规则、缓解市场经济所造成的恶劣后果（如环境污染），弥补市场之不足。

第二，人民权利的合理保障是政府、市场和人民（社会）良性互动的重要依据。政府所掌握的公共权力虽然是人民群众所赋予的，但公权力的肆意扩张依然会对人民权利造成威胁，这实际上是国家（政府）被誉为“利维坦”的由来。自近代以来，公民权利的崇高本性及其价值被许多学者所称颂。如卢梭提出：“人民之需要首领，是为了保护他们的自由，而不是为了让首领来奴役他们；这是全部政治法中的最基本的原则。”[1] 这里把自由看作是公民的基本权利，同时也指出政府的出现对人民权利的威胁；洛克也提出政府的主要职能是为保障个人的基本权利不受侵害；密尔则更进一步强调政府（国家）的价值“归根结底还在组成它的全体个人的价值”[2]。这种把公民权利的不受侵害看作是政府公共权力行使的边界之理论传统一直延续到当代。从现实角度看，随着世界经济发展问题的逐渐增多，政府在国家发展中的地位不断得以增强，政府权力的扩展性逐渐显现。如果不能界定政府职能的边界，使其放在“制度的笼子里”，那么侵害人民群众正当权利的事件将会不断发生，这对不断发展的国家来说，是具有负面效应的。

市场经济的发展一直被誉为是平等权利的基础。但从现实角度看，市场经济的发展一方面使人们能够获得相对自主和平等的权力，但另一方面也使这种权利逐渐被资本所掌控，人民权利的平等逐渐成为有钱人之间的平等。在当代很多国家，政治参与权只是在表面上实现人人平等，在实际操作过程中决定政府重要决策的力量，往往来自于掌握巨额资本的人群；在受教育权方面，穷人受教育权利的履行往往受到诸多阻碍，其中一个重要原因在于教育资源总是被富人所占据；在职场中，女性常常受到歧视，其重要原因在于掌握资本的人想要获取最大利益，致使女性的平等权利被无情践踏，等等。这种市场经济所造成的对民主的权利的亵渎同样受到人们关注。

为了应对政府权力的扩张和市场经济的发展对民众权利的损害，这就要求人民群众要积极参与到国家治理过程中，以实现政府、市场和人民的良性互动。一方面，人民群众能够通过正常民主渠道（人民代表大会制度），监督政府行为，保障应有权利；另一方面，人民群众能够通过协商平台（政协民主制度），保障公民权利。

避免市场和政府的失灵从本质上看是维护了良好的发展秩序，而保证公民的正当权利是促进民主进程的重要手段。因此，可以说，维护发展秩序和保障民主权利成为三者之间互动的重要依据。

（1）[法]卢梭：《论人与人之间不平等的起因和基础》，商务印书馆 2007 年版，第 105 页。

（2）[英]约翰·密尔：《论自由》，商务印书馆 1959 年版，第 137 页。

2. 政府力量、市场力量与人民力量良性互动之态势

政府力量、市场力量和人民力量的良性互动能够实现社会持续发展。那么，何种互动模式才能达到效果最优，这是我们所面临的又一重要问题。由于任何发展道路（模式）都是根据具体国情而设定的，因此只有适合国家发展的道路才是“最优的”道路（模式）。对于政府、市场和人民三种因素的互动模式，西方学界有着系统的研究成果，这对于中国发展有着重要的借鉴作用。但这绝不意味着我们要照搬“西方模式”，而是应根据中国的历史发展脉络与发展境遇设定适合本国的发展道路（模式）。笔者认为，在中国，政府力量、市场力量和人民力量的互动应当呈现为以政府力量为主导、市场力量为推动、人民力量为依靠的互动模型，即政府具有相对强势地位，在宏观上把握方向、汇集民力；市场力量在资源配置方面起决定作用，推动经济发展；人民力量是国家发展的依靠力量，尤其是改革攻坚时期，人民群众的创新力量已经成为推动经济持续发展的重要力量。三者之间的有机统一是实现中国发展的重要支撑。

第一，政府主导力量与人民依靠力量的有机统一。在当今学界，对政府力量和人民力量之间互动关系的研究成果可以分为两类：一是人民力量与政府力量的截然分离。这种“分离论”又可分为两种形式：制衡论和对抗论。制衡论主要继承了西方自由主义思想家关于理想国家是一种最小国家的思想，其核心是要限制国家权力的肆意扩张；对抗论则强调人民和政府（国家）的关系是一种此消彼长的关系，强盛的社会（人民）可以成为政府和国家的替代品，是一种无政府主义的极端观点。二是人民力量与政府力量的共赢论。共赢论又可以分为共生论、互补论和参与论。共生论认为，人民与政府应当保持共生共强的关系，双方力量有一方过小都会产生严重的问题[(1)]；互补论认为，人民和政府能够互补之不足，政府调节人民群众内部的冲突与矛盾，而社区等群众性组织能够提供政府所不能及时提供的公共服务；参与论认为，人民群众能够参与到国家行政过程中，形成政府行政的多元模式。从既有研究成果可以看到，以“西方模型”硬套“中国情景”的学术倾向尤为明显。这在学理层面是不科学的，因为它没有依据中国国情，更为重要的是，在实践层面是有害的。在中国特色社会主义制度框架内，政府力量与人民力量是有机统一的，不是截然的分离，更不是对立。因此，只有以两者有机统一为前提构建政府力量和人民力量的互

（1）何增科：《公民社会与第三部门》，社会科学文献出版社 2000 年版，第 7 页。

动模式才符合中国国情，才能科学准确地分析问题，进而推动社会不断向前发展。

首先，政府力量与人民力量相互配合，共同促进发展。在现实发展过程中，政府（主要是地方政府）由于信息缺失等因素的影响，致使其在促进发展过中会出现调控效果与预期相违背的问题，这就需要依靠人民群众的力量予以调整，即人民群众发挥积极性，通过正常民主渠道参与国家发展过程中。一方面，人民群众能够及时地反映相关信息，为政府服务之效果优化提供保障。社区等群众性团体作为公民自愿结成的社会组织，能够相对准确地了解民众的迫切需求，为政府服务提供准确信息，以优化政府服务之成本。这种成本优化不仅表现在政府决策之初的预期，同时也表现在公共服务过程中政府政策的相关调整。另一方面，社区等社会团体能够承接政府的相关服务，以保证其最优效果。同时，某些公益性组织还可以通过与政府协商的方式参与到政府的服务中来，或是通过完善政府服务之不足以实现社会发展。

同时，由于人民群众内部的冲突与矛盾常常成为制约社会发展和影响社会稳定的重大因素，故而作为主导的政府力量要发挥重要作用，尽力缓和相关矛盾，凝聚共识。一方面，政府能够通过强制力（如行政和法律手段）对破坏公共利益的行为予以制裁，维护社会的安定，保证中国特色社会主义方向；另一方面，政府能够通过沟通、对话等形式协调人民群众及相关社会团体，尽力缓和群体间的利益冲突和摩擦。对于具有严重利益冲突的群体，政府可以作为中介及时与它们沟通，以寻求解决方案。

其次，政府力量与人民力量相互协调，共同促进民主机制不断完善。人民群众能够自下而上地监督和制约自上而下的权力：一方面人民群众能够与政府建立起一种民主沟通机制，集中表达合理诉求，并及时参与政府的相关决策，保证广大民众的政治参与权；另一方面，人民群众也可以以个人身份及时监督政府行使公共权力的行为，并能够及时地向相关部门反馈信息，进而保证公共权力行使过程中的公正性，最终有效地防止腐败。值得注意的是，由于人民群众诉求的多元性，也需要政府的合理引导。一方面，政府需要合理甄别群众反馈的信息，极力避免和消除意图破坏合理秩序之信息的迅速传播所造成之负面影响；另一方面，由于各阶层力量不均衡性突显，可能致使群众所反馈的信息只代表一部分群体的利益，而相对弱势群体的呼声则难以反馈出来。这就需要政府进行深入调查研究之后，采取相应的措施以保护弱势群体的相关权利和利益。

第二，政府主导力量与市场推动力量之间的协同发展。政府与市场之间的关系，一直以来都是学术界争论不休的话题。无论是自由主义思潮所倡导的政府应当成为市场经济的“守夜人”，或是凯恩斯主义所倡导的国家应当干预经济发展，抑或是现实主义者所倡导的政府应当为社会发展（尤其是发展中国家）提供秩序[1]，都显示出政府与市场经济之间若即若离的关系。因此，当今人们所关注的焦点不再是市场经济要不要政府干预或调控，而是更加关注于应当让两者怎样结合才能更快实现发展。值得注意的是，在构建关涉中国发展道路的理论之时，不能脱离中国特色社会主义的基本原则，即不能以任何理由否定公有制的主体地位。因此，在探讨政府力量与市场力量的关系之时，要把握中国特色社会主义市场经济的基本特征，才能保证理论的科学性和适用性。

首先，政府与市场相互补充，借以推动经济发展。这主要表现在两个方面：一是政府能够调节市场。市场经济长期以来被看作是极具效率的经济模式，其内在核心在于市场机制能够传递相对准确而及时的信号，为人们的经济行为提供准则。这就意味着资源能够在市场机制的作用下达到优化配置。但同时，市场所具有的内在缺陷也会同样导致市场机制的失效。这就需要政府实现宏观调控以保证市场机制的正常运转。这种调控主要包括提供市场机制运行所需之必要条件（如提供相对公平的竞争环境等）、缓解或消除市场机制所产生的负面效果（如缩小贫富差距，减少环境破坏等）以及提供市场得以不断完善的服务供给（如创新机制的供给等）。在此方面，由于政府强大的主导力量（公有制经济为调控的重要载体），中国特色社会主义具有独特的优势。同时，政府调节市场经济并不意味着政府要成为市场（资源）的“决定者”，而是要成为市场的引导者，即政府的作用是为市场主体提供一个权利平等、机会平等和规则平等的环境。二是市场要求政府具有效率性。市场促进政府行为的效率性，首先意味着政府的权力分配要进行结构性调整，以保证行政系统本身的效率性。其次，市场经济所具有的内在机制，在一定程度上能够被引入政府公共行动领域之中，以提升政府行政效率。

其次，政府和市场相互依靠，共同保障民主制度的形成。这主要表现为两个方面：一是市场机制能够促进政府职能边界的重新划定，以推进民主制度的

（1）[美]约翰 A. 霍尔，[美]G. 约翰·埃尔伯雷：《国家》，吉林人民出版社 2007 年版，第 12 页。

形成。市场经济由于其内在的契约精神，一直以来被认为是完善民主制度的促进剂。市场经济的特有机制使人们能够摆脱纵向的权力束缚，进而转向横向的权利诉求，特别是其产生的主体性精神更成为民主制度成长的关键。在改革开放之后，中国民众对民主权利诉求的不断提升就是其佐证；二是政府要采取必要措施，不断完善民主制度。在西方，随着市场经济的不断发展及其资本力量的逐渐强大，形式上的民主制度可能会带来实质上的不民主：掌握资本的人实际成为民主制度的受益者和操控者；私下的金钱交易以换取公民的选票成为普遍存在的现象；普通民主对政治的冷漠以及对政府的不信任日益加深，进而放弃自身的民主权利，等等。这就迫使政府采取必要的措施，如加强监督力度和实现权力运作的公开化等方式，实现“民主的民主化”。(1)而在中国，虽然中国特色社会主义民主制度能够有效避免西方出现的“民主危机”，但随着社会主义市场经济的不断推进，特定利益集团的出现也成为制约中国社会发展的重大隐患。因此，完善中国特色社会主义民主制度（尤其是人民代表大会制度）就成为中国特色社会主义实践的重要举措。

第三，人民依靠力量与市场推动力量之间的和谐共存。人民力量与市场力量之间的关系一直以来都被看作是相互补充、和谐共存的关系。

首先，市场力量与人民力量的协作互动，促进经济发展。其一，市场经济促进人民力量的提升。这主要表现在：一是市场经济的运作机制使人们能够具有相对独立的活动环境，而这种独立环境能够使个人按照平等原则进行交往，这是主体性力量得以形成的关键。从历史上看，正是市场经济的产生才使个人逐渐得以突破封建权力的束缚，获得自主活动的空间，以致推动世界现代化进程。从现代社会发展来看，市场经济使个人得以解放的力量依然不可忽视；二是市场经济的运行模式有利于形成竞争意识、平等意识、权利意识、责任意识等现代理念和契约精神，这是人们自主品格的形成和得以延续的关键。其二，人民力量推动市场经济发展。这主要表现在：一是人民力量能够有效弥补市场之不足。人们不仅能够通过协商方式制定相关规则（行业协会规则），借以在一定程度上避免投资的盲目性和自发性，实现经济信息的相对及时和准确，进而避免市场经济发展过程中出现的一系列违规操作行为，保证市场经济的运行

(1)[英]安东尼·吉登斯:《第三条道路及其批评》,中共中央党校出版社2002年版,第63页。

秩序。更为重要的是，人民群众的自觉行为能够在一定程度上弥补市场经济所造成的外部影响，如环境污染等。同时，人民群众的创新精神和创业实践也成为市场经济持续健康发展的重要前提。

其次，市场力量与人民力量的协同合作，推动民主不断向前发展。人民力量能够与市场（主要指企业）力量联合共同维护应有权利，即群众和企业联合起来通过正常渠道共同监督政府公共权力的使用，维护其合法权利；而且，某些行会等社会团体作为一种公共领域能够为市场经济运行过程中出现的利益冲突，提供协商解决的平台，缓和各种矛盾冲突，同时起到维护权利的功能。如雇主与雇员之间的矛盾冲突可以通过相关组织（如工会）不断协商加以解决，以最大限度保障应有权利。

（二）当前中国领域格局的缘起和现状

理念的提出是对问题的回应。那么“力量平衡”的分析框架是针对当前中国何种问题呢？笔者认为，此分析框架是针对中国领域格局的结构问题而言的。所谓领域格局，是指人类社会在发展过程中形成的具有特定实践内容和文化价值的结构性空间。学界认为，人类社会的结构可以大致分为经济领域、政治领域和社会领域（文化领域渗透在其他三大领域之中）。随着时代的不断变迁，各个领域之间的相互关系会随之演变。要想理解当前中国领域格局的问题，需要从中国传统领域格局的缘起开始。

1. 中国传统领域格局的缘起

中国传统的领域格局可以理解为以政治领域整合经济领域和社会领域的单一型领域模式。这种领域模式可以追溯到秦朝“大一统”所形成的领域结构。自秦朝设立郡县制实现中央集权以来，中国的政治领域就开始拥有管制一切的能力：在政治领域中，通过实行皇权至上、层层管制的权力金字塔结构，政府实现了权力的最大化凝聚。这种权力凝聚使其能够伸展到全国的各个角落及其各个领域，当然也包括以农业为主的经济领域以及以农民和手工业者为主的社会领域。在经济领域中，政府主要通过推行严格的地籍审查制度、重农抑商的政策以及统管经济发展所需的水利交通事业等，对经济领域实现全面管控。这种管控模式虽然在一定时期内带来了经济繁荣，但也为国家发展埋下隐患；在社会领域，政府通过严苛的户籍制度对社会领域实行全面管控，“国家掌握每个人的情况细致到如此程度，如隋代‘貌阅’和唐代‘团貌’，规定了地方官吏不仅要每年掌握人口、土地的数量，而且必须检阅人丁的形貌，防止低报年龄及伪报老病的情况发生”(1)。这种统治使任何民间组织都难以迅速成形。同时，政府也通过儒家思想对社会的整体思想状况进行统治，这就使中国的“超稳定结构”得以产生。这种传统领域结构延续了两千多年，使得这种特有的规则深入人心，难以根除。因此，有学者认为，在当代，值得人们深思的“中国问题”，主要是“传统社会形成并作为残余遗留下来的自上而下的、逐层管制的‘金字塔’式的传统社会层级结构及权力运作体制”(2)。

从领域结构上看，改革开放以来的中国特色社会主义实践就是在不断调整这种政治独大的领域结构，也正是由于这种调整作用，中国才能释放被压抑许久的创造力量，实现发展之繁荣。

第一，引入市场机制，推行政企分开，是实现政治领域和经济领域逐渐分工的主要途径，也是实现政府和市场互动的重要条件。引入市场机制是中国改革实践的核心内容，这种引入机制主要分为三个阶段：第一阶段是下放部分经济权力，培养市场主体，使企业和个人能够在市场经济的浪潮中合法获取应得的物质利益，把人民的积极性调动起来；第二阶段是全面推行市场机制，重点推进国有企业改革，实现政企分开，保证市场经济的合理运转；第三阶段是完善市场经济的运行秩序，实现经济发展方式的转型，同时化解市场所造成的负效应，尤其在分配领域实现突破，保证市场经济的良性发展。在引入市场机制实践的推动下，中国的政治领域与经济领域渐进分工，政府与市场之间的良性互动态势逐渐出现。政府与市场之间的分工，不仅意味着人们长久被压抑的追求物质利益的意愿最终得以实现，人们的生产积极性逐渐被调动起来，而且意味着市场机制能够相对自主地实现资源的优化配置，进而能够极大地提升生产效率，促进生产力的快速发展。

第二，重视社会建设，促进政社分开是实现政治领域和社会领域逐渐分工的重要措施，同时也是政府和人民（社会组织）得以良性互动的重要因素。在市场机制的推动下，改变传统的公共事业供给模式以及社会管理的运作模式必然成为中国特色社会主义实践的题中应有之义。这种改变可划分为三个阶段：一是通过下放权力，逐渐改变“政府办社会”的传统模式，实现社会建设的“社

(1) 金观涛，刘青峰：《兴盛与危机：论中国社会超稳定结构》，法律出版社 2010 年版，第 58 页。

(2) 韩庆祥：《面向“中国问题”的马克思主义哲学》，武汉大学出版社 2010 年版，第 545 页。

会化”倾向。二是借用市场力量以实现公共服务供给模式和社会管理运行方式的转轨。在市场经济建立以后，中国实现了医疗卫生事业、教育事业等领域的市场化改革就是其中的范例。虽然这种市场化改革在以后的发展过程中受到人们的质疑，但在当时，却也对社会领域与政治领域的分工产生了一定的积极意义。三是在一定程度上鼓励社区自治建设，实现公共事业的多元化供给以及社会的“协同治理”。社区及相应机构，能够适度承担公共事业的相关责任，而国家只需要对社区及相关机构的发展进行鼓励并给予政策支撑就能获得较为良好的效果。而社区自治建设则更能提升公共事业供给的质量和效率。实现政社分开并不意味着政府要“抛开包袱”，而是要使公共事业能够更加满足人民的需要。因此，政府不仅要提供必要的公共服务，同时也要监管公共事业市场化可能带来的负面影响，如公共事业的公益性逐渐被盈利性所取代等。政社分开意味着政治领域与社会领域的渐进分工，即社会组织与政府的协作关系逐渐形成。

第三，坚持在党的领导下，推进政府职能改革，努力建设服务型政府，是实现政治领域、经济领域和社会领域良性互动的重要基础。明确政府职能的边界，实现政府职能的“服务化”“公开化”和“透明化”，是中国特色社会主义实践的重要内容。如何合理地下放权力，从而一方面能够达到为人民服务的效果，另一方面又能实现发展的效率，是明确政府职能边界所要解决的核心问题。同时，要实现政府职能转变，也要注重实现党的力量提升。只有坚持党的领导，政府职能转型才能保证社会主义方向。故而，在此问题的解决上，中国特色社会主义实践主要分为三个阶段：第一阶段，在保证大局的基础上，适当下放权力，以配合中国改革的步伐;第二阶段，实行精简机构，配合市场经济的发展实现政府职能的转变，明确政府职能的边界；第三阶段，是在提升党的执政能力的基础上，建立服务型政府，重点突出政府职能的“为民”特征。正是在不断明确职能边界、实现权力合理配置的基础上，逐步实现三个领域的合理配合。

2. 当前中国领域格局的现状

正是在中国特色社会主义实践的推动下，中国传统领域格局逐渐瓦解，政治领域、经济领域与社会领域三者能够互动起来，即政府力量、市场力量与人民力量得以平衡。但由于中国传统领域格局的“惯性”以及联动反应，使得当前中国领域格局处于转型过程之中，具有鲜明的时代特征。

第一，政治领域过度膨胀态势依然存在，即政府权力总是“过度干预”“越位干预”。这是由以下原因造成的。首先，政治权力的监督机制有待完善。由于国情的差异，中国所实行的是一种与西方政治体制不同的“纵向民主”，即自上而下与自下而上相结合的民主制度。奈斯比特认为，中国纵向民主体制有其自身的优势，即“能够使政治家们从为了选举的思维中解放出来，以便制定长期的战略计划”[(1)]。中国正是实行了这样的民主制度，广大的民意才能迅速得以转化成实践政策和措施予以实施，使民众与政府密切联系起来。但值得注意的是，也只有配合有效的监督机制，才能防止权力的过度膨胀，使之真正被“装在制度的笼子里”。其次，政治职能的边界有待厘清。虽然中国特色社会主义实践一直在规范政治权力的运用，但由于政治权力对市场经济的干预能够带来极大的“好处”，并且这种“好处”在改革开放之初曾经使部分人获得巨大利益，因此，对于政治权力限制的实践措施总是受到或明或暗的抵制，致使政府的“寻租行为”“腐败现象”屡禁不止。同时，在改革开放初期，有些人曾经从“寻租行为”之中获得巨大利益，这使他们也愿意通过这种“捷径”获得较高的利润。部分政府官员与企业主串通一气使得政治权力对经济行为的干预呈现过度态势。再次，政治权力与社区等组织难以良性互动。由于部分地区只是简单地把“下放权力”理解为“抛开包袱”，进而使得社区承担着其不能承担的任务和责任，“证明母亲是母亲”等事件的频繁发生就是其典型例证。最后，党内存在的诸多问题也在一定程度上造成政府权力的过度膨胀。客观上说，经过中国改革开放四十年的洗礼，尤其是通过反映新时代诉求的党的自身建设，中国共产党的自身地位得到充分巩固，执政能力得到迅速提高，党已经成为能够在新形势下领导社会主义建设的重要政治力量。但同时我们也需要看到当今党内存在的问题，如官僚主义作风依然盛行、党员干部严重违纪现象不断增多以及党内监督机制不够健全等。而党内存在的这些问题，也在一定程度上成为政府权力独大的重要因素。

第二，市场机制不够完善。市场经济之所以能够达到资源优化配置的效果，主要原因在于市场经济的竞争机制、供求机制、价格机制和风险机制等能够为市场行为主体提供经济行为的可参照标准。而在当今中国，虽然改革开放使市

(1)[美]约翰•奈斯比特，[德]多丽丝•奈斯比特：《中国大趋势：新社会的八大支柱》，吉林出版集团2009年版，第40页。

场机制得以不断完善，但其内部机制依然难以完全发挥作用，致使市场力量相对弱小。首先，国有企业改革有待推进。由于国有企业的内部机制没有完全实现转型，即产权不明晰、权责不明确以及管理混乱等问题依然存在，致使国有企业没有真正成为市场主体，以致不能发挥公有制经济宏观调控市场的作用，进而使得需要扶持的产业（如文化产业、公益性产业）难以成长，不利于社会主义市场经济整体推进。其次，市场经济的内在价值意蕴缺失。市场经济作为一种经济运行模式，内在包含着独立自主的价值意蕴。这种价值应当成为经济主体的内在规范。但在中国，这种独立自主的内在价值被传统思维所阻碍，致使经济行为主体依然延续着“等、靠、要”的思维模式。而中国庞大的劳动力市场和相对充足的资源，能够使企业延续传统经营模式而生存。故而在中国，创新思维和创新精神难以得到推广和普遍化。同时，诚信精神严重缺失也制约着社会主义市场经济的迅速成长。再次，市场经济的法制保障有待完善。市场经济就其内在实质而言是一种契约经济，而契约经济自然需要法律加以维护和保障。在当今中国，由于法治观念的淡漠，执法不严、违法不究等行为时有发生，致使在经济主体之间难以形成相对公平的环境，企业主无限压榨劳动力实现利润最大化，企业与企业之间的不平等竞争以及劳动者之间的竞争愈演愈烈，这都使市场经济难以平稳运行。

第三，社会力量参与不足。在当前，以职能为基准，中国的社会组织（社会力量的承载体）主要有几种存在形式：准行政组织、事业组织、公益组织以及中介组织。[(1)]据统计，截至 2011 年，中国现有社会团体 24.7 万个，民办非企业单位 20.1 万个，基金会 2357 个。[(2)]仅从数量上看，中国社会力量并不弱小，但从实践层面上看，社会力量在国家治理层面的参与程度并不足。其原因在于两个方面：一是对公益性组织和中介组织的管理不够完善。以公益性团体为例。在当代中国，公益团体主要有两种存在形式：一种是在民政部门正式注册的（不包括工商注册）社会组织，另一种是非正式注册的民间组织（包括工商注册）。鉴于国家安全问题的考虑，中国对社会组织管理的相关规则是比较严格的。对于正式注册的社会组织而言，复杂的管理和审批手续一方面确实能够保障国家

（1）张尚仁：《“社会组织”的含义、功能和类型》，《云南民族大学学报（哲学社会科学版）》2004 年第 2 期。

（2）康晓光，冯立：《中国第三部门观察报告（2012）》，社会科学文献出版社 2012 年版，第 4 页。

根本利益不受侵害，但复杂的程序也使得正式注册的民间组织提供公共服务的积极性不能完全被调动起来。而对于非正式注册的社会组织，其身份和角色一直没有明确界定，也使其处于尴尬境地；二是准行政组织和事业组织的参与机制不够完善。以社区治理制度为例。社区是了解居民生活的重要载体，而社区自治则是引导社会力量参与国家治理的重要环节。但政府和社区之间的职责划分不清，衔接不够紧密也使其自治制度难以发挥应有作用。概言之，完善社会治理体制，形成协同参与的格局，是社会建设的重要环节。

概言之，当前中国领域格局的结构性问题已经成为阻碍中国社会发展的根本问题，急需破解。

三、发展趋向：因势利导

十九大报告明确指出："中国特色社会主义进入新时代，我国社会主要矛盾已经转化为人民日益增长的美好生活需要和不平衡不充分的发展之间的矛盾。"(1)社会主义矛盾的变化意味着新时代中国特色社会主义实践将面临新的挑战。如何因势利导地完善和利用政治力量、市场力量和人民力量之间的平衡关系，以应对新问题和新情况成为新中国特色社会主义实践的发展趋向。

（一）明确政治方向：深化党的建设

不断推进改革开放的伟大实践，首先要坚持中国共产党的领导。这是由中国共产党所具有的"为人民服务"的理念和强大的领导能力决定的。只有坚持中国共产党的领导，才能保障中国特色社会主义实践的发展方向；只有坚持中国共产党的领导，中国特色社会主义实践才能较为顺利地予以推进。因此，深化党的建设就成为新时代实践的内在要求。党的十九大报告明确提出了新时代党的建设的总要求，为新时代党的建设提供了重要指南。

深化党的建设的首要措施，是把政治建设摆在首位，切实加强纪律建设。党的十九大报告，明确提出"把党的政治建设摆在首位"，并把纪律建设纳入新时代党的建设的总体格局，是对党的建设规律认识的深化，反映了党的十八大以来全面从严治党实践和理论的创新成果，是我们党优良传统和制胜法宝的时代化、常态化、制度化的重要体现。政治建设关乎党的方向、目标、原则、宗旨等重大政治观点、政治立场问题，关乎党的前途和国家的发展。政治建设

（1）习近平：《决胜全面建设小康社会 夺取新时代中国特色社会主义伟大胜利》，人民出版社2017年版，第 11 页。

的要旨是服从党中央的权威和集中统一领导，以保证政策能够贯彻落实。纪律建设的核心是要将纪律挺在前面，实现纪严于法、纪在法前，以保证党的先进性和纯洁性，进而提升党的执政能力。面对错综复杂的国际形势和新时代中国特色社会主义实践的艰巨任务，各级党组织只有把讲政治的弦绷得更紧一些，把纪律切实挺在前面，才能应对来自各方的挑战，争取工作的主动权，把党和国家的事业推向前进。

深化党的建设的关键环节，是坚守马克思主义的理想信念。从理想信念角度看，马克思主义的理想信念由两个部分组成：促进人的全面发展的价值理念和实现共产主义的崇高理想。在当代，随着市场经济的利益化倾向以及西方负面思潮的双重影响，部分共产党员丧失了对马克思主义的基本信念，他们甚至认为马克思主义在当代已经“完全过时”。这种思想倾向在党内迅速蔓延开来，造成十分恶劣的影响。因此，坚持马克思主义的信念，树立共产主义的崇高理想，遵循促进人的全面发展的价值理念，才能使党保持先进性，才能领导中国社会主义现代化的发展。

深化党的建设，需要完善党的制度建设。美国学者亨廷顿认为，政党力量的主要来源就是其制度化的程度和组织化的复杂性和深度[(1)]。他认为，制度化的政党能够保证其内部机制的完善，有利于克服党的发展依赖于党的领导者的现象；而党的组织化的复杂性和深度为政党能够顺利连接地方群众（社团）提供保障。我们从这一理论中可以获得启示：实现政党的制度化是政党力量的源泉。因此，在新时期，党的建设应当从完善自身的各项制度入手，尤其是要完善党内的民主制度。相对完善的民主制度不仅能够保障党员的基本政治权利（如监督权、参与权、知情权、选举权等），而且能够有效地防止腐败等诸多现象的产生。同时党内民主的实现能够成为人民民主实践的成功示范，有助于推动中国特色社会主义政治制度的完善。

深化党的建设，还要扩大党的群众基础。随着现代化进程的不断加速，中国社会各个阶层的利益矛盾与冲突也在不断加剧，这就使各个阶层通过政治参与表达自身利益诉求的愿望不断增强。因此，在新时期不断吸引各个领域的优秀人才，是中国共产党扩大自身群众基础的重要措施。

（1）[美]塞缪尔 P. 亨廷顿：《变化社会中的政治秩序》，上海人民出版社 2008 年版，第 342 页。

（二）提升人民力量：尊重人民权力与权利

在当代，要提升人民群众的力量，需要从提升“权力”和保障“权利”两个方面入手。所谓提升“权力”，主要是指在民主制度方面，通过完善相关制度和体制，提升人民群众的应有权力；所谓保障“权利”，是指在社会建设方面，通过公共服务体系的建设以及社会管理体制创新，不断保障人民应有的权利。党的十九大报告不仅明确指出“我国社会主义民主是维护人民根本利益的最广泛、最真实、最管用的民主”(1)，同时也明确强调“带领人民创造美好生活，是我们党始终不渝的奋斗目标”(2)。进言之，维护民主权力和改善民生都是以人民为中心理念的具体映射。

提升人民权力，需要相关制度和机制的完善。完善人民代表大会制度是提升人民“权力”的首要举措。无论是从我国的国家性质（人民民主专政），还是从社会主义现代化的发展趋向（人民群众的主体性正在形成）来看，提升人民群众的权力，保障人民主权的真正实现，都是我国深化改革的关键。在中国，人民代表大会制度是维护人民当家作主地位的首要制度。广大人民群众正是通过选取自身信任的代表，使之成为自身权益的代言人，进而在国家制定大政方针政策时表达自身的诉求。这就需要，一方面保证选举代表过程的规范化（公平和公开），并不断调整代表的构成结构，使代表名额要向基层群众和社会团体倾斜。另一方面，也要完善人民代表大会作为国家权力机关的重要职能，进而对行政机关加强监督。

同时，不断完善基层民主制度，增强法制保障，也是中国特色社会主义实践的必要措施。基层民主建设一方面能够为人民群众提供和表达诉求的机会和平台，另一方面也能使政治权力受到广泛的监督。因此，基层民主建设是符合当代社会发展趋向和适应人民群众发展诉求的实践措施。基层组织是与人民群众接触最为频繁和最为直接的组织设置。在基层组织中实现民主，才能真正实现人民切实的权力，保障群众能够自下而上地反映其最关心和最现实的利益，使国家实现人民至上的价值理念；而增强法制保障，就是要使权力在法律范围内运行。

(1) 习近平：《决胜全面建设小康社会 夺取新时代中国特色社会主义伟大胜利》，人民出版社2017年版，第36～37页。

(2) 习近平：《决胜全面建设小康社会 夺取新时代中国特色社会主义伟大胜利》，人民出版社2017年版，第45页。

保障人民权利，需要相关制度和机制的创新。这就需要国家在两个方面加以着手：一是在公共服务方面，二是在社会管理方面。在公共服务方面，要更加注重民生建设。首先，完善公共服务体系。在社会建设的推动下，现有公共服务的项目种类得到不断增长，能够为人民群众的生活提供基础保障。但从效果上看，公共服务体系所达到的效果离民生建设的目标（基本实现幼有所育、学有所教、劳有所得、老有所养、住有所居、弱有所扶）还存在一定差距。因此，必须细化公共服务的项目和种类，提升数量和质量，即从项目种类和实现程度两个方面完善公共服务内容体系，真正保障人民群众的应得利益。其次，鼓励社会团体（社区）和个人逐步参与到公共服务供给中来，确保人民利益得到切实保障。从福利经济学角度看，"社会取向"的福利理论逐渐取代了"政府取向"或"市场取向"理论，逐渐获得各国的广泛认可。"社会取向"的福利理论是"一种综合的福利观，它意识到单纯依赖市场或单纯依靠政府无法在公平与效率之间获得平衡，力图弥补或纠正由市场失灵和政府失灵造成的福利供应不足或供应过度问题"[(1)]。这一理论能够为我们带来启示：发挥社会团体（尤其是社区）在公共服务供给中的作用。再次，设定合理的公共服务评价机制和相关反馈机制，以实现公共服务的合理供给。

在社会管理方面，要实现协同治理。首先，对社会管理要强化"协同治理"理念。虽然随着改革开放的逐渐深入，中国的社会管理逐渐摆脱传统管理模式，逐渐向新型治理模式转型，但这种转型不仅应当包括职能和权力的下放，更为重要的是要更新治理理念，即推进"协同治理"理念，使社会管理加速转型。"协同治理"理念，是20世纪90年代以来世界范围内所倡导的管理理念。这种理念与传统的"统治"概念相区别，它强调治理的过程性和多元性，其核心是要在目标一致基础上形成多元主体的持续互动局面。正如库尔曼和范•弗利埃特指出，协同治理的概念是："它所要创造的结构和秩序不能由外部强加；它之发挥作用，是要依靠多种进行统治的以及互相发生影响的行为者的互动。"[(2)]在当今中国，这种"协同治理"理念为中国社会管理建设提供了一种方向和目标，即使社会管理从传统的一元管理向多元治理方向转向，这种转向不仅能够保障

（1）陈立周：《当代西方社会福利理论的演变及其本质——兼论对中国社会福利实践的启示》，《辽宁大学学报（哲学社会科学版）》2011年第2期。

（2）张敦福：《社会管理、社会建设的理论分析》，广西师范大学出版社2013年版，第37页。

人民群众的合理权利，而且能够实现社会良性运转。其次，国家要强化自主管理，并鼓励民众积极参与社会的日常管理工作。

（三）强化市场力量：促进经济发展方式转型

经济发展方式转型是完善市场机制和提升市场经济内在力量的重要手段，也是推动社会主义市场经济不断发展的必要措施。这种转型不仅能够从根本上解决国内由于粗放型经济增长模式而长期积累下来的弊端（资源和增长、投资和回报、劳力和资本、科技和产值之间的张力过大），而且能够应对世界经济发展的新趋势（知识经济时代到来），以及顺应人民群众主体性不断提升的发展趋向。自党的十八大以来，经济发展方式的整体转型在不断推进，并在产业结构的调整、科技转化生产力的速度和资本回报率等方面取得了一定成效。但由于问题的长期积累难以一下肃清，这就要求我们不断推进经济发展方式的转型。党的十九大报告明确指出“我国经济已由高速增长阶段转向高质量发展阶段”[(1)]。因此，推动经济发展变革、效率变革、动力变革的经济发展方式变革成为建立现代化经济体系的重要内容。

促进经济发展方式转型，要在战略上推行创新驱动，提升国家的自主创新能力和市场的内在力量。在当代，随着世界知识经济的迫近，拥有自主创新研发能力的人才、企业和国家逐渐开始在国际舞台上崭露头角。同时，中国提出的创新型发展战略也意味着我国要实现创新型国家的信息和决心。创新能力的提升，不仅是国家和企业生存和发展的主要依靠，同时也是市场力量不断提升的重要手段。正如熊彼特所说，推动市场经济发动机的根本力量，主要是社会创造的“新消费品、新生产方法或运输方法、新市场、新产业组织的形式”[(2)]。从本质上讲，市场的力量就是合理配置资源和创造物质财富的力量。而在创新氛围的刺激下，个人通过不断更新自身具有的知识和信息获取报酬，企业不断通过提升自身的科技含量实现盈利，这就使市场经济行为主体的生产能力极大提高。这种能力的提升能够极大提高资源转化为财富的效率，进而提升市场的内在活力。同时，科技创新能够创造出新的产业生长点，可为市场的整体机制运转和资源的合理利用提供良好平台。因此，不断培育创新能力发展的文化氛

（1）习近平：《决胜全面建设小康社会 夺取新时代中国特色社会主义伟大胜利》，人民出版社 2017 年版，第 30 页。

（2）[美]约瑟夫·熊彼特：《资本主义、社会主义与民主》，商务印书馆 1999 年版，第 146 页。

围，制定有利于个人和企业提升创新能力的制度规则，维护和保障企业和群众获得创新能力及其发挥的权力和机会，不断调动经济主体提升和发挥创新能力的积极性，是提升市场力量的重要手段。从具体措施上看，创新能力的提升需要政府、市场和人民相互配合，且共同提供适应市场发展的科技供给和创新平台，使创新机制能够良性运转。

完善市场竞争机制，提升企业的竞争能力。经济发展方式转型除了需要国家整体战略的推动外，还需要依靠市场内在的竞争原理予以实现。在世界经济整体转型过程中，传统的制造业和加工工业逐渐式微，而新兴技术产业和服务业逐渐兴盛。这种发展趋向急剧加速且不可逆转。在我国，随着劳动力工资的逐渐提升，以前某些区域所依靠的劳动力成本低所造成的优势逐渐丧失，这也逼迫这些地区实现产业转型，逐渐提升科技水平。但由于某些地方政府为了一时的利益，进而对其进行“干预式”保护，这使得某些应当在市场经济中陷于劣势的企业得以生存。还有一些垄断式企业由于其具有的垄断地位，可以肆意抬高商品价格获取高额利益，这也使得企业丧失了科技提升的内在动力。这些企业或政府的行为从某种程度上违背了市场经济的自由竞争原则，不利于经济发展方式的转型。更为重要的是，它使在市场竞争环境下的人民群众没有获得相对平等的竞争权和发展权，即在企业或政府保护下的人群可以用最小的付出获得极大的回报，但在这些区域之外的广大群众则只能付出高昂的努力而收获不成比例的回报。这不利于充分调动市场主体的积极性。因此，必须完善市场经济的竞争环境，逐渐实现企业的优胜劣汰，提升科技竞争力，同时保证经济主体的平等竞争权和发展权。

经济发展方式变革，也会使供给侧结构性改革这条主线不断得以深化，实现经济发展的全面飞跃。

（四）规范政府力量：深化服务型政府建设

虽然中国政治领域膨胀的态势尤为明显，但并不意味着要削弱政府力量，而是要通过制度设计规范政府力量，使其能够保持主导地位。这就需要继续深化服务型政府建设，实现权力良性运作。

第一，深化服务型政府建设，最为重要的是要完善服务内容，其核心在于为人们创造良好的发展平台。政府提供的服务一方面要满足人民的基本生存需求，另一方面也要不断调动人民群众的积极性，满足人民的发展需求。在当代，人们不断提升自身能力和做出贡献的需求不断增强，政府要适应此种发展趋向，努力为人们提供能力发挥的平台，如进行相关培训，鼓励个人创业，提供政策辅助以及实行就业引导，等等。

第二，服务型政府建设要简化行政管理程序，为人民能够更好地参与社会服务提供机会。行政管理程序的简化，不仅意味着政府机构的精简和人员编制的缩减，而且意味着社区等社会团体将要承担更多的工作并予以配合。这种工作不仅包括提供更多的公共服务，而且包括监督政府权力的形式和运用。值得注意的是，服务型政府不等于政府的放手不管，由于社区等团体面对复杂的利益矛盾和利益冲突，难以有效解决，这就需要政府加以指导并提供相应支撑，以实现政府和社会团体（社区）之间的良性互动。

（五）借用“力量平衡”：实现“美丽中国”的生态文明建设

党的十九大明确提出，“我们所建设的现代化是人与自然和谐共生的现代化”(1)。这意味着，构建“力量平衡”的发展模型，鼓励政府、市场（企业）和人民（社会组织）的共同参与，进而实现“美丽中国”的生态文明建设，是中国特色社会主义实践的必然走向。

第一，转变生态建设理念，实现生态建设共识，是实现生态文明建设的重要手段。莱斯认为，生态危机的根源是控制自然的观念。而这种观念的核心是“把全部自然（包括人的自然）作为满足人的不可满足的欲望的材料来加以理解和占用”(2)。在这种观念的支配下，人与自然的关系变得日益恶化。从这个理论中，我们可以获得这样启示：转变传统观念，实现新的生态观，以达成生态文明建设的共识，是实现生态文明建设的首要手段。这种共识也是保证政府、市场和人民能够共同参与生态文明建设的思想基础。“人与自然的生命共同体”理念的提出，不仅是对中国特色社会主义理论体系的深化，而且是对人在生态领域中的角色和地位问题的又一次重大反思，即强调人在生态环境中的应有地位、价值以及实践行为。此概念的内在意蕴在于：强调在生态环境领域中，人不再处于“主宰”地位，而是与自然和谐共存，进而要树立尊重自然、顺应自然和保护自然的理念。因此，人要在生态环境中获得自身的价值，就要在对主体的限制中加以寻找。这主要表现在：明确人在与生态交流中的范围、角色和职能，

（1）习近平：《决胜全面建设小康社会 夺取新时代中国特色社会主义伟大胜利》，人民出版社 2017 年版，第 50 页。

（2）[加] 威廉•莱斯：《自然的控制》，重庆出版社 2007 年版，第 7 页。

在特定的范围内和遵循规律的过程中实现人的意志自由和主体选择，使自身的行为能够获得自身、同代人和后代人之认可。

第二，实现生态文明建设制度化，保证生态文明建设的常规性。按照诺斯的理解：“制度提供人类在其中相互影响的框架，使协作和竞争的关系得以确定，从而构成一个社会，特别是构成了一种经济秩序。”(1)这就是说，制度是一种社会的游戏规则，它主要为人们的行为设定一些制约。而实现生态文明建设制度化，是指为生态建设提供一些正规约束（如规章和法律）和一些非正规约束（如道德和习惯），以保证人们能够按照既定规则行事，实现生态文明建设的最大效果。在当代中国，促使政府、市场和人民的共同参与，是进行生态文明建设的关键。因此，这种制度化就要保证政府、市场和人民的协同参与之态势。生态文明建设的制度化，主要包括开发的制度化、补偿的制度化、监管的制度化、奖惩的制度化以及教育的制度化等。这些制度化措施在提供部分约束的同时，也意味着赋予社会各方面某些权利。这也是实现全方位生态文明建设的基础。

第三，鼓励人民群众参与生态文明建设，实现多元主体共同建设模式。生态文明建设是一项系统的工程，仅凭政府和企业借助政治权力和市场机制实现生态保护是不够的，还需要人民群众能够以个人或是组织形式积极参与到生态文明的建设中来。尤其是具有公益性质的诸多合法社会团体的广泛参与，是实现生态文明的关键。这就需要国家能够实行有效措施，充分调动社会组织参与生态建设的热情和信心，并设定相关渠道，为人民群众的生态实践提供优质服务和畅通渠道。

(1) [美] 道格拉斯 C. 诺斯：《经济史上的结构和变革》，商务印书馆1992年版，第195页。

结语　中国特色社会主义实践的独特优势

回顾中国特色社会主义实践的演进历程并对其发展趋向予以展望，我们可以得出这样的结论：中国特色社会主义实践之所以能够凝聚人民力量并不断吸引世界的目光，原因在于其有着自身的独特优势。

一、优势之一：立足实际和适合国情是中国特色社会主义实践的根基

中国特色社会主义实践的根基可以用立足实际和适合国情予以表达。

所谓立足实际，是指中国特色社会主义实践能够根据中国特有的“土壤”，制定适合中国现实的实践战略，并根据现实的变化不断调整。立足实际的核心在于，中国特色社会主义实践能够从“中国问题”出发。在改革开放四十年的历程中，中国面临着许多急需解决的问题，如经济运行过程中的政治化、思想的保守化和社会阶层的凝固化等。但在这些问题的背后，存在着一个影响深远的总问题，即“自上而下的、逐级管制的‘金字塔’式的传统社会层级结构及权力运作体制”(1)。这个总问题影响中国深远，换言之，中国改革开放所面临的大多数问题都是此问题在各个领域的映射。如果从“中国问题”视角审视中国特色社会主义实践，可以看到，中国特色社会主义实践是在逐步解决这个总问题的过程中推进的。例如，我国引入并培育市场机制的实践活动，客观上使人民的主体性得以提升，进而为突破传统的权力运作机制奠定基础；为了适应市场机制的发展，我国逐步实现了政府职能转变，客观上使传统的权力运作方式得以削弱；为了保障社会的良性运转，我国适时地鼓励公民社会的发展，客观上为限制传统的权力运作方式起到积极作用，等等。在经历四十年改革开放的洗礼之后，这种权力运作机制虽然得到了一定程度的改变，但它依然发挥着强

(1) 韩庆祥：《面向“中国问题”的马克思主义哲学》，武汉大学出版社2010年版，第545页。

大的作用，进而影响着中国社会的整体发展。因此，中国特色社会主义实践的发展趋向就是要针对这个总问题，设定宏观战略和制定具体措施，以实现对此问题的破解。

适合国情，是指中国特色社会主义实践不是照搬他国实践模式的产物，而是立足于自身现实，并在不断摸索中逐渐形成的。因而，它是最为适合中国国情的实践形式。适合国情的内在精髓在于，中国特色社会主义实践体现“中国特色”。中国特色社会主义实践能够从“中国问题”出发，并对其进行分析和破解，体现了“问题”的中国特色；中国特色社会主义实践能够脚踏实地，在摸索中不断前行（“摸着石头过河”），体现了“方式”的中国特色；中国特色社会主义实践能够一方面借用市场机制的力量，另一方面又能保证社会主义方向，体现了“策略”的中国特色。因此，只有适合国情的中国特色社会主义实践，才能有效地推动中国社会的整体发展。

二、优势之二：因势利导和辩证施为是中国特色社会主义实践的特征

中国特色社会主义实践的内在特征可以用因势利导和辩证施为加以概括。

所谓因势利导，是指中国特色社会主义实践要服从于社会发展的内在趋向这一“势”，抓住时机适时调整实践的策略，使实践的内在结构性因素在不同时期发挥出最优效能。“因势利导”的精髓在于，既不能超越社会发展的状态，同时也不能落后时代发展的步伐。在改革开放四十年的过程中，无论是依据政治力量的强大而选择政府主导型实践，还是依据市场发展的趋势选择市场取向型实践，抑或是遵循人民主体的形成脉络而选择人民主体型实践，都充分体现了因势利导的实践特征。也正是具有因势利导的实践特征，中国特色社会主义实践才能取得举世瞩目之成就，才能获得世界的关注。

所谓辩证施为，是指中国特色社会主义实践要根据现实发展的状况，有重点而不失全面、有节奏而不失连贯地动态施行。在改革开放过程中，这种辩证施为特征得到了充分体现。首先，有重点而不失全面的特征主要表现在：第一，中国特色社会主义经济建设，从根本上说，是在效率与公平之间寻找到适合中国状况的平衡点。故而，在不同的发展阶段，中国市场经济建设有时偏向效率，以促进个人才能的发挥，而有时侧重于公平，注重解决弱势群体的收入问题。第二，中国特色社会主义政治建设是在集权与放权之间寻找到一种平衡点。因此，在不同时期，中国政治体制改革有时强调宏观调控的重要作用，有时强调

下放权力的重要性。第三，中国特色社会主义思想建设是在人本情怀和发展情怀之间寻找到内在平衡点。因此，在特定发展阶段，中国特色社会主义实践有时侧重强调生产力的迅速发展，有时侧重强调以人为本。第四，中国特色社会主义社会建设是要在调动群众和整合群众之间寻找到内在平衡点。因此，在不同发展时期，中国特色社会主义建设有时侧重于激发人民的劳动积极性，有时侧重于缩小贫富差距。第五，中国特色社会主义生态文明建设是要在资源获取和环境保护之间寻找到一个平衡点，故而，生态文明建设有时侧重于资源的利用率，有时侧重于生态环境的保护。其次，有节奏而不失连贯的特征主要表现在：在改革过程中，中国能够根据现实的发展状况调整发展的速率，使中国特色社会主义实践呈现“波浪式”发展的特征。这意味着中国既能够针对现实情况不断实现调整，如 1979 年国民经济执行“调整、改革、整顿、提高”的八字方针，又能不失时机地抓住机遇飞速发展。正是具有这样的实践特征，中国特色社会主义实践才能在维持高速发展的同时保持社会的内在稳定性。

三、优势之三：志向高远和自强不息是中国特色社会主义实践的气魄

中国特色社会主义实践的内在气魄可以概括为志向高远和自强不息。

所谓志向高远，是指中国特色社会主义实践不仅承载着中华民族伟大复兴的历史使命，而且内含着实现社会主义现代化，并最终达到共产主义的远大理想和宏伟目标。这样的远大目标并不是一种浪漫主义的空想，而是在充分考虑到中国现实发展状况的前提下的坚持和坚守。1978 年，由于“文革”十年对社会经济文化的严重冲击，国家的发展严重滞后于世界发展水平。但在这样的情况下，中国没有放弃社会主义和共产主义理想，而是在系统分析现实的基础上，做出了改革开放的伟大决策，开启了中国特色社会主义实践，并取得了可喜成果；20 世纪 90 年代中后期，由于市场经济所造成的负面影响，国内出现了质疑改革开放决策的声音，其主要表现在邓小平逝世后国内出现的对中国未来发展道路的讨论。面临如此混乱的局面，党和国家同样没有放弃远大理想，而是在充分研究中国现实的情况下，做出了坚持中国特色社会主义理论和路线的决定，为中国特色社会主义实践树立了一面旗帜。进入 21 世纪以后，中国社会转型急剧加速所引发的一系列问题（如生态问题、贫富差距问题等）的集中爆发，使改革步履维艰。面对中国特色社会主义实践难以顺利推进之态势，党和国家同样没有放弃远大抱负，而是根据现实情况，做出了在坚持中国特色社会主义道

路的基础上实现科学发展的战略决策，为中国特色社会主义实践指明方向。正是在坚守远大理想的基础上，中国特色社会主义实践才能得到正确方向的指引。

自强不息，是指中国不断依靠自身的力量，以披荆斩棘之势推进社会主义现代化建设。正是这种自强不息的气魄才使国家能够有充足的自信实现远大之理想。中国之所以能够有自强不息的气魄，除了依靠中国丰厚的资源和广阔的发展空间外，更为重要的是依赖于中国强大的政治领导、理论的正确引导、人民群众的集体智慧和创造力量、社会主义市场经济的推动以及自然资源和环境的支撑。在中国改革开放四十年的历程中，中国正是凭借着这些力量，克服了自然灾害（洪水、地震以及“非典”疫情）的打击，抵御住世界性的危机（金融危机、债务危机），以及缓解了国内出现的诸多问题，且以高昂的斗志有条不紊地进行社会主义建设，获得了世界的高度赞誉。自强不息并不意味着仅仅依靠自身的力量，而是强调能够借助各方力量为我所用。正是这样的精神指引着中国特色社会主义实践不断向前推进。

四、优势之四：以人为本和心怀宽广是中国特色社会主义实践的情怀

中国特色社会主义实践的内在情怀可以概括为以人为本和心怀宽广。

以人为本，是指中国特色社会主义实践是为广大人民群众谋取福祉的实践活动。自 1840 年鸦片战争至改革开放之前，中国的现代化历程可谓命运多舛。无论是早期仁人志士对中国现代化转型探索的夭折（戊戌变法），还是伟大革命家救亡图存之努力的失败（辛亥革命），抑或是新中国成立以后中国早期现代化建设探索所遇之挫折（“文革”十年），无不证明了这一点。在这布满荆棘的现代化进程中，广大人民群众所遭遇之苦难可谓至深。中国特色社会主义实践正是在人民群众生存困苦之境遇前和寻求改变之呼声下得以应运而生。自邓小平提出“贫穷不是社会主义”这振聋发聩的命题以来，党和国家无不把为人民群众的福祉看作实践的终极目的，其主要表现为充满人本情怀命题的提出，如“小康社会”“代表中国最广大人民群众的根本利益”以及“以人为本”。中国特色社会主义实践正是在这样的理念指导下得以形成和不断发展。因此，其内在的以人为本情怀得以淋漓尽致地显露出来。

心怀宽广，是指中国特色社会主义实践能够“心怀天下”，积极实现与世界各国的沟通与合作，实现世界的整体繁荣。自改革开放以来，中国一直加强与发达国家及发展中国家的交流与合作。这种举措，一方面能够适应市场经济

的要求，即从世界范围内获取资源和技术以及开辟产品市场，为国内的经济快速健康发展提供助益，另一方面也为解决全球性问题（反恐问题、生态问题以及和平发展问题等）贡献自己的力量。尤其是近年来，随着全球生态问题的突显，中国作为发展中国家，义无反顾地积极加入到维护生态环境的世界阵营中来，并且做出了突出贡献；在金融风暴席卷全球之后，中国同样对受到严重影响的国家施以援手，如购买大量国债以及减免他国债务等，极大促进了“后危机时代”世界经济的复苏。这些举措换来的是世界对中国的普遍赞誉和高度评价，也为中国特色社会主义实践的顺利推进赢得相对稳定的发展空间。

五、优势之五：振兴民族和可供借鉴是中国特色社会主义实践的价值

中国特色社会主义实践的内在价值可以概括为振兴民族和可供借鉴。

振兴民族，是中国特色社会主义实践的内在意蕴和价值旨归。自 16 世纪世界近代化历程开启以来，中国在世界舞台的影响力不断被西方所削弱，甚至在 19 世纪沦落为西方列强任意宰割的半殖民地。因此，自鸦片战争以来，许多仁人志士都以民族振兴和国家强盛为己任，试图寻找到一条可能复兴之路径。直到马克思主义在中国的迅速传播以及中国共产党的成立，这条民族振兴之路才得以显现出来——社会主义道路。随着新中国的成立以及“三大改造”的完成，社会主义道路逐渐在中国落地生根。但在社会主义建设早期，由于中国缺乏经验，只能以苏联为师，中国整体的经济结构出现严重失调，整体建设遭受波折。在此之后，虽然中国共产党人已经意识到照搬之路行不通，但由于当时国内情况的复杂性，党和国家并没有能够寻找到一条适合中国发展之路，民族振兴之途也显得异常艰辛。直到中国改革开放的伟大决定，确立了中国特色社会主义道路、理论和制度，中华民族的复兴才真正迎来曙光。经过四十年中国特色社会主义实践的不懈努力，中国已经成为仅次于美国的第二大经济体，人民的生活水平得到了前所未有的提高。可以说，这时的中国比任何时候都要接近民族振兴的目标。实践证明，中国特色社会主义实践才是实现民族振兴的正确道路。

可供借鉴，是指中国特色社会主义为世界现代化进程提供了一个新的实践模式，世界各国都可以从中获益。对于发展中国家而言，中国特色社会主义实践能够为这些国家实现现代化转型提供一个可以借鉴的样板；而对于发达国家而言，分析和研究中国特色社会主义实践所具有的独特之处，能够为其解决内部问题带来启示。“可供借鉴”并不意味着中国要向外输出自身的实践模式，而是强调中国的实践特征所客观地带来的世界价值和意义。

参 考 文 献

一、学术著作

（一）马克思主义经典著作

[1] 马克思，恩格斯 . 马克思恩格斯文集（第 1—10 卷）[M]. 北京：人民出版社，2009.

[2] 马克思，恩格斯 . 马克思恩格斯全集（第 1 卷）[M]. 北京：人民出版社，1956.

[3] 马克思，恩格斯 . 马克思恩格斯全集（第 2 卷）[M]. 北京：人民出版社，1995.

[4] 马克思，恩格斯 . 马克思恩格斯全集（第 39 卷）[M]. 北京：人民出版社，1974.

[5] 列宁 . 列宁选集（第 1—4 卷）[M]. 北京 ：人民出版社，1995.

[6] 列宁 . 哲学笔记 [M]. 北京 ：人民出版社，1993.

[7] 列宁 . 列宁全集（第 4 卷）[M] 北京 ：人民出版社，1984.

[8] 列宁 . 列宁全集（第 22 卷）[M] 北京 ：人民出版社，1990.

[9] 列宁 . 列宁全集（第 23 卷）[M]. 北京 ：人民出版社，1990.

[10] 列宁 . 列宁全集（第 28 卷）[M]. 北京 ：人民出版社，1995.

[11] 列宁 . 列宁专题文集（论社会主义）[M]. 北京 ：人民出版社，2009.

[12] 毛泽东 . 毛泽东选集（第 1—4 卷）[M]. 北京 ：人民出版社，1991.

[13] 中共中央文献研究室 . 毛泽东文集（第 1—8 卷）[M]. 北京：人民出版社，1999.

[14] 中共中央文献研究室 . 毛泽东思想年编（1921—1975）[M]. 北京 ：中央文献出版社，2011.

[15] 中共中央文献研究室，中共湖南省委《毛泽东早期文稿》编辑组 . 毛

泽东早期文稿 [M]. 长沙：湖南人民出版社，2008.
[16] 邓小平 . 邓小平文选（第 1—2 卷）[M]. 北京：人民出版社，1994.
[17] 邓小平 . 邓小平文选（第 3 卷）[M]. 北京：人民出版社，1993.
[18] 江泽民 . 江泽民文选（第 1—3 卷）[M]. 北京：人民出版社，2006.
[19] 胡锦涛 . 胡锦涛文选（第 1—3 卷）[M]. 北京：人民出版社，2016.
[20] 习近平 . 知之深 爱之切 [M]. 石家庄：河北人民出版社，2015.
[21] 习近平 . 之江新语 [M]. 杭州：浙江人民出版社，2007.
[22] 习近平 . 习近平谈治国理政 [M]. 北京：外文出版社，2014.
[23] 习近平 . 习近平谈治国理政（第二卷）[M]. 北京：外文出版社，2017.
[24] 中共中央文献研究室 . 习近平关于协调推进“四个全面”战略布局论述摘编 [M]. 北京：中央文献出版社，2015.
[25] 中共中央文献研究室 . 习近平关于实现中华民族伟大复兴的中国梦论述摘编 [M]. 北京：中央文献出版社，2013.
[26] 中共中央文献研究室 . 习近平关于全面依法治国论述摘编 [M]. 北京：中央文献出版社，2015.
[27] 中共中央文献研究室 . 十二大以来重要文献选编（上、中）[M]. 北京：人民出版社，1986.
[28] 中共中央文献研究室 . 十二大以来重要文献选编（下）[M]. 北京：人民出版社，1988.
[29] 中共中央文献研究室 . 十三大以来重要文献选编（上、中）[M]. 北京：人民出版社，1991.
[30] 中共中央文献研究室 . 十三大以来重要文献选编（下）[M]. 北京：人民出版社 1993.
[31] 中共中央文献研究室 . 十四大以来重要文献选编（上）[M]. 北京：人民出版社，1996.
[32] 中共中央文献研究室 . 十四大以来重要文献选编（中）[M]. 北京：人民出版社，1997.
[33] 中共中央文献研究室 . 十四大以来重要文献选编（下）[M]. 北京：人民出版社，1999.
[34] 中共中央文献研究室 . 十五大以来重要文献选编（上）[M]. 北京：人民出版社，2000.

[35] 中共中央文献研究室 . 十五大以来重要文献选编（中）[M]. 北京：人民出版社，2001.

[36] 中共中央文献研究室 . 十五大以来重要文献选编（下）[M]. 北京：人民出版社，2003.

[37] 中共中央文献研究室 . 十六大以来重要文献选编（上）[M]. 北京：中央文献出版社，2005.

[38] 中共中央文献研究室 . 十六大以来重要文献选编（中）[M]. 北京：中央文献出版社，2006.

[39] 中共中央文献研究室 . 十六大以来重要文献选编（下）[M]. 北京：中央文献出版社，2008.

[40] 中共中央文献研究室 . 十七大以来重要文献选编（上）[M]. 北京：中央文献出版社，2009.

[41] 中共中央文献研究室 . 十七大以来重要文献选编（中）[M]. 北京：中央文献出版社，2011.

[42] 中共中央文献研究室 . 十八大以来重要文献选编（上）[M]. 北京：中央文献出版社，2013.

[43] 本书编写组 . 十一届三中全会以来历次党代会、中央全会报告 公报 决议 决定 (上、下)[M]. 北京：中国方正出版社，2008.

（二）国外学术论著

[1][匈] 卢卡奇 . 历史与阶级意识——关于马克思主义辩证法的研究 [M]. 北京：商务印书馆，1999.

[2][意] 葛兰西 . 实践哲学 [M]. 重庆：重庆出版社，1990.

[3][德] 卡尔•柯尔施 . 卡尔•马克思——马克思主义的理论和阶级运动 [M]. 重庆：重庆出版社，1993.

[4][德] 尤尔根 • 哈贝马斯 . 合法化危机 [M]. 上海：世纪出版集团，2009.

[5][德] 尤尔根 • 哈贝马斯 . 公共领域的结构转型 [M]. 上海：学林出版社，1999.

[6][德] 尤尔根 • 哈贝马斯 . 重建历史唯物主义 [M]. 北京：社会科学文献出版社，2000.

[7][德] 施密特 . 历史和结构——论黑格尔马克思主义和结构主义的历史学说 [M]. 重庆：重庆出版社，1993.

[8][英]G A 科亨 . 卡尔 • 马克思的历史理论：一个辩护 [M]. 重庆：重庆出版社，1989.
[9][美] 威廉姆 • 肖 . 马克思的历史理论 [M]. 重庆：重庆出版社，1989.
[10][波兰] 亚当•沙夫 . 结构主义与马克思主义 [M]. 山东：山东大学出版社，2009.
[11][法] 路易 • 阿尔都塞 . 保卫马克思 [M]. 北京：商务印书馆，2006.
[12][法] 安 • 拉布里奥拉 . 关于历史唯物主义 [M]. 北京：人民出版社，1984.
[13][英] 大卫 • 麦克里兰 . 意识形态 [M]. 长春：吉林人民出版社，2005.
[14][意] 皮科 • 米兰多拉 . 论人的尊严 [M]. 北京：北京大学出版社，2010.
[15][古希腊] 柏拉图 . 理想国 [M]. 北京：商务印书馆，1986.
[16][美] 道格拉斯 C 诺斯 . 经济史上的结构和变革 [M]. 北京：商务印书馆，1992.
[17][加] 威廉 • 莱斯 . 自然的控制 [M]. 重庆：重庆出版社，2007.
[18][法] 让 - 保罗 • 萨特 . 存在主义是一种人道主义 [M]. 上海：上海译文出版社，1988.
[19][德] 康德 . 道德形而上学原理 [M]. 上海：上海人民出版社，2005.
[20][美] 戴维 E 阿普特 . 现代化的政治 [M]. 上海：上海人民出版社，2010.
[21][德] 马克斯 • 韦伯 . 经济与社会（上、下）[M]. 北京：商务印书馆，2006.
[22][美] 马斯洛 . 动机与人格 [M]. 北京：华夏出版社，1987.
[23][英] 安东尼 • 吉登斯 . 现代性的后果 [M]. 江苏：译林出版社，2000.
[24][英] 安东尼•吉登斯 . 现代性与自我认同：现代晚期的自我与社会 [M]. 北京：生活 • 读书 • 新知三联出版社，2000.
[25][英] 边沁 . 政府片论 [M] 北京：商务印书馆，1995.
[26][法] 卢梭 . 论人与人之间不平等的起因和基础 [M]. 北京：商务印书馆，2007.
[27][德] 康德 . 实践理性批判 [M]. 北京：商务印书馆，1999.
[28][美] 约翰 • 奈斯比特 . 大趋势——改变我们生活的十个新方向 [M]. 北

京：中国社会科学出版社，1984.
[29][美] 约瑟夫 • 熊彼特 . 经济发展理论 [M]. 北京：商务印书馆，1991.
[30][美] 约瑟夫 • 熊彼特 . 资本主义、社会主义与民主 [M]. 北京：商务印书馆，1999.
[31][英] 拉尔夫 • 达仁道夫 . 现代社会冲突 [M]. 北京：中国社会科学出版社，2000.
[32][美] 丹尼尔•贝尔 . 后工业社会（简明本）[M]. 上海：科学普及出版社，1985.
[33][法] 埃米尔 • 涂尔干 . 社会分工论 [M]. 北京：生活 • 读书 • 新知三联书店，2000.
[34][英] 齐格蒙特 • 鲍曼 . 共同体 [M]. 南京：江苏人民出版社，2003.
[35][德]G 齐美尔 . 桥与门——齐美尔随笔集 [M]. 上海：上海三联书店，1991.
[36][印] 萨拉 • 萨卡 . 生态社会主义还是生态资本主义 [M]. 济南：山东大学出版社，2012.
[37][德] 黑格尔 . 精神现象学（上、下）[M]. 北京：商务出版社，1979.
[38][德] 弗里德里希 • 李斯特 . 政治经济学的国民体系 [M]. 北京：商务印书馆，1961.
[39][美] 阿历克斯•英格尔斯 . 人的现代化——心理•思想•态度•行为 [M]. 成都：四川人民出版社，1985.
[40][荷] 伯纳德 • 曼德维尔 . 蜜蜂的寓言：私人的恶德，公众的利益 [M]. 北京：中国社会科学出版社，2002.
[41][英] 卡尔•波兰尼 . 大转型：我们时代的政治与经济的起源 [M]. 杭州：浙江人民出版社，2007.
[42][英] 洛克 . 政府论（上、下）[M]. 北京：人民出版社，1964.
[43][美] 大卫 • 雷 • 格里芬 . 后现代精神 [M]. 北京：中央编译局出版社，1997.
[44][俄] 普列汉诺夫 . 普列汉诺夫哲学著作选集 [M]. 北京：生活•读书•新知三联书店，1962.
[45][英] 亚当•斯密 . 国民财富的性质和原因的研究（上、下）[M]. 北京：商务印书馆，1974.

[46][英] 马丁•雅克 . 当中国统治世界：中国的崛起和西方世纪的衰落 [M]. 北京 ：中信出版社，2010

[47][美] 约翰 • 奈斯比特，[德] 多丽丝 • 奈斯比特 . 中国大趋势 ：新社会的八大支柱 [M]. 吉林 : 吉林出版集团，2009.

[48][美] 埃里希 • 弗洛姆 . 健全的社会 [M]. 北京 ：国际文化出版公司，2007.

[49][英] 齐格蒙特 • 鲍曼 . 共同体 [M]. 南京 ：江苏人民出版社，2003.

[50][美] 赫伯特 • 马尔库塞 . 单向度的人——发达工业社会意识形态研究 [M]. 上海 ：上海译文出版社，2008.

[51][美] 塞缪尔 P 亨廷顿 . 变化社会中的政治秩序 [M]. 上海 ：上海人民出版社，2008.

[52][美] 约翰 A 霍尔，[美]G 约翰 • 埃尔伯雷 . 国家 [M]. 长春 ：吉林人民出版社，2007.

[53] 北京大学哲学系外国哲学史教研室 . 十八世纪法国哲学 [M]. 北京 ：商务印书馆，1963.

[54]Stefan Halper.The Beijing Consensus: How China’s Authoritarian Model will Dominate the Twenty-Fist Century[M].New York: Basic Books, 2010.

[55] Joshua Cooper Ramo.The Beijing Consensus[M].London: Foreign Policy Centre, 2004.

（三）国内学术著作

[1] 韩庆祥 . 面向“中国问题”的马克思主义哲学 [M]. 武汉：武汉大学出版社，2009.

[2] 李恒瑞 . 世纪难题的破解——社会改革开放新论 [M]. 北京：人民出版社，2000.

[3] 余金成 . 社会主义的东方实践 ：解读马克思主义基础理论的现代形态 [M]. 上海 ：上海三联书店，2005.

[4] 奚洁人，陈章亮 . 马克思主义哲学与中国社会主义发展 [C]. 上海 ：上海交通大学出版社，2000.

[5] 俞可平 . 马克思主义研究论丛（第 3 辑）[C]. 北京 ：中央编译出版社，2006.

[6] 宓文湛，王晖 . 马克思主义哲学与现时代 [M]. 上海 ：上海财经大学出

版社，2007.
[7] 张凌云 . 马克思的社会形态理论与当代社会主义 [M]. 武汉：武汉出版社，1999.
[8] 庞卓恒 . 唯物史观与历史科学 [M]. 北京 ：高等教育出版社，1999.
[9] 杨耕 . 为马克思辩护 ：对马克思哲学的一种新解读 [M]. 北京 ：北京师范大学出版社，2004.
[10] 俞贵麟 . 亲历 ：1978—2008[M]. 北京 ：人民出版社，2008.
[11] 顾亚奇，常仕本，章晓宇 . 伟大的历程——中国改革开放三十年 [M]. 北京 ：中信出版社，2008.
[12] 中共中央党史研究室第三研究部 . 中国改革开放三十年 [M]. 沈阳 ：辽宁人民出版社，2008.
[13] 中国经济体制改革研究会编写组 . 中国改革开放大事记 [M]. 北京 ：中国财政经济出版社，2008.
[14] 何东君 . 中华人民共和国改革开放 30 年年鉴 [M]. 北京 ：新华出版社，2008.
[15] 李庆山 . 新中国百姓生活 60 年（上、下册）[M]. 北京 ：人民出版社，2009.
[16] 姜文泽 . 改变：回望中国改革开放三十年 [M]. 北京：中国华侨出版社，2008.
[17] 赵智奎 . 改革开放 30 年思想史（上、下卷）[M]. 北京 ：人民出版社，2008.
[18] 韩德强 . 论人的尊严 ：法学视角下人的尊严理论的诠释 [M]. 北京 ：法律出版社，2009.
[19] 姜春云 . 中国生态演变与治理方略 [M]. 北京：中国农业出版社，2004.
[20] 邓正来 . 国家与社会：中国市民社会研究 [M]. 北京：北京大学出版社，2008.
[21] 梁漱溟 . 东西文化及其哲学 [M] 北京 ：商务印书馆，1999.
[22] 陈寿朋，杨立新 . 生态文明建设论 [M]. 北京：中央文献出版社，2007.
[23] 王南湜 . 从领域合一到领域分离 [M]. 山西 ：山西教育出版社，1998.
[24] 王伟光 . 利益论 [M]. 北京 ：中国社会科学出版社，2010.
[25] 宋晓梧 . 中国社会体制改革 30 年回顾与展望 [M]. 北京 ：人民出版社，

2008.

[26] 王滨 . 市场经济与社会发展——中国特色社会主义理论与实践 [M]. 上海：同济大学出版社，2010.

[27] 李君 . 党的现代化与社会主义现代化建设研究 [M]. 北京：中央文献出版社，2008.

[28] 胡伟 . 现代化的模式选择：中国道路与经验 [M]. 上海：上海人民出版社，2008.

[29] 郝侠君等 . 中西 500 年比较（修订版）[M]. 北京：中国工人出版社，1996.

[30] 谢志强 . 伟大历程——改革开放三十年 [M]. 长沙：湖南人民出版社，2008.

[31] 杨海蛟 . 回顾与展望——改革开放以来的中国政治发展 [M]. 北京：人民出版社，2008.

[32] 中共中央文献研究室本书编写组 . 中国 1978—2008[M]. 北京：中央文献出版社，2009.

[33] 肖耿 . 中国经济的现代化：制度变革与结构转型 [M]. 江苏：译林出版社，2012.

[34] 李友梅 . 中国社会生活的变迁 [M]. 北京：中国大百科全书出版社，2008.

[35] 陆学艺 . 中国经验：改革开放三十年的社会建设实践 [M]. 陕西：陕西人民出版社，2008.

[36] 孙立平 . 转型与断裂：改革以来中国社会结构变迁 [M]. 北京：清华大学出版社，2004.

[37] 罗荣渠 . 现代化新论——世界与中国的现代化进程 [M]. 北京：北京大学出版社，1993.

[38] 傅青元 . 对有中国特色社会主义的哲学分析 [M]. 四川：四川人民出版社，1997.

[39] 钱乘旦 . 世界现代化历程（总论卷）[M]. 江苏：江苏人民出版社，2010.

[40] 陈晓律主编 . 世界现代化历程（西欧卷）[M]. 江苏人民出版社，2009.

[41] 张维为 . 中国触动：百国视野下的观察与思考 [M]. 上海：上海人民出

版社，2012.
[42] 袁秉达 . 中国特色社会主义实践形式探索 [M]. 上海：东方出版中心，2011.
[43] 秦宣 . 中国特色社会主义史（上、下册）[M]. 北京：高等教育出版社，2009.
[44] 刘卫民 . 中国模式研究 [M]. 北京：人民出版社，2011.
[45] 李建中 . 中国模式：一个文明大国的复兴与崛起 [M]. 西安：西北工业大学出版社，2010.
[46] 张敦福 . 社会管理、社会建设的理论分析 [M]. 桂林：广西师范大学出版社，2013.
[47] 周弘 . 福利国家向何处去 [M]. 北京：社会科学文献出版社，2006.

二、期刊文章（含报纸）

[1] 习近平 . 在哲学社会科学工作座谈会上的讲话 [N]. 人民日报，2016-05-19（2）.
[2] 习近平 . 在中央党校建校 80 周年庆祝大会暨 2013 年春季学期开学典礼上的讲话 [N]. 人民日报，2013-03-03（2）.
[3] 习近平 . 在纪念毛泽东同志诞辰 120 周年座谈会上的讲话 [N]. 人民日报，2013-12-27（2）.
[4] 习近平 . 谈谈调查研究 [N]. 学习时报，2011-11-21（1）.
[5] 韩庆祥，张健 . 中国特色社会主义建设实践的内在逻辑与发展趋向 [J]. 中国社会科学，2012（3）：4-26，205.
[6] 韩庆祥 . 社会主义现代化建设的“中国逻辑”[J]. 马克思主义与现实，2012（4）：151-158.
[7] 韩庆祥 . 问题意识 敢于担当 刚性执行——习近平总书记治国理政的品格 [J]. 人民论坛，2015（24）：52-55.
[8] 李忠杰 . 改革开放的历史进程和启示 [J]. 南京师大学报（社会科学版），2008（6）：5-12.
[9] 孙大力 . 改革开放的历史进程和中国特色社会主义理论体系 [J]. 中共党史研究，2009（1）：21-28.
[10] 钱亚梅 . 中国改革开放的历史逻辑浅析 [J]. 福建行政学院福建经济管理干部学院学报，2007（6）：32-36.

[11] 王怀超 . 中国改革开放的历史进程与基本经验 [J]. 科学社会主义，2009（6）：32-37.

[12] 徐红 . 中国改革开放的历史逻辑 [J]. 兰州学刊，2005（4）：7-9，26.

[13] 刘荣军 . 改革开放与当代中国发展的逻辑 [J]. 重庆师范大学学报（哲学社会科学版），2009（1）：37-44.

[14] 曹普 . 改革开放的伟大历史进程及主要经验 [J]. 中共石家庄市委党校学报，2007，9（11）：11-16.

[15] 施芝鸿 . 改革开放的伟大历史进程和宝贵经验 [J]. 党建研究，2007（11）：31-35，49.

[16] 孙大力 . 改革开放的伟大进程与新时期党史研究 [J]. 北京党史，2007（6）：4-7.

[17] 王浩斌 . 马克思主义社会结构理论的结构功能主义审视 [J]. 曲靖师范学院学报，2010（5）：6-10.

[18] 刘福森 . 作为世界观的历史唯物主义——论马克思实现的哲学革命 [J]. 中共天津市委党校学报，2003（2）：3-9.

[19] 李君如 . 深入研究改革开放三十年的历史是党史学者的光荣使命 [J]. 中共党史研究，2009（2）：9-16.

[20] 肖昌进 . 对改革开放三十年若干热点难点问题的回顾与思考 [J]. 前沿，2008（12）3-8.

[21] 章百家 . 改革开放史研究中值得关注的问题 [J]. 北京党史，2008（3）：44-48.

[22] 杨帆 . 论新改革开放观 [J]. 开放导报，2005（3）：10-14，1.

[23] 章百家 . 积极开展改革开放史研究 [J]. 中央党史研究，2009（1）：7-17.

[24] 陆剑杰 . 中国社会主义建设规律在改革开放实践中的彰显 [J]. 中共南京市委党校学报，2009（3）：5-14.

[25] 赵子祥 . 改革开放 20 年与中国经济社会变迁的伟大实践——中国经济社会演进的环境、问题及趋势 [J]. 社会科学辑刊，1998（4）：25-30.

[26] 赵凌云 . 改革开放 30 年思想解放的主题及其展开 [J]. 学习与实践，2008（11）：28-24.

[27] 鲁品越 . 改革开放的内在逻辑及其发展阶段 [J]. 马克思主义研究，2007（9）：53-59.

[28] 中国社会科学院经济研究所课题组 . 改革开放的基本成就和发展目标——健全现代市场体系与完善宏观调控体系 [J]. 中州学刊，2008(6)：1-7.

[29] 漆思，杨淑琴 . 改革开放以来中国发展观的演进与发展道路探寻 [J]. 政治学研究，2009（1）：69-77.

[30] 陈文通 . 改革开放 30 年之基本经验 [J]. 中国特色社会主义研究，2008（6）：9-16.

[31] 李培林 . 改革和发展的“中国经验”[J]. 决策与信息，2011（1）：1-4.

[32] 张峰 . 改革开放的宝贵经验与中国特色社会主义理论体系 [J]. 黑龙江省社会主义学院学报，2009（2）：5-11.

[33] 马德普 . 改革开放 30 年来改革思路之争的反思 [J]. 阅江学刊，2009(2)：20-26，113.

[34] 朱佳木 . 中国改革开放 30 年基本经验的核心 [J]. 马克思主义研究，2009（5）：5-10，159.

[35] 魏杰，董进 . 改革开放后中国经济波动背后的政府因素分析 [J]. 中央财经大学学报，2006（6）：52-57.

[36] 冯景源 . 用马克思的社会跨越发展的理论理解中国的改革开放 [J]. 南京社会科学，1996（12）：6-10.

[37] 刘国光 . 试用马克思主义哲学方法总结改革开放三十年 [J]. 中国社会科学，2008（6）：4-15，204.

[38] 冯景源 . 改革开放的唯物史观基础及内在关系研究 [J]. 人文杂志，1996（5）：13-19.

[39] 余源培 . 新时期最鲜明的特点是改革开放——唯物史观视野的认知和展望 [J]. 探索与争鸣，2008（4）：17-22.

[40] 韩民青 . 改革开放的若干哲学启示 [J]. 马克思主义研究，2009（1）：97-102，159.

[41] 蔡拓 . 国际视野下的改革开放与当代中国的定位 [J]. 当代世界与社会主义，2009（4）：4-7.

[42] 程美东 . 改革开放以来中国社会整合体系的演变 [J]. 天中学刊，2003（1）：19-28.

[43] 汪亭友 . 论改革开放的历史缘起与必然性 [J]. 中共长春市委党校学报，

2006（5）：33-37.
[44] 杨海蛟，王英 . 改革开放 30 年来我国政治体制改革成就述评 [J]. 理论探讨，2008（5）：6-10.
[45] 俞可平 . 改革开放 30 年政府创新的若干经验教训 [J]. 国家行政学院学报，2008（3）：19-21.
[46] 洪远朋 . 改革开放 30 年来我国社会主义社会经济理论和实践的回顾和展望 [J]. 复旦学报（社会科学版），2009（1）：49-57.
[47] 廖小平 . 改革开放以来我国价值观变迁的基本特征和主要原因 [J]. 科学社会主义，2006（1）：108.
[48] 姜迎春 . 改革开放以来我国意识形态变革的基本特点 [J]. 学海，2009（4）：64-67.
[49] 杨海蛟，王英 . 改革开放 30 年来我国政治体制改革成就述评 [J]. 理论探讨，2008（5）：6-10.
[50] 蔡拓 . 国际视野下的改革开放与当代中国的定位 [J]. 当代世界与社会主义，2009（4）：4-7.
[51] 贾高建 . 中国社会运行机制的转换 [J]. 新视野，1995（4）：48-50.
[52] 关信平 . 改革开放 30 年中国社会政策的改革与发展 [J]. 甘肃社会科学，2008（5）：8-12.
[53] 杨俊一 . 论改革开放 30 年中国社会制度的变迁 [J]. 上海行政学院学报，2008（5）：4-14.
[54] 陈占安 . 从基本矛盾论到改革开放理论——从理论层面认识改革开放的历史必然 [J]. 理论视野，2009（10）：13-16，18.
[55] 韩健鹏，周琳 . 全球化条件下中国改革开放的反思 [J]. 世界经济与政治，1999（7）：65-70.
[56] 汪健 . 社会活力论 [J]. 文史哲，1993（4）：19-24.
[57] 姚传旺 . 改革开放与马克思主义哲学 [J]. 学术界，1989（6）：25-28.
[58] 韦汉烨 . 论有中国特色社会主义实践的辩证特征 [J]. 桂海论丛，2001（1）：230-232.
[59] 卢肖文 . 中国特色社会主义实践形式的特性研究 [J]. 科学社会主义，2010（6）：57-59.
[60] 王卫平 . 中国传统社会保障史研究述论 [J]. 江海学刊，2011（4）：

173-177.

[61] 刘求实，王名 . 改革开放以来我国民间组织的发展及其社会基础 [J]. 公共行政评论，2009（3）：150-170，205-206.

[62] 彭晓春 . 和谐发展：中国特色社会主义实践的本质要求 [N]. 光明日报，2012-06-20（11）.

[63] 周贤山 . 论中国改革开放的世界意义 [J]. 中共南京市委党校学报，2008（5）：44-47.

[64] 童世骏 . 中国特色社会主义实践的世界意义 [N]. 东方早报，2008-12-16（A23）.

[65] 陈勇勤 . 中国特色社会主义实践的基本选点 [J]. 中共宁波市委党校学报，2008（5）：34-37.

[66] 杨俊一 . 论中国特色社会主义实践模式的创新 [J]. 党政干部学刊，2000（3）：11-13.

[67] 李卫宁 . 关于中国特色社会主义实践形式的若干思考 [J]. 科学社会主义，2010（5）：23-25.

[68] 秦宣 . “中国模式”之概念辨析 [J]. 前线，2010（2）：28-32.

[69] 刘爱武 . 国外中国模式研究评析 [J]. 山东社会科学，2010（12）：12-18.

[70] 魏晓文，刘志礼 . 近期国外的中国模式研究：趋势、困境及启示 [J]. 中国特色社会主义研究，2010（10）：13-16.

[71] 许素菊 . 中国社会主义现代化建设赶超战略的哲学反思学术论坛 [J]. 学术论坛，2004（6）：30-35.

[72] 吴忠民 . “和谐社会”释义 [J]. 前线，2005（1）：28-29.

[73] 高淮成，曹昆斌 . 论以人为本完善社会主义市场经济体制 [J]. 学术界，2004（5）：203-214.

[74] 张锡勤 . 中国古代诚信思想浅析 [J]. 道德与文明，2004（1）：203-214.

[75] 施雪华 .“服务型政府”的基本涵义、理论基础和建构条件 [J]. 社会科学，2010（2）：3-11，187.

[76] 吴玉宗 . 服务型政府：概念、内涵与特点 [J]. 西南民族大学学报（人文社科版），2004（2）：406-410.

[77] 胡星斗 . 中国改革开放三十年的成就与问题总结——兼论建立中国的

改革开放学，迎接新改革开放时代 [J]. 社会科学论坛（社会评论卷），2008（11）：85-100.

[78] 陈立周 . 当代西方社会福利理论的演变及其本质——兼论对中国社会福利实践的启示 [J]. 辽宁大学学报（哲学社会科学版），2011（2）：28-33.

[79][德] 托马斯 • 海贝勒 . 关于中国模式若干问题的研究 [J]. 当代世界与社会主义，2005（5）：9-11.

[80][美] 戴维•兰普顿 . 中国模式为何吸引世界目光 [J]. 党建，2008（10）：61-62.

[81] Shaun Breslin. The“China model”and the global crisis: from Friedrich List to a Chinese mode of governance?[J]. International Affairs, 2011, 11(87): 1323-1343.

后　　记

此书是在我的博士毕业论文《中国特色社会主义实践的生成逻辑研究》的基础上修改而成。在为书稿画上最后的句号的那一刻，我并没有如想象般的激动，反而多了一些平静，也正是由于这份淡然，我才能够静下心来慢慢回想与思索。转瞬间，博士毕业已经将近五年。蓦然回首，往事如昨。回想当年刚刚获得博士毕业证书的兴奋与雀跃，以及刚刚进入燕山大学马克思主义学院的欣喜，再回想到第一次上课的格外紧张，以及撰写课题申报书的彻夜未眠，直到审视当下心中的那份恬静与释怀，我才真正了解到自身的成长：少了一些激情澎湃，多了一些成熟稳重。在这五中，我不仅获得了较为丰富的上课经验与更加熟练的写作技巧，而且收获了诸多恩情和友情。回想至此，我内心充满感激。

我要感谢我的博士生导师韩庆祥先生。我成长的每一步，都倾注了先生的心血。进入党校学习伊始，先生便对我的学习和生活进行宏观规划和指导。在毕业后，每当我在学习和生活上出现偏差想要寻求帮助之时，先生都不遗余力地指出我的错误，并耐心进行指导。我不仅从先生那里收获了做学问的方式和方法，而且还从先生的一言一行中获得了为人处世的高贵品格，如勤奋严谨、宽容待人、事必躬亲、一丝不苟，等等。这些品格都将成为我人生之中的宝贵财富。我不敢奢望能够达到先生的高度，但先生将成为我奋斗之目标。

我要感谢我的硕士生导师宫敬才先生。从硕士论文的推荐到考博的辅导，从邀请讲学的欣然同意到对此书出版的诚恳建议，先生的帮助一直伴随着我的成长，使我获益良多。每当回想先生的谆谆教诲，我都倍感温暖，为我前行提供强大的动力。

我还要感谢王新华老师、刘永志老师、李晔老师等诸多同事的热心帮助，感谢同窗好友的鼓励和支持，正是在诸位的帮助下，我才能克服诸多困难，顺利完成书稿的修改和出版。

由衷地感谢我的父母和爱人以及孩子的支持和肯定，使我能够获得相对宽松的时间以完善书稿。

我还要特别感谢教育部2018年度示范马克思主义学院和优秀教学科研团队建设项目重点选题“改革开放40年高校思想政治理论课建设经验研究”（项目编号：18JDSZK019）的大力资助以及燕山大学相关部门的大力支持。

中国特色社会主义实践的内生逻辑和发展趋向问题是一个涉及诸多领域和学科的系统论题，由于学术水平的限制，只能对其进行较为粗浅的分析。欢迎各位学界同人的批评指正。

陈步伟
2018年4月
于燕山大学人文馆510